长篇散文

李育善 著

走过丹江

陕西师范大学出版总社

图书代号　WX19N1544

图书在版编目(CIP)数据

走过丹江/李育善著.—西安：陕西师范大学出版总社有限公司，2019.11（2020.11重印）
ISBN 978-7-5695-1065-2

Ⅰ.①走… Ⅱ.①李… Ⅲ.①丹江口—概况 Ⅳ.①K926.33

中国版本图书馆CIP数据核字（2019）第199119号

走过丹江 ZOUGUO DANJIANG

李育善　著

选题策划	刘东风　郭永新
责任编辑	王淑燕
责任校对	郑若萍　彭　燕
封面题字	贾平凹
插图创作	陈明玉
封面设计	观止堂_未氓　孔舒琴
出版发行	陕西师范大学出版总社
	（西安市长安南路199号　邮编　710062）
网　　址	http://www.snupg.com
印　　刷	西安市建明工贸有限责任公司
开　　本	720mm×1020mm　1/16
印　　张	19.75
插　　页	5
字　　数	300千
版　　次	2019年11月第1版
印　　次	2020年11月第3次印刷
书　　号	ISBN 978-7-5695-1065-2
定　　价	59.00元

读者购书、书店添货或发现印装质量问题，请与本公司营销部联系、调换。
电话：（029）85307864　85303629　　传真：（029）85303879

序

我与李育善,去年有一面之缘,是在年初中国现代文学馆举办的散文集《惊蛰之后》研讨会上。他坐在右斜对面,老贾坐在左斜对面,我看一眼李育善,再打量一下老贾,为个人研讨会,忙如老贾专程来京,这是什么样的交情?因为是商洛乡党?怕不止于此,心里好奇,会上就开了小差。老贾就是贾平凹。也正是在那天的研讨会上,老贾透露,李育善"正在准备写丹江,就是写故乡一条河,也是特别重要的一条河"。

于是,便有了眼前这厚厚的交织着长江和黄河气息的二十多万字的《走过丹江》。

一方水土养一方人。人类逐水草而居,对水的感情与生俱来,关于水的文字自然少不了。这些文字,有审美式的,有功能性的,也有审美和功能兼具的,还有批判和斗争的,尽管侧重不同,本质上似乎都逃脱不了水和人以及人和自然的关系。因此,家门口如果有条河,诗人会抒情地称其母亲河。长江是中国最长的河流,汉水是长江最大的支流,而丹江是汉水最大的支流。丹江跨陕鄂豫,在湖北丹江口,结束独自奔流的旅程,汇入汉江,成为长江水。后又因为南水北调,向北翻山越岭,一江清流到京津,与我们这些京津人产生了隐秘而重要的联系。丹江是李育善的母亲河,是贾平凹的母亲河,丹江可能还是泛意义上的京津人的母亲河。丹江确实重要。

重要需要讲述。重要的丹江怎么讲述?讲述的前提是了解。了解有两种,一种是纸上得来、道听途说,一种是耳闻目睹、采集征集。后一种是笨办法，但也是历史书写的重要途径。盛世治史，不仅官方，民间亦如此。中国的历史书写，大概其由两种人共同完成，一种是朝廷史官，一种是民间知识分子。我们今天的民间知识分子或学者大不同于往日，既有强大的学术背景支持，又有强烈的责任意识和平民情怀，还有社会实践能力。他们有时比官方治史有优势。作为民间知识分子的李育善其实是一名公务员，这一社会身份使他有更多机会走动、接触、了解、采集，深入生活的内部掌握情况。李育善胜在自觉，在繁忙的公务之余，利用节假日休息时间，和同伴用近两年时间行走两千多公里，随机采访了几百个生活在丹江边上的乡亲。这种采集是先手功夫，下在明处，把丹江从一滴水到一条江，从历史到现在，从源头到入江口，都亲自走了一遍。生活在丹江，走过丹江，唤醒，打捞，记录，最后形成了这个超级文本。

说超级文本，应该不夸张。老贾说这是李育善的丹江传，另一著名作家穆涛说这是一首历史咏叹调，作家自己说是长篇散文，说是非虚构，说是纪实。无论自觉不自觉，文本的历史价值已经形成。这本书的历史价值至少有二：一是丹江和人的生产生活关系的史料的独一无二性。在"丹江"这个主题下，随着时间的流逝，价值将愈发鲜明。二是有大量生动准确的陕鄂豫，特别是商洛平民百姓日常生活细节，以及语言的地方性、民间性、鲜活性，是可以信赖的文本记录。中国人学史和记史通常有两种来源，即正史和野史。正史和野史，表面是官方修史和民间记史来源的区别，其实是角度的区别：前者侧重大事记、大人物记、非常态记，是对历史的框架的记录；后者侧重细节记录、日常记录、民间记录。看学术潮流，这些年大家越来越主张个性化写史，一个重要的原因是历史的丰富性、复杂性和多面性，尤其是大量散落在民间的社会史、生活史，特别需要历史的主体在场，主动参与，自觉记录，使历史传承本身趋向完整。比如这本《走过丹江》，角度就非常好，它不重点去写宏大的南水北调——这个自然会有人写，而是侧重于地方性、民间性、日常性，写被忽视的历史的侧面。而这样的书写便于发挥李育善的资源优势，也因为稀罕，尤其值得看重。

李育善让我看重的其实不是他的"行走性",而是他的"书写性",或者说"文体性"。有行走能力和想法的人不少,但能很好地完成文本的人很少。

不妨来看看文本——包含细节记录、日常记录和民间记录,自觉地采用了人类学视角。人才是一切历史活动的主体,对于丹江来说,江边的人是江的主体。李育善在《走过丹江》中有意无意地采用人类学田野调查方式和写作方式,以人为(标)本,观照一条大河的历史和现状。仿佛是肩上架着一台摄像机,以所闻所见为准,没有预设,更没有观念先行,强调新鲜、实录、质感、非虚构。对,这是真实的似乎可以对号入座的丹江边。这就是李育善一再强调的非虚构和真实性原则。在这个真实性原则后面,藏着李育善的"儒生"气质——这是著名评论家李敬泽的发现——李育善的善和他的关切,也是素材的一种编辑原则。

我知道,李育善的非虚构还真不是追赶学术时髦,它是一种写作精神,创作原则,是由写作而来的切身经验。文体的产生有先在性,更有经验性,通常是在经验中获得合法性。《走过丹江》的非虚构性,重在诚实和原生性。诚实是态度,原生性是写作能力,用丹江沿岸的素朴的民间语言,原生态的讲述和回忆,大面积地复活丹江,但又不是素材的简单罗列和堆砌。中文系毕业的李育善对于语言的准确性和生动性有独到的坚持,这里面是匠心和自觉。李育善胜在拿出了被掩饰的匠心,他的取景框里是人物和细节,这就是文学,是功力。《走过丹江》,既是李育善一个人眼里的丹江的前生后世,也可以说是一个人眼里的丹江细小人物传。李育善毕竟是作家,他在写一部有关丹江的文学作品。风物倒在其次,方言也在其次,风物和方言围着人物转。这部《走过丹江》是关于乡亲桑梓的日志,从丹江边百姓生活的内部写,写最基础部分的人和日常生活,他们修渠筑坝建梯田,植树种粮,结婚育子,生老病死,时代在变,他们的生活在变,也不变。李育善的创作速度是快的,效率是高的,但文本中文字却是慢的生活流,气氛是舒缓的,从丹江的源头开始,老大娘、胖女子、小羊羔、老徐、西峡村村支书……这些细小人物有名有姓,没名没姓,出出进进，来来去去，一个一个地讲述、回忆、对话，一直写到丹江口，结束。似乎是独白，似乎又有共鸣。说实话，这种围绕一个主题进行多声部的讲述，的确在某个时刻，让我联想起白俄罗斯作家阿列克谢耶维奇著名的非虚构作品《切尔诺贝利的回忆：核灾难口述史》。

从地图上看，丹江在流入汉水之前，北面黄河，南临长江，一直在两条大水之间，行进中也有细小支流逸出主干，汇入黄河，成为黄河之水，当然主体是汇入了长江。所以，这本书的文字包括李育善其人，都交织着长江和黄河气息，清灵厚朴，是独特的。书的原题叫《从历史中醒来》，这是穆涛的灵感。后来被贾平凹改为《走过丹江》。悄悄地说，这两个题目我都喜欢，因为分别具有厚实和清灵两个特点。厚实源于文本，因为写出了丹江这条河流的历史和现实，写出了丹江两岸人们生产和生活的历史与现状。清灵源于方式方法，这些文字是行走和思考的结晶，由行走带来的第一手资料的现场性、原生态，恰恰是这本书的最独特的气质。

丹江，这么好听的名词，最早应该可以追溯到《山海经》，或者更早？

高级编辑、《人民日报》海外版文艺部主任　刘琼

2019年9月

目录

苏醒　　缘起 / 002

　　　　　探源 / 007

　　　　　沿江而行 / 032

沧桑　　龙驹寨 / 116

　　　　　竹林关 / 135

　　　　　荆紫关 / 142

　　　　　船老大程端阳 / 152

阵痛　　旱灾 / 162

　　　　　水灾 / 164

　　　　　移民的乡愁 / 168

　　　　　库区人的难 / 173

记忆　　马炉有个刘西有 / 178

　　　　　让南茶北移的张淑珍老人 / 187

　　　　　红色给了丹江什么 / 194

　　　　　丹江边上的棣花 / 203

　　　　　武关不只是一个关 / 214

治理　　水库 / 224

灌溉 / 240

河堤 / 244

马鞍岭改道 / 248

救灾 / 254

水土流失治理 / 258

特写　　黄华忻 / 262

元科山里的朱伯勋 / 276

退休教授成了"山大王" / 279

老包的坚守 / 284

迷迭香 / 286

向往　　看渠首的水 / 290

江水北流 / 295

后记 / 302

苏醒

缘　起

秦岭是一道龙脉，商洛是秦岭的一个点。秦岭山中的万千沟壑，孕育出一条条流淌着的河，丹江就是这万千条河流中较大的一条。

真正对丹江的关注，还是南水北调中线调水成功前的事。2013年底我去北京拜访《光明日报》的韩小蕙老师，说到调水的事，她说那是湖北的水，跟你们有啥关系。我仔细给她说明了情况，她这才恍然大悟，说："北京人一点都不知道这些，你赶紧写篇文章发来，让人们都知道丹江源头在商洛，商洛人为保护水源是出了力流了汗的。"回来后，我利用周末，从丹江源头走到一脚踏三省的白浪，采访了上百名丹江边的群众，如实书写让"一江清水送北京"的商洛政府和老百姓所做的事情，并在《光明日报》一个整版刊发。不少北京的朋友看到后，打电话告诉我：他们代表北京人民感谢默默为保护丹江做贡献的商洛人民。

外地朋友越关注丹江，我心越虚。我是商洛人，对丹江知道的却很少很少。丹江的命运是怎样起起伏伏，又有怎样的传奇故事？我对它，反而像有的儿女对自己的父母一样，既熟悉又陌生。日复一日，我忙我的，丹江依然川流不息，依然吻着商洛大地，穿过青山，跳过峡谷，激浪滔滔。这条江是古老久远的。

丹江源头有一条叫苗沟河的小支流，南面迎风坡发源的小河，水质甘甜，从红黄色的细沙中流过，河旁有个村子依傍着大山。我就出生在那里。我是喝着丹江的水长大的，丹江哺育了我。在2017年的某一天，我萌生了走丹江的冲动，决定考察丹江，探究这条江的过去和现在，人与江、江与人的特殊关系——它们的相互依存，它们的对立与斗争、消解与滋养，以及时光赋予它的新的使命和荣光。

丹江，是秦岭腹地一条较长的河流，也是长江水系支流汉江最长的支流。因产丹鱼，吃了长寿，尧时名丹水。又传，禹之外孙丹朱治水有功，为纪念之，名丹水、丹江。史载，天下名水有二十种，丹江排名第十五。在陕西境内的商洛辖区也叫州河、寨河。丹江发源于商洛的秦岭山，流到丹江口市入汉江，干流长390公里。商洛境内干流就有249.6公里，流域面积7510.8平方公里，占全流域的40%。

丹江历经沧桑。春秋时期就有了航运，明清时代更是航运的黄金时代。《徐霞客游记》盛赞当时的龙驹寨是"马骡商货，不让潼关道中"，"溪下板船，可胜五石舟"。清康熙三十二年（1693），关中灾荒，襄阳二十万石仓米靠丹江水运经龙驹寨转运西安，以解饥荒。

陇海铁路通车后，货运转移，加之丹江峡谷、川塬交替成藕节状，水位下切，泥沙壅阻，丹江航运日衰，到20世纪70年代中期彻底停运。

从此，丹江沉寂了，尘封在历史岁月中，要不是遇到旱灾和水灾，人们几乎忘记了它的存在。一遇灾，多是骂声。

南水北调中线通水后，作为丹江口水库上游水源涵养区的丹江从沉睡中醒来，成了一条不大不小的动脉，日夜兼程地将一江清水送往北京。钩沉历史，寻觅现实，把丹江——这条母亲河丰厚的一面挖掘出来，让我们重新认识丹江，是我的愿望，也是我的期盼。

我家就在秦岭东南部的棣花苗沟村。村子不大，有上百口人，沿苗沟河散居。全村除了招上门女婿几户，多是李姓。几年前，我从一位堂叔父那里找到了"李氏长门宗谱"，这才知道我们的祖先是甘肃陇西人，是从那里迁徙而来。至于是官方组织的搬迁，还是生计所迫，不得而知，只知有近四百年的历史了。

苗沟也是两山挤出的一块小地方，两边山呈 V 字形，村子就在底部。苗沟河只是丹江的一个毛细血管，但夏季发洪水时也会露出肆虐的凶相，曾冲走过房屋、家具和树木，毁坏过农田。邻居家牛哥的一头猪被冲走，他气得连哭带跑赶了上百里到月日滩，连根猪毛也没找到，病了半个月没起床。冬季小河结冰，这里就是孩子们的溜冰场。

去棣花镇街，沿河边小毛路顺水流方向而行，走个把小时就到了。现在有苗沟水库，也有了通村水泥路。苗沟河流到贾塬村，就入了丹江。贾塬人把流到他们身边的苗沟河叫小河，自然是相对丹江而言。如果一个农夫说他到小河地里去了，他说的就是苗沟河边上的地。

小时候，夏天到苗沟河里游泳，奶奶常常站在涧塄边，放着嗓子喊："小心发大水把你一伙鬼娃子冲到州河里，冲到月日滩，冲到老河口去了，赶紧给我回来。"奶奶说的州河就是丹江。第一次见丹江在我五六岁时，跟奶奶遨娘家去。奶奶是棣花街贾塬人，她是咋样嫁到苗沟山里，又怎样把她的亲侄女许配给三叔父，谁也说不清，好像记得奶奶说过，"还不是为填饱肚子！山里坡地多，有啥吃哩么"。这也许是缘由，也许是缘分。

那时，舅爷给贾塬队上喂牛，牛圈里有几十头牛。牛圈就在涧底下，牛圈下面是一大片稻地，地中间有条路，通到州河里。我跑到牛圈外场子玩，看见不少男女从田间路上背着青草向牛圈走，到牛圈场上给草过秤，记工分。他们都是刚刚蹚过河，裤子都直流水。我曾好奇地问："舅爷，这河咋恁大呢？比我家的大多了。"舅爷笑着，用他那六只指的手，轻轻一戳我的小脑袋，说："好瓜娃哩，这是州河，就是人说的丹江。一流就流到老河口了。"

有一天，我一个人偷偷跑到丹江边，见不少比我大的男娃娃从那石鳖子上跳水，那姿势美得叫我蛮哑舌头，我要能跳恁美多好呀！说不定一下子还能游到老河口哩！那地方一定大得很吧？"寻你多半天，你这狗东西跑这儿来了。"奶奶边骂边扯着我的耳朵，我想游到老河口的念头也被吓得不知踪影了。

丹江在我幼小的心灵里埋下了神秘的种子，听贾塬的孩子说，他们还在河里逮到五颜六色的金花瓣鱼。奶奶也说过，她们小时候拿竹笼捞鱼，全是金花瓣鱼，听得我眼前仿佛是一片金花瓣鱼的世界，更加神往丹江了。

上中学要到棣花街，得租房住，还得自己做饭，父亲就带我去他工作的地方上学。父亲在那里的邮电所工作，我去一切都很方便。那地方也在丹江畔，我几乎天天放学都要找借口到丹江河边上，有时还主动要求给邮电所担水，半天才担两半桶水回来，时间都在江边玩耍掉了。有一段时间，丹江两岸，也就是河南河北的孩子闹矛盾，就约好一个下午放学后，在一个地方用石头相互砸仗。我力气小，甩出的石子总是掉到河中央。有的伙伴一使劲就能甩到河对面的人堆里，我佩服得不得了。有几次还在河里摸到金花瓣鱼，同学教着用芦苇叶子包住，再拿青泥糊住，放到柴火上烧。少时工夫，一股淡淡的清香便让人馋得流口水。夏日里一放学，甩下书包就扑到河边，脱个精光跳进水里。有一次，一个漩涡把我卷进去，我喝了好几口水也没挣扎出来，喊叫"救命"的声都变调了，还是大个子魏同学一把把我拽出水来。

后来国家恢复了高考，学习也紧张，我就很少到丹江边去了。有时手捧书卷在河边吟读，心里全想的是学习的事，也无暇顾及丹江了。后来我考上师范学院，也是在丹江边的学校就读，时常在丹江边玩耍，打水漂，洗衣服，尽情地放飞青春。

毕业后我又回到原来的中学教书。那时年轻气盛，学校几个青年教师被电影《少林寺》弄得热血沸腾，每天天不亮就到丹江边舞枪弄棒。晚上送走最后一拨上自习的学生，照常到江边习武，有几位学生也加入了我们的队伍。那时我们身上经常是青一块紫一块，根本不知道啥叫疼，一心想成为武林好汉。

有时一个人沿丹江漫步，稻田的蛙声、江里的水声和自己心里的激情，一同呐喊成命运交响曲。我暗暗下决心：像丹江一样永远向前，向前，向着目标——大海奔流。

工作后又考大学，依然在丹江边上。以至于后来改行从政，一刻也没有离开丹江。工作、成家、生子……这一切把人忙得不得喘息，去丹江边上走走想想这样浪漫的事再也没有过。丹江还是那样默默流淌着。有几个夏天，它也疯狂过，冲走过财产、田地乃至于生命。像"8·14"水灾，是1988年8月14日午夜的一次洪水，把商州三岔河一条沟冲成一趟平，房屋没了，耕地没了，啥都没有了，人都说水火无情，一点不假。那种损失不仅仅是对财物、生命，更是对灵魂的一次重创。近二三十年，山上树木渐渐长大，植被好了，泥石流洪灾也少了，丹江依然母亲般滋润着两岸的老百姓。

每当我静夜沉思，总觉着自己对丹江——这养育我们的母亲河知道得太少，做的事情也太少太少。作为生在丹江支流之一的苗沟河边、长在丹江边的汉子，对丹江这位伟大的"母亲"也应该做点事情，至少了解她的历史，了解她身边如儿孙般无数个支流的故事。这样，我便下定决心，利用每个周六"走丹江"。

从2017年6月初开始，寻找源头，探视支流，翻阅资料，采访群众。我们一行四人：小陈开车；小贾记录，他是记者，这方面是强项；老喻提问，他是我大学同学，小说写得有出息，也能问到点子上；我在边上听，用手机录音，像是个旁观者。回家整理录音，加上小贾记录的东西，一手资料可以说是满满的。一路下来，我越走越认识到自己的浅薄，越感觉对丹江太陌生了，都有点不敢轻易为丹江写东西了。

小贾、老喻给我鼓劲加油，他们相信我能做好。老喻还把一些小标题列出来，用手机短信发给我。我只好说："那就把我们的所见所闻、所思所想原原本本记录下来。"几位朋友辛勤付出，我要是再不动笔，真的对不起人了。

怎么写的问题一直困扰着我。原想从丹江的历史，丹江水运，丹江与人、人与丹江之间发生的事情写下去。但当我们走到丹凤竹林关时，我的思路发生了大的变化。从现在写起，以时间为序，把走过的点上的故事一一串接起来，把历史融入被采访者的叙述中。就这样，自己的思绪也同丹江一样从过去流向未来。

在丹江边生活了几十年，说不了解她，外人会耻笑的，说对她很熟悉，有人要问到丹江从哪里来的，源头在哪儿，我只能认真地说："志书上说在商州牧护关镇的凤凰山南麓。"凤凰山就在秦岭山脚下的中坪村。其实，我也没去过，心里一点底都没有。

探　源

一

2017年6月3日一早，天阴沉着，偶尔还飘点雨花。我和老喻、小陈驱车沿312国道，溯丹江河而西行，过麻街，穿黑龙口街，到铁炉子，进七里峡。传说当年太上老君炼丹炸开了峡口，才有了这条路，史料无从考实。

七里峡进去分西峡、东峡。最早的长坪公路，也就是后来改成的312国道都是从西峡过的。我们自然先走西峡。

秦岭半山腰的一个点，海拔一千六百九十三米，在商州境内。

这是目前确认的丹江源头。

我十二岁上跟父亲外出求学，从那时起，就喝着这地方流下去的水长大。今天站在源头水边，倍感亲切，思绪万千。水是从山中间流出来的，白花花的一股，从石层中涌出来，初生牛犊般有力，跌砸在乱石上，白菊花瓣一样向四周弹射，淙淙有声。水边草木茂盛，在这三四公里长的坡谷里，挨水边主要是水芹菜和夏枯草。水芹菜密密麻麻，家乡人用它窝酸菜，吃着香香脆脆；夏枯草顶上绽放出紫色毛茸茸的花蕊。还有像荷花样的植物，一枝细秆上撑着一片荷叶般大小的叶子，在风里摇曳，涩涩的叶面没有荷叶那么光滑。更有不少胳膊粗的柳树和一些叫不上名字的树，把河遮得严严实实，只闻其声，不见水影。

这条沟叫张沟。

昨夜下了一场小雨，土路松软。沟口住着三四户人家，我们是随了人家的指点，从沟口用了两个多小时，走走停停，才到源头。

车子上到西峡半山腰，我们下车问路边一位中年男子，他有点不耐烦地说："你没看那儿立个牌子吗？"猛一抬头，见路边核桃树后面有一个大大的牌子，绿底白字写着：丹江源头，2013年立。看来我们也来对了。又问洋芋地里拔草的中年妇女，她直起腰，用手一指说："在张沟，远得太太。"我们沿她指的方向，朝下面沟口走，正好一家门口一位二十来岁的胖女子在水池子边刷牙，问她，她没理。院子还有一位老大娘，一只手缩在胸前，含含糊糊地说："张——沟——远。"

沿河道边的土路进沟。路下是小河，这就是没长大的丹江。河边是一台一台梯田，地里长着开紫花白花的洋芋，套种苞谷，也有一拃高了。走了上百米，见一水泥池子加盖，能听到流水声，想必是下面人家的自来水。沟里很安静，偶尔听到远处车子的轰鸣声，再就是流水声和鸟鸣声。我们走着说着，缓缓而行。前面有土坯房子，破破烂烂，外面有一堆牛粪，屋里有两三头牛。再走，有一片缓坡，草过脚面，有点草原的气息。坐下来歇息，花丛中蜜蜂飞舞着，不惹人，蝴蝶上下翻飞着，也不怕人。草地上留有一串串牛脚印。

小河其实就是小溪，溪流不大，水声很响。山上铺盖着悠悠的翠绿，郁郁葱葱，还有一堆一堆开白花的树，像雪花一样洁净舒心。

转过一个山垭继续爬山，这时能听到汩汩的水声，却看不见小溪。从岩上爬过去，连水声也没有了，地上是湿湿的土。这里距离山顶也不远，一定是源头了。

下山走到海拔一千米左右，远远听见羊叫声，却不见羊，我们学着羊"咩咩"叫了几声，一只白山羊从一棵小松树下露出头张望，另一只两眼和耳朵土灰色、额头到嘴都是白的山羊也挤出头看我们。下行走了一会儿，有一群羊从身前跑过，两个大的还在用犄角顶仗，小羊羔在地上撒欢子。

返回到公路上，见那家门上樱桃树上有个中年男人在摘樱桃，问咋卖哩，那男的笑着说："不要钱，谁摘归谁，快来摘来。"听口音是关中人，地上有个小伙正朝袋子里装。刚才问话没理我们的那位胖姑娘走过来，笑笑地说："不卖，要吃了自己摘去吧。"我们从城里带有大樱桃，在水池子洗过，让这家孩子吃。房子是青瓦白墙灰墙裙。门上的对联还鲜红着，上联是：猴年一帆风顺。下联是：鸡年万事如意。横批是：富贵平安。对联宽大，下面印着"中国邮政"字样。门口坐着那位大娘，就是刚给我们说路不太清楚的那位。老人给我们找凳子坐，跟我们拉话，说话确实有点困难，土红色的脸上露出熬煎的神情，说她得了脑梗、高血压、糖尿病、心脏病，住院花了三万多。糖尿病是六十六岁上国家给免费体检才发现的。她家姓赵，儿子在西安打工，女儿嫁到镇上了，她也七十多，到这里快六十年了。"叫野猪害糟（糟蹋）的地也种不成了，你们去的张沟过去都是牛犁的地，现在都荒了，公路不走了，也冷清了。住这儿空气好，就是没法发展。"老人还说，原来是西峡村，都合成铁炉子村，做啥都不方便。她的话语不太清楚，但意思能明白。

下雨了，老人要留我们吃饭，我说还忙着哩，就走了。之后，又走了几户，到第三户，一个老汉站在门口柴堆前，光头，穿着红线衣，蓝裤子，对我们笑。看着他脸上还有些红润，问话，却直摇手，原来是耳朵笨。老太太怀里抱着柴，走过来，她也有七十七八，说沿河边的地是1958年大会战修的，这才一人分上四分地。一年种一料（一茬），有苞谷、洋芋、豆角，种麦收成不好，都是春小麦。儿子到山外住家去了，也不常回来，孙子都二十六七了。还说她老汉的大（父亲）去给老蒋当兵时，老汉才会爬步。家里三间土房也有四十多年了。屋里黑洞洞的，电视里正播着打仗的电视剧。老人说他们姓王，自然说的是男人的姓，邻居一家姓党。他们的老祖先，是从河南底下啥地方挑着担子来的。老汉说他快九十了，又重复说了他姓王。

沿旧312国道（现在已改道）步行而下，见涧底下一大片耕地，我们从公路拐到地边，遇见一位老大娘在栽黄瓜。她家院子晾着不少豆腐干。她说话瓮声瓮气，说儿子在商县（也就是现在的商州区）拉砖，儿媳在县上经管娃上学，在城里租房住。老喻指着地里有半人高的植物问："老人家，这是洋萝卜，也叫洋姜吧，自己吃哩么，还是卖啦？"老人说："就是的，人家说今年收哩，吃也吃不完。"老喻又问："是不是卖到森弗公司去了？那里收哩。"老人说她也不知道。我问门上的豆腐干卖不，老人说："卖哩，两块钱，卖个个子哩。"又问卖得咋样，老人说："遇相（碰机会）哩，有时来人多，有时没一个人来。"老人说她这家姓祝，邻居还住了三四家。这时，山上"唔儿，唔儿"一阵鸟叫。走出地里，朝前走，老远看见一位老汉正在拿锯锯手腕粗、丈把高的树。我们走过去和他拉话。

二

我们从另一家到他家门口时，他正在锯木头，问老人，他笑着说："用这出个锨把。"也就是做个锨把。问他高寿，他直起腰，放下手里的活，一笑，瘦瘦的脸上涌出一堆皱褶，幽默地说："不大，才七十二三。"我笑着说："看着跟我们差不多，像五十多。"老人说："老粗咋能跟你轻汉人（出力少的人）比。"他干活麻利零干的样子，真不像七十多的人。他家瓦房是1968年盖的，老房在上面早都拆了。过去他们西峡村有一百三十多户，五百多口人。从他记事起，没发过大水。老路原来在河对面，1958年修公路时才改到这边。上面那一湾地是20世纪70年代修的。那时河在地中间流着，修地时才改到坡边。说话间，他放下活，从屋里拿出凳子，还给我们发纸烟。他坐下说，没修河边地前，沟沟岔岔坡地也多，就是不咋长庄稼，只种个洋麦（荞麦）。那时地少，生活也不好，人干劲还大，现在人嫌种地来钱慢，好多平地都荒了，不如外出打工好。"咯咯咯"一声野鸡叫打断了他的话，他又去锯木头了。

老徐的记性很好，过去哪年哪月哪日发生的事情，都说得清清楚楚。他有五个娃，一个儿子，四个女儿。女儿都出嫁了，儿子在西安打工，孙女上高二，在大荆中学，他们黑龙口镇中学撤了。说到祖辈，他说祖上是从湖北孝感龙岸洲迁来的，是乾隆年间来的。他也有家谱，他排兴字辈，徐姓是个大户，和洛南古城姓徐的也是同宗。

老徐住的属于原西峡村四组,叫上河组,老名字叫大杨树,也叫骡马店。过去这里有一棵大杨树,几个人都搂不严,一到夜晚,树上有上百只鸟。路是民国二十七年(1938)修的,有了骡马车,家家户户都有人歇脚,这才也叫骡店,还走过汽车。关中道人都知道秦岭山里有个大杨树、骡店,就是这儿。

说到上面姓王的那一家,他说儿子女子都是抱养的,儿子到泾阳住家,女儿嫁到镇上。算命先生也算过,这一家是"铜盆子铁刷子,凑凑合合一家子",果真是凑合成了一家子。

记得是1951年夏季,抗美援朝部队路过,人一溜带串,骡子拖的大炮也是一溜溜,群众用竹叶烧开水放到路边叫部队人喝,把馍烙好让部队人吃,吃了喝了不要钱。到1954年以后,骡马车慢慢多了。1956年车也多起来,都是些卡车,没有大轿子车。1958年长坪公路通了,路才走这边,那边老路还走了三四年。修路时,家家户户都住得满满,人挤人。干活用钎子锤,黑火药放炮,也死伤了些人。1956年商县成立了运输合作社,把各村的马车集中起来,城里搬运站就是运输公司的前身。当时也有护路队,后来改成养路段,那些人吃上了公家饭。修路时,想挖开秦岭垭子,阴阳先生说那里是龙头、龙脉,一挖就会出水,这才修成拐来拐去的盘山路。如今都从长江底下打洞子,修高速路不见人,全是机械化么。

我们夸他记性好,他却笑着说:"好啥哩,日㭎子谝闲传行,正事儿没门。"

老徐的手机报时中午12点了,他说给做饭,我们告别了。这里农村是两顿饭,早饭九十点,午饭下午三四点,也不是饭口儿。车子下行二三百米,有家丹江源头饭店,一位中年妇女和她的女儿在忙活着。女儿在城里上中学,周末在家帮忙。她们开饭店的房间是原来村上的办公室,合村后没用了,租过来的。女的笑着说:"一个人二十五块,三凉三热,不够了加,不加钱。"

女的胖胖的,干净麻利,不大工夫,菜就端上了桌。吃饭间,男人开车回来了,人瘦瘦的,中等身材,一进门就给我们发烟。交谈中,得知他原来是西峡村的支书兼主任,现在成铁炉子村副支书。说到丹江源头的话题,他笑着说："当初东峡村、中坪村还有梁坪村都在争这源头，后来上面来我们西峡一栽牌子，再也不争啦。再说现在东峡、中坪和我们西峡都合到铁炉子村，源头也在一个村了。"他抽了一口烟，弹了弹烟灰，又说："村子合大了，压缩了干部，群众办事不方便，干部坐班嫌麻烦，就说我吧，一天工资四十三块，开车烧油，两个娃上学，老人又是脑梗，自己是心脏病，一月一千三百块不够花。"

问这里的鱼一定无污染吧。他笑着说："有啥鱼哩，连鱼鳞都没一片。"他说听老人讲当年王莽追刘秀到这里，刘秀把鞋倒着穿，雪地里脚印是反反子（反方向），让王莽跑岔了。刘秀在西峡河边歇脚时，让刺扎了，他以为是河里的鱼咬了，破口大骂："把你这绝死鬼哟！"这一骂再也没鱼了，真给绝了。说到保护水源，他说铁炉子的硫酸厂停了，铅锌矿关了，河水清了，经济却不好了。

吃完饭，和他又说了一会儿话，我们一行到东峡去。东峡河也算丹江源头的一个孪生兄弟，到底咋样？总得眼见为实，看个究竟。

三

红豆杉多生长在南方，古诗有"红豆生南国"，东峡口却长着千年的红豆杉，真是稀奇。

出西峡，沿312国道左手有一条通村水泥路，溯流而上就是东峡村了。这里的河水比西峡还大。车行百十米，见河对面绿栅栏围着一棵大树，枝叶繁盛，那就是红豆杉。树根在一块大青石上盘旋着，树身向前扑着，罩着河里的水潭，水潭有半个篮球场大，潭边有一个椅子样半圆形岩石窝窝，像是人坐出来的样子。

路边竖有一块席大的绿牌子，上面写着白字，是林业部门和村上合立的。那上面说，这棵红豆杉是东北红豆杉，很稀有，是国家一级珍稀树种。我想，东北的树能在西北秦岭山里生长上千年，该不是上天也给树进行了"移民大搬迁"？

这几年，人生活富裕了，也在追求享受了。城乡人都在玩串珠了，崖柏、红豆杉树枝成了抢手货，有人以此发家。有人就盯上这棵红豆杉，偷偷砍下枝股，拿去旋出珠子好卖钱。要不是主管部门及时保护，说不定有人连树根都给刨掉了。

山里的古树奇石之类大都被人们赋予神秘的传说，可见人们对美好事物的向往。这棵树相传是太上老君栽下的。当年他来到秦岭山里寻找灵丹妙药，见山大沟深，人们无路可走，便在峡口架起炉子，在风箱洞支起风箱，用炉火炼丹炸开了七里峡，后人也叫它老君峡。天长日久，火炉烤得他难受，便到东峡口水潭洗澡。为纳凉才栽下红豆杉的。后人还在树边建了庙宇，塑有太上老君、龙王爷、药王爷的像，逢年过节烧香祭拜，听说很灵验。

那潭边的石椅子，刚才听老杨说当年刘秀躲王莽时也在这里坐过，想必第一个是太上老君坐的。

千百年来，这棵东北红豆杉在秦岭这一旮旯见证了人们的悲欢离合，聆听了河水的涨涨落落。要是有耐心坐在树下听红豆杉说说话，人与水的故事一部长篇也道不尽。

"走吧，天要下雨了。"同行的老喻的催促声打断了我的思绪。一阵微风拂过，树上那叶子像无数小孩的手在跟我们挥手作别。那挥手之间，我感悟到大自然给人类的无限恩赐，亲人般亲切、温暖。

车子已经拐过弯，看不见红豆杉，我还在依依不舍回头望，心里那棵红豆杉还不停地摇曳着。

我们沿河边路朝沟里走。路与河并行，只是路在侧上，河在斜下。人家也多居住在河的两边，或住在山根。流水潺潺，偶尔有两声不知名的鸟鸣。路边地里种有苦荞麦，黄秆秆，绿叶叶，开满碎白花。

车子一直开到岔磨沟顶上，我掏出手机测到海拔是一千三百三十米。这里住了三两户人家，都是门上锁。只见一老年人担尿浇豆苗，问他这里为啥叫这名字和河的情况，他摇摇头说不知道。路边还有一小块辣椒苗没栽。想起老家一句农谚——"茄子栽荚，辣子栽花"，就是说茄子苗一出来就要栽，辣子苗到开花了栽照样能活,能结辣子。

走了一会儿,又见一位七十来岁的老汉在地里栽玉米苗子。老人看见我们就笑笑地问话。老人说这沟叫菖蒲沟,山上有不少菖蒲,夏天了能熏蚊子。菖蒲是一种中药材,能提香料,还能治头痛牙痛。这也印证了"秦岭山中无闲草"一说。看来山里旮旮旯旯的名字背后都有一大堆"古经"。面前几台平地是1958年修的,当时砍了十几棵核桃树,那树要长到现在准有一搂粗。这个岭翻过去就是蓝田县的灞源,祖先是从蓝田搬过来的。过去村上有几百人,现在都没几家。有的搬到黑龙口赵湾移民点,只是回来看坡种地。

返回到庙沟交叉口,雨下大了,到一家农户门口避雨。院子里两位老人忙着给蜜蜂箱上盖石棉瓦。老汉一扬手,说:"下雨哩,屋里坐。"收拾完,忙着给发烟。老汉仄脸大耳,胡子麻碴,蹴在门墩上,抱着双手跟我们拉话。看着院子樱桃在树上一片红,问:"咋不卖呢?"老大娘说:"没人要,也没人拿到街上去,要吃了上树摘去。"老汉是1949年前生的。他觉得村子这几年变化最大,拉上水了(自来水),各家各户房也刷新了。

说到养蜜蜂,他还很内行。他养的土蜂,是中蜂,也叫中华小蜂,还有洋蜂,叫意蜂,是意大利蜂。家里养了十来箱土蜂,一年能产百十斤,一斤卖二三十块。蜂瓣割出来了,在锅里一蒸,一篦就行了。又说一蒸把有些啥好东西就糟蹋了,要用啥桶子搅着好。原先收了别人五六笼(箱),分了这么多。我问他:"咋样时才分窝哩?"他憨憨一笑,说:"那得看王台,蜂瓣下面有指头蛋大的嘴嘴子,看那盖盖子泛红了,就要分了。蜂王没定,自己分。"

说话中间,一个三十来岁的小伙子在门口走出走进,一句话不说,也不搭理我们。老人说是他儿子,有精神病,在渭南上门,病严重了,自己跑回来了。孙子还在那边上学。四个女儿,一个嫁到韩峪川,其他都在外地。他家现在是包扶对象。

雨还在不停下着。要走了,老人送我们到路边车上,笑笑地说:"没事了,可来转嗷。"看着老人诚挚的笑脸,我感受到了那笑里藏着很多磨难、坚强和包容。

四

铁炉子村是现在丹江源头第一村,由中坪村、西峡村、东峡村、铁炉子村合并而成。

原来的中坪村就在凤凰山脚下,是志书上载的丹江源头第一村。这里条件差,地少,吃粮都困难。村上干部先从修地入手,几十年如一日坚持不懈,靠五十七人组成的基建队,用双手改变生存环境,在十二条沟垒起两千八百多台石坎梯田,修地三百多亩。人们高兴地编成顺口溜称赞:"石坎坎,金碗碗,银边边,钱串串。"有了平地,地里种庄稼,地边栽种经济植物,一举两得。

中坪村是当年全市的明星村,2006年被国家命名为小康村。过去治坡造田、开矿办厂,村上有个铅锌矿,年年人人都要分上万元。沟道治理,能修地的地方都修成了梯田。基建队队长王贤印因长期劳动,手都变形成了耙耙子了。

1995年12月22日,江泽民同志来到中坪村,和群众一道修地,还给王贤印一双黑皮手套。直到临死前,他还要再戴一次呢。如今这里的老人说起那时的景况,也还很感动,一位七十多岁的老太太眼睛湿湿的,说:"我还有和主席的合影哩。"老百姓对中央领导那份情意是真诚的,二十多年过去了还依然珍藏在内心深处。

那天,我们是冒雨来到中坪村的,当年修的地现在也荒芜了。路边见一位老大娘,老人说娃们都走完了,村里就剩些老汉老婆。昔日的辉煌只能从那一幢幢新楼房上感受得到。村子撤了,原村委会的办公楼也冷落一边。

在铁炉子村委会办公室见到现任支部书记张强。他五十开外,长得五大三粗,有保镖样的身板,说话声音洪亮。我俩是老熟人。20世纪90年代他就是中坪村的支书兼主任,他正在忙着和镇上干部填贫困户人口的各类表册。

现在这个村子有八百多户,两千三百多人,人口和面积相当于过去一个乡。村部所在地叫道岔村,是先前合并到中坪村的。

这个道岔村,前面说过,因王莽追刘秀而得名。

村子合并，大了，干部责任也大了，村干部得天天坐班。张强说，他几乎没回过家。他给我递上一根烟，我摇摇手，他叼上自己抽，感慨地说："当年在中坪村当支书那才叫风光呀，大小的会，不是讲经验，就是领奖牌。上到中央领导，下到镇上干部，哪一级领导没见过呀。走路都整天是背着手，高昂着头。现在村子大了可是个贫困村，这个头头不好当呀，自己总觉着很没面子。明年要是摘不了贫困帽，我请组织摘我的帽子。"

他如数家珍般介绍着脱贫的项目。哪些项目投多少钱，收入咋样，他说得头头是道，看他满脸的喜悦劲，我也高兴得蛮点头。

说到水土流失治理，他也是信心十足。污染的企业该关的关了。小流域治理也是一条沟一条沟搞着。就说北京人来要开矿，环评是第一关，不达标，再有钱也不让干。新修的地由村上统一流转，栽核桃、种樱桃，再带上蔬菜自采自摘，加上农家乐，让游人来吃好玩好，再带上无污染的有机蔬菜，哪个不喜欢呢？

他告诉我，他现在都是副科待遇，月收入也上四千，他笑着说："知足了，现在一门心思想着解决脱贫的难题哩。当然了，扶人先扶心，不然，今天脱贫了，明天还会返贫的。"

雨还在下着，张强一定要留我吃饭，我说等任务完成了，好好喝两盅。他到院子站在雨里送行。

五

黑龙口是个镇街，算是丹江源头第一街了。这里是西安到商州的必经之地。平凹先生写的《黑龙口》，是二十世纪七八十年代的情景，两边来的客人都要在这儿歇息，吃饭喝水。商州去西安要翻座麻街岭，早早出发到黑龙口也到吃饭时间了；西安过来的，到这儿也是饿得前心挨着后背。于是，这个不大的小镇，卖吃食生意还红火，捎带也卖山货，基本上都卖给外地人了。如今，312国道改线，高速路开通，原来的老国道也冷落了。黑龙口一下子萧条了，国道边饭馆大多关门，曾经车水马龙的汽车站也废弃了，变成一家农业合作社；人们排队抢着买猪肉的收购组也是人去楼空，一些房子都坍塌了，俨然一位交际花人老珠黄。只是逢集时，街上人才多一些，多数是老人妇女，青壮年大都外出打工。

黑龙口街是闫家河、七盘河入丹江处，水势大。那天我们冒雨寻找七盘河的源头。在街西四里处七盘河畔，就是秦岭铺村。这里曾是商於古道最早的驿站之一，名称一直沿用至今。秦汉时在此形成集市，唐宋元明兴盛，光绪二十五年（1899）衰败。1951年曾设秦岭铺乡，下辖秦川、秦峰、大岔等村，1954年撤销。到秦峰村，进银厂沟，有一家门口站着两女一男三个老人，在呆呆地看雨。一位老人说过去这里开过矿，才叫银厂沟。这沟河水没名字，商洛山里丹江无数支流，几乎都没名字，像过去农家人的孩子。这水是半山上岩缝里冒出来的，一年到头不歇气地流，老人说没记得河啥时候干过。门口那一片地是20世纪60年代修的，河改到山边，路把河给扛住了。老人神秘地告诉我们，这里的水，神仙洗过脚，是神水，喝了能活百岁。山背后就是湘子洞，韩湘子曾在这里吹过笛。镇上人吃的自来水就是从这儿压下去的。

6月10日，雨后初晴，蓝天白云绿树，一切都像洗过一样清新。第二次来黑龙口街。街上卖豆腐、豆腐干的摆了一长溜，这里的豆腐在西安卖出名了。路和街岔口一位卖麻花的老大娘，面前摞着一米多高的麻花，笑着说："这一盘两百多个，一块一个，吃呀来！"我们每人买了一个，咬一口，香又脆。

这里的街分前街后街，从公路上下到前街，站到一人粗的柳树下，丹江河水在脚下哗哗流淌。小贾说，那座大桥是丹江第一桥，是通往牧护关的唯一通道。20世纪50年代修的，那时每天上劳力在百人以上，这才连通了丹江两岸。河道干净，绿草丛生，成了一片片给水过滤的湿地。街房全是木门做墙，遇集时拆下来摆成摊子。门上面还有窗子，木楼上能住人，当年下面开店卖饭，楼上住宿睡觉。那房都有上百年历史，还有一家的山墙全是石头砌的。前街和后街由丹江分开。后街口上一家，邻居说人都住到城里去了。门口一个石板上有一个凹形的坑，是长年打糍粑砸出来的。

这里人打的是洋芋糍粑。每年收上洋芋，农闲时，把洋芋蒸熟，去皮，放到青石板凹里，用木锤子砸，直到砸成黏糊成胶状，便能吃了。吃时，可热可凉，炒好酸菜，或者蒜苗、葱等调好汁子，浇着吃，很香。过去，这里人给客人才吃洋芋糍粑，现在只要想吃，随时都可以打糍粑。

　　看那临河的一排排房子，多少有点沈从文笔下凤凰城的影子，只是这里的丹江水急无船。街上一位耳笨的老汉说，过去街上人马可多了，还有四处水磨坊。一个小伙子跑过来说："问水磨呀，我陪你去，学校边上的老磨坊我舅爷住着。"

　　来到水磨坊前，一位老大娘正招呼孙子玩耍。问她水磨的情况，她木木地说："我是从宜君搬回来的，啥都说不清。"不一会儿，从桥上走来一个老男人，个子不高，小头圆脸，两腿像罗圈一样，一瘸一跛走来。老人叫程存生，六十三岁。他说这些水磨大都是二十世纪二三十年代街上一户财东修的。1949年后地分了，水磨也成集体的，一直用到60年代初，1963、1964年改成水轮泵。方圆几十里外的人家也来上磨子，磨些杂面、苞谷，常常都是排队等半天。这儿地少，缺吃的。1968年，他全家迁至宜君。那年他才十来岁，过去那里的水不太好。一早担回来的水上面老是漂一层子油，他就是吃那水吃成拐腿的。后来他在那里喂牛，四门不出。去的时候六口人，他大伯、他父亲都过世了。回来也是六口人，老两口、儿子儿媳、两个孙子。1998年312国道改线时，他一家子搬回来，买了大队的水磨破房，盖了三间。他笑嘻嘻地说："全家人回来都说咱这儿好，水好能养人。回来都二十年了，我一家子身体都没出啥毛病，我的老毛病也好多了，你看，腿也跛得不厉害了。日子也过得安安闲闲。"说着他在老水渠边走来走去叫我们看。他又拧身指着地里说："这里原来是水磨的上水渠，现在都种成地了。那时，水渠里的水满满的，还有不少鱼和鳖哩。"

　　程存生老人送我们走过丹江桥，他走路依然跛着，可走得很有劲，说："常来游噢！"

六

丹江源头的黑龙口豆腐被省城西安人看好。这里的大豆生长期长,水质好。有人去商洛,准会撂下一句"捎二斤黑龙口豆腐,四斤豆腐干"。

五十六岁的余惠民,脸红里透黑,是黑龙口秦岭铺人。他就生在豆腐世家。祖上是明末清初从湖北的枣阳逃难到这里的。来后发现这儿的大豆很好吃,就用优质的大豆做豆腐,开起了豆腐坊,生产豆腐、豆腐干、豆腐皮,这个手艺就一代一代传授下来。

1978年,他初中毕业就跟着父亲学做豆腐。他人勤快,也肯动脑子,不久就成了远近闻名的豆腐能人。

他以商州独特的浆水点豆腐,以花椒、小茴、大茴、酱油等为佐料,经过数十道工序,精细制作,有"卤三水,晾百日"之说。做法上比一般豆腐有独到之处:一是点工独特。必须点过三遍卤水,豆腐才不老不嫩,恰到好处,才能倒入小屉成型。二是压上小磨扇挤出水分,这样制作的豆腐干口感筋道。三是晾功要到位。把豆腐干铺在竹笤箕内,挂在屋檐下晾晒,阴干。晾过一次,用淡盐水卤点一次,之后再晾,晾过再卤,反复三四次才完成。他的豆腐干柔韧筋道,清香爽口。

他自己富裕了,也不忘带动周围的父老乡亲。2005年,在政府支持下,他组织当地三十多户农民成立了豆腐加工协会,生产十几种豆腐产品。协会还帮助临近几个村子一百三十多个农户从事豆制品加工,年产豆制品一百五十多吨。

2006年,他的黑龙口豆腐干还参加了咸阳农副产品展销会。2011年11月,他的产品荣获了第十八届杨凌农高会后稷奖。

四十多年来,他广泛传授这一传统手艺,先后成立协会,办培训班,带动更多的人从事豆制品加工。这一产业已经成为这个镇子的支柱产业。他和协会会员年创造产值超过了五百万元。他成了镇上有名的勤劳致富先进,是市里面的"科普示范带头人",也是省非物质文化遗产传承项目——黑龙口豆腐干的传承人。

七

韩峪川和黑龙口是同一方向的大川,中间隔了一条山脉。韩峪川跟丹江平行向东流去,到了洪门河处拐了个弯,流入丹江。水长二三十公里。

早上,知了叫得正欢,我们从牧护关的胡村沿胡韩路(胡村到韩峪川的路)去韩峪川。黑龙口和牧护关合并,因商於古道和韩愈路过留下"云横秦岭家何在,雪拥蓝关马不前"诗句的缘故,镇名叫成了牧护关。到麦秸沟,见楼房门口有两位老人在吃早饭。女的很热情,赶忙放下饭碗,找凳子;男的瘦窄脸,端着比头大的洋瓷碗,半碗稠糊汤,一边是咸菜,他也站起来让座。男的叫寻发亮,七十岁,说这里有个麦秸寺,沟也就叫这名了。庙里原来有个和尚,后来走了。女的说楼房是这几年盖的,土房被下雨溜坡拥了。人把地看得贵重,盖房多在山坡根斩房基(把山根挖平做房根基)。儿女都打工去了,只有十一岁的孙子在家。祖上是先从山西迁到洛南的窨川,再由那里搬过来的。老先人在朝中做过大官,犯了事儿躲到商洛山中。老先人的墓地就在里程村,有个碑都倒了。那碑一面一半是"山清水秀",另一边是"水秀山清"。

他家门口的小河对面改河修地,有近百亩,是20世纪60年代发动全公社社员大会战时修的。他家院子里的一棵枣树,也有二十多年,女的用手比画结的枣有火柴把长,枣树是从房后面崖上挖回来栽下的。女的笑着说:"到七八月里了,来吃枣哦。"

离开老寻家,沿小河边的水泥路进沟,见一户人家房山豁(房山墙)有一片地里种着宽叶开紫花的植物,小贾说是白芨。正好从屋里出来一位老人,个子不高,长脸,厚嘴唇。他是闵家沟二组的人,叫寻智印,六十九岁。他说:"这都是从山上挖的白芨栽的。种苗子,得长三年,今年是一苗,明年就分成两三苗了,逐年增加一半苗子哩。一亩地下来湿湿的能收成千斤。去年连苗子带根，一斤就一百多块。网上说一亩最高要卖二十多万哩，少也在十几万哩。"我惊奇这深山沟老人也知道网呀。老人厚厚的下嘴唇沾着烟，吸了一口，说："山阳人来，这一块地里的给六万，没卖，咱还要发展哩么。这是野生的，价贵，人工的一斤才五六十块。"老人说一亩来地，头三年都挣了十多万。他还组织邻居一块去挖白芨，现在已有十来户靠栽白芨都脱贫了。他一笑，指着说："坡里的地全退耕了，栽了核桃、板栗。山上连一颗庄稼都没有。咱得把土保住，把水养好么。"

我们上到山顶平台上，一眼望去，成片成片的小白花，像野菊花，蜜蜂、蝴蝶孩子般做游戏似的，上下翻飞；远处山上的树绿得像要流油一样。老喻激动地说："神仙福地呀，在这儿不想走了，这里的人咋恁幸福么，把人都眼馋死了。"

下山是一个村子，走了一段，见一家门开着，门口两个女人在吃饭，门里放着一堆金银花蔓，淡黄色的花已摘下放进簸箕了，指头长，像娃身上戴的小棒槌的花骨朵，是最好的。那老人说她都八十多了，那个是她侄女，人看着不灵性。这里是喻家院，正好跟老喻同姓。有十几户人家，都出去打工了。老人家见小贾瞅她的脚，笑着说："旧社会缠过脚，解放了放开了，就成了解放脚了么。"仔细看，真比我奶奶的脚大，比正常人的可小点。

车子开到沟垴里，到阮绪斌家门口，老人六十六岁，院子里晒了一堆车前草。这里地少，坡地平地人均不到一亩，地里苞谷才过了人膝盖，套种的洋芋也很旺势。他有三个儿子，两个在山外上门，一个在城里打工，女子也嫁到西安灞桥。他还有八十八岁的老母亲得伺候，也走不出去。过去这地方烧荒开荒，一到下雨就成了泥石流。现在山上树都长满了，连河里都是树都是草，再没发过洪水。

沿韩峪川下行，见路边一个高台台子上，一家屋里几个男人在下象棋，一个中等个儿、有点谢顶、圆脸的男人与一个穿着灰色夹克瘦长脸的男人下棋，其他人在边上围着看。这里是韩峪川村六组。那个瘦长脸一手捏着吃了的棋子，边敲边说。原来的刘村、牛山村、青兴村都合成一个村，归牧护关镇。这儿离红门河有十五公里,川的出口是磨沟庙村。这家主人的房子是土木结构,有十来年了,椽还新新的。这房是七檩四椽。我们老家多是五檩四椽。另一个男人说:"这房倒新新的,是贫厌吊杆住的,富人都住楼房了。"这家主人叫林金贵,六十七岁,他祖上是从城里林涧子搬来的。瘦长脸姓李,说:"要看景了,双岭子有个倒挂松树,几千年了。还有个蛇焦洞,说是当年刘秀在树下歇过。树一条根在崖上倒挂着,路不好走的。"老林好像对贫困户有看法,他埋怨说:"发展来发展去还不都一样,过去是贫下中农、阶级斗争哩么,现在又成了两个阶层,低保户、贫困户和非贫困户,低保户、贫困户是政府的亲儿子,我们都是带犊子(不亲的)么。"老李说:"国家把这些钱办个厂子,叫这些人去打工,有收入了多好。现在有的人把国家给的钱胡花,花完了说国家还给哩,把一些懒人惯瞎了。"说到移民搬迁,一个男人说:"倒是好事,但不现实,农民以种地为本,打工上了五十岁就没人要了。像赵湾的房叫你住,但你还要回来种庄稼,吃饭没地方,那里还要交这钱那钱的。"老李说:"国家把心操咋了。"说到门前一大块地,老林说:"都是学大寨时修的,当时河在中间,后来改到西边,毛主席说让高山低头,叫河水让路么。那时只要一声令下,干部社员都心往一处想,劲往一处使,谁也不想落后,才有了这一川平地。"老李说:"现在出去打工的人,地不种了,还叫人给种,谁种谁收么。"

从原来的韩峪川乡政府驻地景家沟村北行三里到茅沟口,就是牛山村,现在合到韩峪川村。这里的小河改到西边山根,修出一台台平地,地里种着苞谷套洋芋,栽有大樱桃树,到各家各户的路都已经用水泥硬化了。车停到水泥路尽头,走土路。山间的轰轰水声和鸟叫声交织,听着能静心。到一户门上,狗扑到路边,头朝天叫着,靠南边的旧房倒了,门口台阶上摆了十几箱蜜蜂。小贾猛然记得,他几年前曾经来采访过,这是个道德模范的家庭,儿子伺候瘫痪的母亲达八年之久。小贾喊叫,那小伙子应声,他在河里洗衣服,慢腾腾地从河边上来,上身一件铁锈红T恤,下穿蓝裤子,脚蹬黄胶鞋,他就是郑小堂。为了照顾老母亲,没外出打工,在家养蜂养牛,在门跟前打个小工。天天要给老人喂吃喂喝，接屎接尿，人都五十了，也没有成家。他哥到山外上门了，去年他妈去世。他木木地说："老人走了，我一下子还不惯，老人在时，苦呀累呀心里瓷实。那边的老房给拆了。养了二十箱蜂，搬到这边门口，一斤蜜五十块，去年割了上百斤。这棵核桃树，去年打了一百多斤核桃，也卖了两千多块。"

他家房后面就是牛头山，像个牛头。从志书上得知，这山叫牛头岩，海拔一千六百米。山那边就是蓝田的灞源，这沟里还有一座水库，河的源头叫红架山。他门口还有几棵柿子树，柿子也没人要，他把四棵老柿树都锯了。最后他呆呆一笑，说："母亲走了，模范证还在哩。"听他的话，我们咋样也笑不起来。

走到全院村，见两口子在路边地里割麦，这一片平地少说也有三四百亩。这里现在是韩峪川七组，改河后，河比地高，地中间低处成涝池。男的看着有五十七八，女的个子矮。这里是沙地，麦也长得不好。女人抱怨说："老人手里娃多，只给分了个茅庵子。儿子说叫他从小做苦力活，人都没长开。考了个三本，没钱，上个大专，回来找不到工作。打工又下不了苦，小两口隔三岔五打架。我生女子时落下风湿关节炎病，走不动路。我老汉叫华忠畅。那一年在西安打工，从楼上摔下来，也没问人家要钱，腰坏了，做不了重活。"女人说个不停，像有一肚子苦水倒不完。男人也没咋说话，听得人心沉沉的。

车子出了韩峪川，沿洛洪公路（洛南县到洪门河）到小韩峪村。这个村二十世纪八九十年代在全国都有名。老支书周百堂是全国劳模，从50年代到90年代修地不停，每天起早贪黑，上门做群众思想工作，不坐等国家救济，靠一双手改变贫困。苦干实干加巧干，修出平地近三百亩，解决了群众吃饭问题。村委会里一个胖胖的小伙在签扶贫表，他就是村支书王鹃红，他说："老支书八十多了，脑子也不清了。当年江泽民同志来村里时，接见过他，他还在念叨那些事儿哩。坡上的地全部退耕了，移民搬迁了三十二户。像狮子沟的王永强、王忠鳌都是四口人的家，住得偏远，搬到移民点上，坡地、宅基地都退了。"说到脱贫攻坚，他满脸高兴地说，村上由省委党校帮扶，种植了不少白芨、丹参、苍术,搞了天麻有性繁殖,多数人已经走出贫困了。像六组的史占运,种了两亩白芨,三年下来收入二十多万,成了村上的药材大户。

老支书周百堂我曾经见过,人黑瘦,能干,也有思想,真想去拜访他。王支书说,他现在都认不得人了,去也没用。我只有心里默默为老支书祝福,带着些许遗憾离开了小韩峪村。

八

丹江过洪门河奔流十来里,从西南方向泥峪川流出的三岔河跟它相遇。它的水量也不小。

这条川也叫泥峪川,三四十里长。原来这里是三个乡,引龙寺、三岔河、火神庙,现在并成了三岔河镇。川里有不少沟沟岔岔,每个沟岔都有小河小溪,河溪小鸟依人般躺在山的怀抱里。较大的河有康家河、油磨河、泥峪河,三河交叉处便是三岔河。

也是6月的一天,太阳已经落到半山腰,我们到了油磨河沟垴。路是茅草路,水流声很大,跟山间的鸟鸣相呼应着。在路上见到八十四岁的朱深强老人在闲转悠。老人个子不高,耳朵很灵,说话也有底气。他告诉我们,那最高的山叫游龙山,脚下的河叫油磨河。老人风趣地说:"实质上叫油馍河的,这里面还有古经哩。"一听说古经,我们也来劲了,围到老人身边,他却划根火柴,点着旱烟,不紧不慢地说:"还是听老年人说来,当年有个货郎担着担子翻山。一头担着一桶米汤,一头担着油馍,到山顶上了,不小心脚下滑了,那头米汤倒到山那边了,油馍滚到山这边了。这样,那边有了个米汤河,这边有了个油馍河。米汤河在米汤乡,是蓝田的地方。这货郎也真会栽跤,咱这儿缺面,吃不上馍,那边没米,吃不上米汤,这一跤栽得两边都照看上了。"他又咂了一口旱烟,说:"后来人叫成油磨河了,那名也算是这河的小名。村子原先是秦台村,现在是引龙寺村十一组了。八组里有二十多户都走了,到西安,到县城去了。"我从地名志里也查到,山那边就是蓝田县的米汤河乡。油磨河得名由来的另一个说法是乾隆年间这里有一座榨菜籽油的油磨坊。

从312国道朝三岔河前进时，已经是下午，太阳火红着，知了也沙哑着嗓子叫。沿路有大片大樱桃采摘园，不少农家乐掩映在绿树红花间。河离路只有几米，从路上下台阶走几步，就能玩水。到了周末，城里人拖家带口地来，不是在河里游泳、洗车，就是在河边打麻将，或支起架子自做烧烤，他们还自己带着垃圾袋。这里是孩子的乐园，他们可以打水仗，捉鱼虾。

在七星村路边，七十五岁的刘吉德老人蹲在那里卖土鸡蛋。老人说，这地是武彦家在火神庙当书记时修的。河水原先在那边，1971年改河后修了一湾地。原来的乡政府改成幼儿园了。那庙被火烧过两次，才叫火烧庙，慢慢人叫转音了，成火神庙了。扶贫给了三十多只鸡，用草、麸皮喂，叫鸡乱跑着养。去年鸡蛋一斤八块，今年成六块。地里没活，来人了在这里还能卖俩钱。我大学一位同学也姓刘，是吉字辈，一问，是他的堂弟。

车子走完水泥路，到土路上。前面一处改河工程，河水从峡口流成美丽的瀑布，我们孩子般兴奋地玩水，我蹴下在瀑布里逮浪花，掬一捧喝着，甜到心里面。路边地里种着洋姜。一位老人正在用铁犁犁地。小贾跑过去问话，水声太大了，也听不见他们说啥。我和老喻沿慢坡朝上走。一户人家门锁着，门框上右边一块小蓝牌子，上面还是引龙寺乡秦台村某某家。门口长了草，猪圈里草也过人高。小贾上来给我们说了刚才问的情况。这里是秦台村的回龙谷的河谷，那位老人叫王志军，七十六岁了，中等个子，清瘦有精神。回龙台像个龙头从东折到西，把河水硬逼出个大湾，冲出一片河滩。1960年县上专家设计，打通了回龙台，破山凿出一条河，新修一片地。当时老人十八岁，是生产队长，修地没有机械，全凭人力，抬大石头都有八抬的。修了二十多亩地，当年打下的粮食，每户就多分了一百多斤苞谷。老人的老伴已过世，儿女外出打工，他一个人在家，地里种了洋姜。老人抽着自己卷的旱烟叶，深情地说："只要还能动弹，地就不能叫荒了。这地是大伙用血汗换来的，丢了太可惜。"

走过一座桥，又是一段新铺的水泥路，有十几个人在修补桥边一个大豁口。路上横放一根椽，说是前面车走不成，还有一座桥没修好。听口音非常耳熟，一问才知道是棣花的乡党，他们是跟着一位沙河子的老板来干活的。见到乡党格外亲切。他们承包了五公里路。这里偏僻，吃的菜啦肉啦，是从棣花街买的。说了一会儿话，继续朝前走。到一排荒废的房前，见一老太太坐在水泥路沿上，她说："这里是秦台村的学校，都搬了二十来年了。"

在油磨河源头，见到王善杰，高个子，正在锄苞谷。他介绍，油磨河原来从他家房涧塄下流过。为了修地，把河改了，村里人都支持。一个组一百多号人齐上阵，三年修了百十亩地，一家子净增八分地，解决了吃饭问题。大家高兴得过年都请人唱大戏。当时还在《商洛报》上报道表扬过。

返回到原引龙寺乡政府，门旁一大堆石头，房子也空着，破破烂烂。边上就是引龙寺村服务室，新盖的楼房染成黄色。见一老人担尿水去地里，他说河对面的地是1969年修的，改了河道的。村部门口用大红纸写着公布的贫困户名单。

又见到路边一处废弃的房子，门上写着"中共油龙村党校"。村子撤了，党校也成空房子了，门窗大开着。

在三岔河村，见一户仍是石板房，门窗都是新的，墙是红砖，屋脊处理得也漂亮，只是没用瓦，全是一指厚大小不等的石板，有序参错。这家门上锁，问路边一中年妇女，她笑笑说，石板房住着冬暖夏凉。她正给苞谷上肥料，路上两个小女孩在玩跳瓦片，印象中妹妹他们那等子娃小时玩过，是农村孩子最朴实的游戏。她说娃上学，早上送去，12点在学校吃一顿饭，下午接回来，不住宿。

又走了一段路，见一位老人拉了一架子车刚割回的小麦在门口。这里原来是闫坪村，七十五岁的陈华祥老人讲，改河造田是1960年，修了三年，上百亩地，到现在都是口粮田，要是没这一湾河滩地，村里人怕早都跑光了。

一周后的又一个周六下午，依然是夏日炎炎，我们再次来到三岔河，到樱桃园沟。这里是黄鱼村。老喻开玩笑说一定是黄鱼不少，当地人也说不清。在一棵大核桃树下，一家门口有几个妇女在说话。一个妇女说，房后面最高的山叫馒头山。这儿也有农家乐，平时没人，周末才来人。沟里的地是农业社时修的，2004年还重修过。家家户户都栽有大樱桃树。一位七十多岁的老太太在照看轮椅上的老男人，她说："在轮椅后面打盹，把头碰了流血哩，女子都来看来了。死老汉一个人挪不动，让两个娃子换着看。脑梗，半身不遂，死死不下，活受罪，整天给洗尿片片子，病在脑子里，药也不好好吃，叫也不应声。不如管娃，娃还看着长哩。"

来到灯塔村，到王述柱老人家门口。他家原先在火神庙边上，发了几次大水，冲了房子，十来岁老人搬到沟里的。庙是20世纪70年代拆的，两个院子，一处底下空空，两米高，四个柱子，当戏楼用。四周的柏树也有几百年了。河在沟道里七扭八歪的，1975年改直修了平地，地也有成百亩，用了两年时间，全村人黑来白儿（昼夜）地干。过去也栽稻子，产量低。现在坡地也不种了，粮食也种不住。核桃板栗家家都有，板栗一年也打几百斤，有客上门收，一斤两三块。

出了泥峪川，离开三岔河，这条河跟路一样长，足足有三十多里。想着已下架的大樱桃，这热的天吃上一口，香甜解渴呀。又想起油磨河的故事。这里的人们早都过上了天天吃油馍的日子。

九

从黑龙口街道顺丹江河下行二三里，是312国道和新改的312国道交会处，这里就是小商塬，号称山里的"小香港"。小商塬原来叫小桑园，相传秦朝时这里有一片桑园。东去三四里有一片大的桑园，叫大桑园。后来把大桑园改成了大商塬，小桑园也叫成小商塬了。在20世纪90年代，这里南来北往车辆不少，客流量大，饭店、商店一个挨一个，商贸活跃。高速路通车后，国道上车少了，生意也淡了，一大半门店关门了。

从小商塬国道桥边下到苞谷地旁一户楼房门口，门锁着，见三位妇女坐在台阶上歇脚。这家主人应该是不在家，门上的草也长成一片。她们身边放了一捆金银花蔓，说是拿到黑龙口街上卖，一斤能卖五毛钱。矮个儿的女人说，这沟叫石灰岔，那边的叫鹿角沟。另一位说："过去鹿多得很，现在还有哩，翻过岭就是，住了三四十户人。"那个大脸的女的疑惑地问："你这是弄啥的？"小贾说是调查生态的。大脸女人说："生态有啥可调的。我这儿是单日集，街上也没啥人，娃些个都到西安打工了，给孙娃子挣钱去了。你上岭慢慢走噢。"

我们顺手朝着西南的石灰岔走。山上树木密密麻麻，地里苞谷洋芋也旺乎乎，小河水哗哗流着，空气湿润，散发出草木的清香。

见一老汉披着衣服转悠，身边还跟着一条小黄狗。小狗摇着尾巴，忽前忽后跑着。老人黑瘦，长脸清亮，像农村家里做的稀饭上结了一层皮。老人叫曹述来，七十岁。他回忆说，在农业社时是石灰岔大队，沟垴有石灰石，1958年试着烧石灰，没成。现在村子合到小商塬。原来沟里三百多口人，现在只剩百十口了。人少，坡地不种了，生态也好了，野猪野羊野兔野鸡都多了。说话间，几只野鸡"咯咯"地从苞谷地飞到山腰上去了。野猪是个害人精，害得庄稼都没法种，多数人都种了黄芩、柴胡、丹参，还栽了大樱桃树。说到社会治安，老人无奈地略带结巴说："政府也管哩，小偷没办法管。五年前我攒了六千块，打算给我老两口子拱墓，把钱埋在苞谷柜里，我们下地干活，叫贼给偷了。气得老婆子在地上打滚哩，报了案，刑警也来过两次，案子还没破。"

到石灰岔沟垴上，见一家房后面山坡上很大一棵树，树叶很大，还结满了紫红色的角角，像大豆角。主人姓马，说这树叫馍叶树，开花是粉的，结果是红的。树叶子大，没毒，还有清香。蒸馍时用它铺蒸笼，蒸出的馍又白又香又好吃。他两个儿子在西安做生意，抽时间也开车回来看他们。老马家门口有一片竹子，翠绿欲滴。真是东坡先生向往的去处。

又到小商塬的鹿角沟，沟长有十多里。过了人工开挖的山垭，下到地边一家院子，一位老妇人在核桃树下干活。老人叫崔彩莲，七十二岁，院子里晒了一堆草，说是野棉花、灰麻秆，能卖钱。她说房有两处，新房给大儿子，老房给小儿子，娃都在西安。这沟里水流到火神庙，到三岔河。刚翻的垭叫庙岭子，上面有庙。说着她拿上镰刀陪我们上山看那老路。她走路比我们还轻巧，还要快。庙岭子不高,却挡住了鹿角沟人。到黑龙口赶集,得走这羊肠小道翻岭,下坡几乎是坐着溜下去的。她走在前面,不停地用镰割着刺,给我们开道。她说:"这岭把人就害苦了,村里人都摔过跤,有人把胳膊腿绊断了。过去交猪时,要叫上八九个人,用葛条编成担架抬。有一年,一家子的猪抬到岭上,绳松了,把猪给滚坡了,还伤了人。到火神庙赶集还要翻这岭哩。"

庙岭子是1981年打通的,开始是人挖,干了半年,后来村上自己制炸药放炮。老人白豪地说:"炮把我家房上的瓦都震碎了,我掌柜的都没叫赔,给大家办好事哩,没啥说的。再把路一打(水泥硬化),我还能撑个巴巴子么(指年龄大了)。"

鹿角沟已经是山清水秀,连一度消失的鹿也回来了,老人说能听到鹿鸣的声音。

下到半山腰,又见到那三位赶集的妇女,她们卖了金银花蔓,买了点东西朝回走。在一家门上挂着一长溜苞谷,小贾要去照相。二位老人很热情,女的让烟,男的叫喝水。男的说,这房也五六十年了,老大老二都出去打工,老三在商县还没成家。老人都八十多了,腿脚不好,娃叫到西安,住不惯。

回到小商塬一组,八十六岁的老人刘学文正坐在门口吃饭。他介绍,这里的丹江河滩地是1958年修的,那时他才十八岁,任一队队长,他和二队队长胡普成一块儿抬石头。一天抬到黑,累得人一到家就倒头睡了。全公社会战一年多,修了五十多亩地,那时河床高,水也大,村里人就在新修的地里栽稻子。头一年,新修地产下的稻谷,一家也分上百斤。小商塬吃上自家种的水稻产的大米,黑龙口街道里人都眼馋。

和老刘说话间,一堆男女也围过来,说村上修桥的事儿。七嘴八舌一窝蜂。一个胖胖的中年妇女气愤地说:"国家把心费了,政策好得太太,叫有的人给念歪了。修桥叫树挡住了,人家狮子大张口要价,干部连个屁都不敢放,就拖着,成百人走路成问题了。"一个中年男子说:"中国梦,中国梦好,真真没想到呀,咱一定要活到那时候。"小贾耐心地说,我们一定把大家的难处反映给上级,想法解决。

中午时分到丹江边上的大商塬村。公路边院子坐着几个人，在核桃树下乘凉。一个中年男人说他叫苏根稳，说这一湾子地是1973年改河道修的，有三四十亩，土薄，过去一片子都是稻田。后来改了两次国道，把地也占得剩下不多了。

又到国道边一条南北的小沟，叫窑坡沟。从312国道北侧进去五六十米，靠沟左边就是当年农田基建修的平地。二十二年前江泽民同志曾在这里参加劳动。在一座新楼房门口见到一位少妇，我问她，她说那时修的地占了她家的桩基了。沟里头还有市上的炸药库。她好奇地问："你问这地干啥呀？"我说顺便问问，她也只笑了笑，让我们坐。我们只站了一会儿就走了。

丹江奔流到商州麻街齐塬村的西头，一座大岭横卧在河边，这就是东岭。让丹江在这里绕了一个大月亮湾。这个大湾也是经过千百年流水冲刷，形成了两百多米宽的河滩，河床平缓，水流舒缓。河里鱼虾不少，丹江有名的五色鱼算是最多。周围群众随便下河就能捞一笼子。

十

也是夏日的一天中午，我们从大商塬处沿着老312国道东行，路过安山驿农家乐。安山驿是商於古道上一个重要的驿站。唐朝时武关道陕西境内有驿站十八个，安山驿就是其中之一。可想当年这里的马车声、丹江水声还有丹江升腾到空中多彩的云雾，都仿佛在东岭的一块块巨石上留下了记忆。从新312国道齐塬大桥下穿过，来到桥下老国道边的一户人家门口。这家门前跨过公路就是丹江河滩地，地里是用黑色网布遮盖的香菇大棚，靠东边是一片太阳能板，搞光伏发电。女主人忙着洗衣服，男的在修理小板凳，见到我们，热情地让座倒水。男的叫王万升，七十七岁，是齐塬村六组的组长。老人是大病初愈，气色不太好。说起村上的事情却兴致盎然。

大棚香菇是黑龙口人搞的，土地流转签了十年合同。一亩地一千块，每年的10月1日把钱打到卡上，刚好农村收两款（合疗款、农保款）时用上。光伏发电还叫贫困户入股，政府组织给贷款入股分红。老人说他原先在桐树沟六组住，后来在这里买了旧房搬过来的。那条沟六里路，还是土路，一下雨滑得没法走，沟里还有三十多户人。想搬出来，下面又没有地方。路得打成水泥的。

说到东岭改河工程，老人热情高涨。说那是1971年，当时担任麻街公社书记的石磊，看到村里人多地少，群众吃饭成了大问题，跑到县上争取支持，准备在东岭大干一场，把河道改过来，能修一湾地。"斩断东岭，修地百亩"就是最响亮的口号。县水利部门派来专家，勘测设计，制定方案。全公社大会战，每天上劳力二三百人。村里一女青年在搬石头时不慎被砸断了一根手指，定好的婚事，男方因此不愿意，退婚了，姑娘却无怨无悔。齐塬王河的喻安哲，参加大会战。有一天，天擦黑，他就站在运石渣的土火车上，不料后面的车速快，刹车失灵，撞上了。他的右腿被挤成粉碎性骨折，截肢后才保住命。老支书朱立善，现在七十三岁，担任基建队副队长时才二十八岁，基建队的指导员是中流村的王刚林。那时把几百号人分成两个组，从岭东岭西分头开挖，担土方，挖山坡，掏炮眼，抬石头，都是重体力活。吃饭是一队一个灶，早上吃的是糊汤酸菜，下午是稀溜溜的烩面片，吃得再饱也耐不到晌，饿得人心发慌，可没一个人叫苦喊累。受各方面条件的限制，东岭打了三四年也没有打通，地也没修成。直到1995年省里把312国道进行三改二（三级公路改二级）时，把改线定到这里，国家动用了大机械，才打通了东岭，就这样，东岭的改河工程成了国道工程。

老王家的情况，也让人唏嘘。大儿子在黑龙口教书，二儿子当兵回来，在西安打工时出事不在了。二儿媳又跑了，丢下孙女在家，孙女十一岁。老太太边洗衣服，边哭着说："没大没妈的娃，可怜呀，咋办呀么！"听着老人嘤嘤的哭声，我心里也不好受，白发人送黑发人，在生活中也不乏其事，可是太残酷了。

沿江而行

一

丹江到二龙山，在这里修了一座较大的水库，蓄水量相当于六个西湖。在商洛境内，直接在丹江上建的水库没有几座，这一座算是上游唯一的，也是最大的了。

从麻街街道东行，到中流村。中流也就是中流砥柱的中流，这名字咋来的也说不清。这里便是二龙山水库湿地的起点。丹江源国家湿地公园就在丹江和支流板桥河谷地段，涉及3个乡镇4个街道办事处7个行政村17个社区，湿地面积624.05公顷，以河流、库区湿地为主，还有溪流、林地、草地等。湿地公园东西宽8.9公里，南北长11.5公里。湿地公园有鱼类40种，两栖类9种，爬行类25种，鸟类157种，兽类39种，种子植物693种，国家重点保护动物23种、植物3种。

夏季最热的一天下午，我们沿中流村水泥路顺水流方向而下。这里的丹江波光粼粼。河边拥了不少人，都是周末来游玩的，有本地人，也有省城来的人。有人直接把小轿车开到浅水区冲洗，有的在水上支起桌子玩扑克、打麻将，还有的在忙着穿肉串，准备做烧烤，一派热闹景象。小贾担心的是他们会不会把垃圾收走，自言自语道，改天拿个微型摄像机偷拍，真有情况就要曝光。

从中流村到湖新村，湿地有二三里，绿草旺旺的，边上有不少垂钓者，牛羊也在湿地旁撒欢子，悠闲自得地吃草，偶尔有一两声牛的"哞哞"叫声和小羊的"咩咩"叫声，让人感受到田园生活的舒心和农耕文明的亲切。

在湖新村的一个渡口，有一条铁皮船，两头翘翘的，像平摆着的一弯月亮，停泊在水边。我们上到船上，路边一位瘦瘦的有些驼背的男人，笑着喊道："要过河呀？"他就是船主人，叫董鱼，六十五岁。老喻笑着说："听这名字他最了解这里的鱼了，整天在水上漂，跟鱼也熟，也有话说。"老人告诉我们，这个村原来叫甫上村，现在改成湖新村了，他家住在六组。从水库修起，一直都在撑船摆渡。二十多年了，光船都换了两条。他笑着说："原来接送人到对面种地，还有住的人，还拉钓鱼的人，忙得太太。现在那边修了路，也没人坐船了。"还说过去管得不太严，家家都有虾笼。到了晚上，下下去，里面放上用羊油稍稍炒一下的洋芋片、羊骨头，第二天早上捞时，一笼少也有一二百斤哩。现在管得严了，没人敢下笼了，虾笼也都放着没用了。提到他后面的野人沟。他还知道当年关中人避乱跑到深山，这儿人就把外乡人叫野人，才有了野人沟的。那里野猪成群，多数人搬走了，野猪都在村里搭窝。

来到水库"四龙戏珠"西北角那个龙头上。"四龙戏珠"说的是二龙山水库蓄满水后，库中心有个湖心岛，四边的山伸向湖心岛，从空中看就像四条龙在戏耍一颗珠子。这里有一座庙，庙对面是戏楼。戏楼对爷庙是这里过去建庙的一种规矩。从西龙头东边下去，修了一条水泥慢坡路。有几个男人在水库里游泳，他们都能从这边游到东北角那个龙头上，看距离也有四五百米。在这里龙头西边半崖上有一棵野杏树，结满了杏子，黄澄澄一片。小贾三下两下就爬到树梢。下面就是蓝汪汪的水，有几十米深。我很担心，喊着让他赶紧下来，他却满不在乎。边摘杏子，边笑着说："没事儿，哥，我会水，掉下去了也美美游它一圈。"他扔过来几个，我们几个接住，吃着甜甜的，香得大家在涧塄边直咂嘴巴。

二

6月下旬的一天早上，我们从商州城西北的黄岔岭翻过去，沿着板桥河边上的307省道去洛南。板桥河也流到了二龙山水库。

洛南县的四皓街道办事处有个村叫代塬村。四皓就是避秦之乱的四位博士,隐居商洛山。最后四老驾鹤,安葬在丹凤县商镇,可是商州、洛南都有四皓。据传说这两处都是四位老人的衣冠冢。这里有一道岭叫四皓岭,海拔一千零五十三米,307省道跨岭而过。这个岭就是商洛境内长江与黄河的分水岭。在这个分水岭上,有代塬村西洼组一户人家,房屋的前檐檐水流到洛河,入黄河,后檐檐水流到板桥河入丹江,归到长江。

到村卫生室那座房子。村医生说:"那家人叫王书汉,公路改线,房拆了,现在盖到路边了。"我们找到那座房子,已经成了一堆烂砖头,也看不到前檐后檐。又来到新楼房处,门口一台装载机正给倒沙,垫院子。楼房一楼开了个超市。问门口穿黑西服的小伙,他说王书汉就是他爸,在老房子住着。他便主动带我们找他爸。路边地里成片的烟叶,长势很好,听小伙说一亩地烟叶能卖三四千元。

到老房,房前檐宽,门口有两个柱子,房檐上用木板蓬着,可以晾晒苞谷穗等物。门很大,都染成土红色。门锁着,院子放了一堆拆下的砖头。不大一会儿,小伙从地里找回他爸,他妈也扛着锄头慢悠悠走回来。老王六十六岁,中等个,上身穿白短袖,外套一件蓝格子衬衫,下身是灰裤子,脚腕露出红线裤。六月天还穿这厚,想来身体不咋好。老人说他和老婆都是病包。这里人说话是渭南腔,把"病"说成"平"。老婆是食道癌做了手术。看她驼着背,人也瘦得失了形。老王去年做了脊髓手术。老婆在西安花了十几万,报销了三万三,医疗保险还报了些,自己最后能花两三万。问那间房,老王来兴致了,说,岭上人分散居住在岭子东边的坡塬上。1982年,个人也能办摊子了。他给大队申请,在当岭上靠近省道边,盖了两间土木结构的瓦房,房子面朝西北,办了经销店。下雨时,后面屋檐上的雨水落下来,就流到板桥河里,最后到了丹江,西边一面屋檐水流到洛河去了。他笑着说:"我一家子占了长江和黄河,一脚踏长江,一脚踏黄河,厉害吧!"

他咋样也忘不了1972年为了交电费,他跑遍了整个村子,连一毛几分钱都没借到的遭遇。那时，大队有个小窑烧砖瓦，给各小队搞些副业。把他抽去，让他管，叫一小队来一个人，按说要十个人，只来了五个，都嫌活苦活重。大队和他签协议，由他五个人承包，一人一天给大队交五毛钱，给记一个工。账不算，就按一人一月交十五块，剩下的平均分配。他起早贪黑地干，一年多也挣了三四百元。

老王叹息说："在那儿办经销二十九年多，到2002年修省道拆了，2003年在原桩基东侧盖了五间两层楼房，到2015年秋里，省道要'三改二'，把岭子削了二三十米又得拆，去年在岭西边用机械把一个水塘填平，盖了四间五层，娃办了超市。"

王书汉老人最后说，都是沾了国家的光，才过上好光景，地里种烟叶、药材，栽核桃，一年收入还真不少。

三

板桥是商州区的一个镇子，从州城西北翻黄沙岭就到了，相传因唐代永贞年间河上架有木板桥而得名。一种说法是因为唐代诗人温庭筠路过此地，留有"鸡声茅店月，人迹板桥霜"的诗句，是否属实无从考证，但让板桥这个地方融入唐诗经典，更有文化意味。

板桥河是丹江的一级支流，从腰市镇的马角山流到丹江，也流了近百里。

那天，从四皓岭返回，在板桥河边靠左手有一个仿古牌楼，雕刻得花花绿绿，上面写着"连河村"。

走过牌楼，是一条小河边的通村水泥路，也宽敞。路边树木林立，一排红叶李树上结满了紫红色的小果子，摘一个尝，涩酸苦。沿途人家全是白墙灰瓦，散落在绿荫深处。地里长着玉米、洋芋，还有洋姜、荞麦。见一老人在地里拔草。老人说这里是姚沟，再上去是麻山。有农家院落处，也有几树杏子，黄灿灿一片。竹篱笆旁散养的鸡自由自在地啄食吃。车在这个沟里走了二十多里路，到了连河沟垴的麻山。路对面一座楼房门开着，一位高个子白发老人正在抱柴火。老人叫卢生智，有三个女儿，一个儿子，都成家了。儿子在新疆开车，儿媳在街里引娃。两个孙子，一个两岁，一个四岁。老人干净勤快，院子也收拾得干干净净，屋檐下房阶上，锯好的柴火也码得整整齐齐。老人见到我们很高兴，忙着拿板凳。

连河村是把原来的姚河村和连河合并的，原来归谢湾，现在合到四皓街道办，还叫过马家河公社。山东北是马河，水流到洛河去了。南边龙王庙，水流到丹江。1975年后修了三四年地，总共修了四五百亩地。当时的口号"小块连大块，河水让路山劈开"。人叫水走哪儿水就走哪儿。地修好，有了化肥还不会用，县上开生产队长会给教。现在社会发展得好了，人靠山吃山，也不砍柴了，也没有人在山里放牛羊了，野兽也多了。无论下多大雨，河水一直是清的。

房对面的高山叫洋王山，一边水流到洛河，一边流到丹江。

四

出了连河村，沿307省道去蒲峪沟。在板桥河边有一座绿山，山上一大片黑岩，老喻说这叫黑风山。山不高，却住过神仙。他说秦腔戏里《劈山救母》中刘彦昌在这里遇到了妖怪。这出戏讲的是凡人和神仙女的真挚爱情。小时候老家也在唱这戏。这是刘彦昌给儿子沉香讲他母亲咋样救他来，咋样恋爱才有了小沉香的。他唱道："刘彦昌哭得两泪汪，怀抱着娇儿小沉香，官宅内不是你亲生母，你母是华岳三娘娘。"他给大家解释一会儿，又唱："自从那年王开选，为父我投考奔帝邦，闻听你母多灵验，华岳庙抽签问吉祥，连抽三签无上下，将诗留在粉壁墙，出得了岳庙遇大雨。"他又讲，三圣母看上了刘彦昌，就变了个村庄叫戴贤庄，在戴贤庄避雨招亲以后，"你母亲赠银三百两，在长安科场把名扬，奉旨洛州把任上，路遇妖怪把父伤，你母亲驾云从天降，宝莲灯救父出了祸殃。你舅舅杨戬火气旺，恨你母私配了凡夫刘彦昌，将你母压在华山下"。人与神相亲相爱，犯了天律，把爱情用大山压住。

在去蒲峪沟的路上，我还在想着那凄美的爱情故事，像一位老师曾经说过的，他也神往哪天能遇上个狐狸精，把他缠住，该多美呀！

洛南在华山的南麓，过去听老人说，在华山上失脚，尸首只能到洛南找去。洛南也就是华阳了。县里也曾经排过一出《沉香救母》的秦腔戏，还在省里拿了奖。

夏日那个中午，太阳照旧是火辣辣的，我们从蒲峪沟翻到腰市镇。蒲峪原来也是个乡，如今撤并到板桥镇。这里是个小盆地，地里多数种着烟叶。三面的山丘陵般低矮平缓。过了腰市街，去马角。马角先头也是个乡，现在也并到腰市镇。

马角山是板桥河的发源地。这里出了个著名作家京夫。京夫先生已经驾鹤西去，想必他的魂灵还在故乡大地上空徘徊，还在守望着生他养他的地方。

路过石板河村，这里有个庙湾水库。是1969年12月动工，1972年10月1日竣工的。1973年春季蓄水，有效库容三百二十五万立方米，有效灌溉面积八千多亩。库里的水不多，尿黄色，边上有不少垂钓者。小贾说，水库除险加固时，一个老汉在库里种地，为此还发生过纠纷，跟人打架，上访告状。这水是从南北马角流下来的。老喻说，他们大荆人也来修过水库。这一段路也在河边，河水很大，河床全是灰白色。

到一个叫铁锨崖处，巨大的崖石像用铁锨直直扎下去的一样，齐棱棱的。传说是太上老君补华山时，拿铁锨从这儿铲了一片子。小贾说，要是秋天来看，真是四棱见线。

车行到原来马角乡供销社那儿。供销社也卖给私人了，开了一个超市。问一老农：九层楼在哪儿？他指了指左边。沿左手进沟，顺河而上。这里林密岩秀，有"小桂林"之美誉。一处山崖中间有一片片铁锈红，崖上也长着树，山不高。路上走来一位中年妇女，高个子，她笑着说："这里是南马角，这块崖叫蜡台石，像个蜡么。"又沿河边步行，见一妇女在河对面地里锄草，问话，她指了指我们身后，说："九层楼就在后面沟里，过去里面还住过人呢。"

在路边坡上松树林里有一条毛路路子，我们一块顺路爬山。小贾怕蛇，老喻从地上捡了一根松树枝走在前面，笑着说："我给咱打草惊蛇了。"爬到一个小山头,见沟对面崖很高,有一个很大的洞。我们艰难地爬上洞口,洞有四五间房子那么大。站在洞里,凉飕飕的。我疑惑这儿咋能叫九层楼呢,小贾说,当年搭椽就能盖9层楼房哩。山崖上还有放灯的台子。崖洞顶上看天是一条线,西边几处漏光成各种各样的图案,随风晃动,鬼影一般。

到北马角,在路边一大棚香菇处,问话,正好那棵古槐就在后面村里。这里是郭村,是京夫老师的故乡。一老人说京夫还在上面那个自然村子。我们先去朝拜了古槐。

走过几家农户,门都上了锁。古槐正好在一家门前。树下一边长满了藤蔓,一边是人用瓷砖砌了个长方形祭坛,用来上香奠祭,祭坛上还有烧过的香蒂和纸灰。树老了,就有神性了,农村人就会把古树当神一样祭拜,祈福祈保佑。树身上裂纹粗而深,像长年没洗的脚后跟炸开的裂子(皲裂的口子),树叶却茂盛。我们四人一块也没搂严树干。

到古槐前面一家院子,里面堆了许多麦子,边上有一台打麦机,准备脱粒。好几个人一同起来让座,一个女的在大核桃树下锄地。一位老太太急急忙忙进屋去了,一个中年男子从屋里抱了一个小方桌出来。老太太提了暖水壶,拿了茶叶、纸杯,给我们倒水。中年男子长脸,叫郭存生,五十岁,老太太是他的母亲,八十一岁了。他们这个村大多姓郭,祖先就是唐代的郭子仪。院子有鸡有狗,鸡很大,不认生,还在来人裤腿上蛮啄。郭存生说今年麦子不好,家里一些地也租出去种香菇了。老太太说:"这树是老先人从山西过来拄的拐棍,往那儿一插就活了,长成树了。"老太太边忙着用手捏茶倒水,边说:"可怜的几个娃子,没有个媳子,都没成家。老大招人了,吵闹得不行,女的把衣服抱到房脊岭上给烧了。冬天回来穿着半截子裤子,一睡几天,女人还把交裆踢了,看病花了好几百。老三打井哩,石头把人砸了,头疼了三十多年都不得好。"

八十多岁的老太太全说的是儿女的事情,一门心思想着儿女的幸福,让人唏嘘感叹。

离开古槐树,赶往京夫老师的故居。老师在20世纪80年代凭着一篇短篇小说《手杖》出名。又在"文学陕军东征"中，以一部长篇《八里情仇》轰动全国。水泥路随河而修，河也因地而改到山的一边，一片平地就是口粮田。

在一处通户水泥路口停下，小贾说京夫老师好像就在这儿住。路边席上晒着刚打下的麦子，去路左面一家问，正好是京夫老师的弟弟，瘦高个儿，长脸庞，也是满头银发，样子很像京夫老师，连说话的声音也一样。他话不多，引我们到路右边，就是京夫老师的房子，门口也长满了草，几棵红椿树有老碗口粗，几丈高。树下新栽的小叶植物全死了，叶子枯黄。老郭打开门，让我们进去。屋里很干净，堂屋有一个板柜，上面放了几个瓦罐罐子，是过去装米面用的，罐上面盖着薄薄的石板。后面的小房子也放了一些罐罐子。靠门的小房子有一张床。房两边的木板楼上是空空的。三间土木结构的房子是京夫老师修的。20世纪80年代，他到省作协工作后，很少回老家住。那位微胖的妇女也走过来，她是老郭的妻子，说："这是他儿子去年出钱叫我们招呼重修的。"看着空荡荡的屋子，想着老师的一切，心里是凄凉和敬重。这里离腰市镇有三十多里，多是山路，有不少文学爱好者来参观瞻仰。

中午，老喻带我们到大荆街道吃饭。他在这里中学教书，饭店老板叫他老师，饭菜实惠味美。我们一直在说着京夫老师的事情，反而忘记了饭菜的味道。

饭后已是下午，我们又去西荆。那儿地势宽阔，河道也改到山一边，修出了一些平地。车子一直开到东秦岭铁路隧道口。道口用铁丝网网着，边上一座小房子。听着小房子里有人说话，不一会儿出来一位中年妇女，跟着出来一个瘦男人。女的问要水不要，说着就到边上苞谷地里锄草去了。那男的歪戴帽子，身穿黄黑相间的工作服，油腻腻、脏兮兮的，脚上胶鞋也露出大脚拇指。他警惕地问："你这是干啥哩？"小贾说是采访，他不耐烦地说："去，去，去，这里保密，不要采访。"小贾说是了解河流和生态。他这才口气软和下来，说："这里没啥生态可采的。"说话中，得知他是关中临潼人，一月挣四千块，他们是三个人轮班，各做各的饭。过了一会儿，又来一个瘦高个子男人，穿着警服，上面套了件交警执勤的马甲，臂上有"协警"二字。他是本村人，一月上千元。那歪戴帽的说："他又没任务，想来就来，想走就走，多美呀！"这时，电话响了，他飞也似的跑去接电话，出来说，又要来一辆客车，又一蹦一蹦跑到铁丝网边的水泥平台上。他说夏季最担心拉煤的货车，煤要是自燃了，就得用洞口的消防栓喷水灭火。一阵"呼呼"声，他立马立正，也不敢说话了，一手拿一个旗，黄旗竖拿，绿旗横拿。协警也端端站在小房子门口。等火车过后，这才又过来说话。他说："你没看现在的火车就没人坐，这趟车上就没几个人。到春节了车上人挤得是实茬茬。"

太阳西沉，返回到东峪，在大荆街道的西北。这儿原来也是一个乡，现在也合并到大荆镇。先进西峪，这儿也是河与路并行，一边是河，一边是地。走了一段，前面是高速路的桥腿子，两三个人都搂不过来的水泥柱子，有二三十米高。这里山势较仄，高速路只有架桥了。桥腿成了一长摆子树林。就像城里的狗看街市上的人腿，一片"腿林"，只不过是水泥做的"腿"。我们好奇地跟水泥"腿林"合影，真像是小人国人来到常人中间。空中是一片轰隆隆的汽车飞奔声，在山间久久回荡。

我们又驱车到沪陕高速秦岭灞源隧道边，这边是商洛，长江流域，那边是西安的蓝田，黄河流域。车子再走就是难泥湖，地名怪怪的，只是跟丹江没有多大关系，我们没去看。赶天黑返回到东峪。一位同学从西安来，正好在东峪一位朋友家避暑。他的朋友在西安发展，家里修有别墅，建有鱼塘。

在这家院子吃菜喝酒，还有自做烧烤。大家又吃又喝，又说又笑，我却陶醉在看头顶那密密麻麻的星星。能看到这么多的星星，只有在这寂静的山间。

五

发源于商州与柞水交界处鸡冠岭的南秦河，流淌六十多里，在商州城南的刘湾任塬村处流入丹江。这条河从杨斜镇以东水质干净，甘甜爽口，乳汁般香美，又叫乳河。

7月中旬的一天，天蓝云白树绿光强之际，我们乘车到鸡冠岭上，这里海拔一千四百八十米。商柞（商州至柞水）省道龙一般穿山而过。岭上还住着十几户人家。房子依山而建,白墙灰瓦在绿树间依稀可见,一片宁静。

来到路边一家门口,一少妇在门口簸麦子,屋里一位瘦男人在忙着锯木头,做蜂箱,已经做了好几个了,还要再做些,等分箱时用,都放在房山豁。这是一家贫困户,墙上的明白卡上写着陈根存,是少妇的母亲。少妇把那男的叫叔,男的说:"蜂蜜有四十(一斤)的,也有五十的。"少妇说:"还有八十的。"这地方是杨斜镇黄柏岔村第十七组,过去是秦先村六组,才合并了。少妇走开了,男的才悄悄地说:"娃她大去年过世了,我没成家,就搬过来了。"少妇又走回来了,笑着说:"我哥在外面跑,不放心我妈,我嫁到渭南了,又回来的。"他爸得肺癌,花了十五万,人也没救下,他哥三十九岁,嫂子嫌她爸看病花的钱太多,没法还,离婚了。她哥只好跑出去挣钱还账。

从苞谷地边的小路进村,一棵大漆树下坐了几个男人在说话。这里淙淙的小溪,就是南秦河的源头。一个男人说:"我这地方是神仙住的福地,凉快得很。"一位老人说他过去还割过漆,现在没人要了,也没割。小贾怕漆,站得远远的。小时候听说怕漆的人,做梦从漆树下走过,第二天脸都肿了。一个高个子的男人说,过去九间房人来唱戏,某人他哥给一位女演员说漆树叶子香得很,用手搓了一把叶子放到女的脖子上,一下子出漆,又痒又肿,差点难受死了。抽纸烟的男人说漆刷到木头上,也是入木三分。

我们又到住得最高的那一户,院子晾满了荞麦,红秆秆,绿叶叶,黑色的荞麦落了一地。一少妇穿戴洋洋火火,说话有点关中味,两个小女孩在院子里跑前跑后。女的说大娃在西安上学,他两口子在那里打工。大女孩得意地说:"我爸都回西安了。"一口普通话。少妇说这是娘家,父亲不在了,母亲下地干活去了。两个孩子给我们搬凳子,然后两个孩子一块跑去,到坡地里喊叫她外婆。

这家房子是七檩两椽,没有担子。从扶贫明白卡上得知,这家姓寇,女主人叫陈改过,儿子叫寇来成,儿媳叫吴莉莉。屋里笼子里的五味子是他妈上山摘的,一斤能卖六块钱,一笼子也有十多斤。

陈改过从地里回来。她说,原来日子还过得去,从娃她爸得癌症,在西安看病就花了二十多万。人也走了，欠医院三四万元，他弟偷偷把人拉回来，没办出院手续。该报销的也报不成了，一下子给家里落下十几万的债。她也五十五岁，身子不好，整天吃药。儿媳见日子没法过，一气之下带娃跑回娘家。儿子只好跑西安打工还债。

说话间，小外孙哭着要看电视，她哄着娃说："我娃不哭，这儿没台呀。"小贾记下她家的电话，也留下他的电话，我们一块给这家想办法。

到东岳庙，庙宇保存还算完好，从斜对面的村卫生室拿了钥匙。开门见大殿的椽檩都是过去的，两边的壁画是新画的，多是咋样惩治恶人的画面。从庙里出来见一老人，他说庙是清朝道光年间修的，破"四旧"时，砸了老爷像，没拆庙，当时人民公社在这里办公。庙里楼顶上还是报纸糊过的样子，报纸都是20世纪60年代的。民国七年（1918）被马二营（马鸿逵骑兵二营）人放火烧过，当时他们是见房就烧。到白火石那里，一听说是白火石，这才算了，害怕碰到"白火石"（指遇麻烦）上了。1928年又重修。这些史料，是七十多岁老人在一口大钟上看到的文字记载。1958年大钟被砸卖了烂铁。老人叫张邦勋，张家是明清时从安徽搬过来的。对面的月亮湾初看像一弯月亮。过去张家是个望族，做生意没处存货，就在山顶上挖了十三个洞，还能住人。当年红二十五军从这里经过，还在洞里藏过身。

来到堡子沟。20世纪90年代初，因老百姓没粮吃，时任地委书记杨永年哭着向群众道歉。为此，我作为商州政府一名工作人员，和民政部门的人一同调研过。现在这里通了水泥路，家家户户都住上了楼房。小贾找来一熟人，带我们到张家祠堂。这里曾经是红军养伤的地方。门口场上一位中年妇女用连枷打荞麦。院子有红四方面军转战商州的情况介绍，红二十五军某部三百多人长征到这里，组建了苏维埃政权。屋里桌子椅子板凳，还有马灯、砚台都是红军用过的。老张说当年土匪进这院子，被他大爷和二爷家两个婆把新楼门、老楼门一块关了，打得土匪在院子里转圈圈。民国十八年（1929），山外泾阳、户县的人在这里吃赊饭。凡是吃过的都给祠堂送了匾。后来他爷就搬到山外去了。这地方就叫茶饭沟，现在改叫茶房沟。

林岔河原来是个乡，现在也并到杨斜镇，成了一个村子。有七条沟，一条林岔河。为了解决群众出行难，村上采取"一事一议"财政奖补办法，对六七八组通组路进行拓宽改造，群众自筹五万多，投劳折资四万多，财政补四万多，共计十三万多，修通了三个组的水泥路。林岔沟满山树木，流水哗哗。村里留守的只有老人和学龄前的孩子。有十四户最偏僻的老庄沟群众，已搬迁到镇政府附近的安置点上。

七十七岁的陈老太太一个人独居，在沟畔河边有三间土屋。儿子在兰州工作。儿子接她去，却住不惯。老人离不开林岔河，这儿很安闲。老人嘴动了动，说："还是咱这儿好，山好水好能养人。就是死也要死在这儿哩。"

中午时分在杨斜街道吃饭。女老板能说会道，打扮也花哨。吧台上还放了一个翡翠绿的玉蟾蜍。饭后，我们沿乳河而下，到松云寺。这里有一棵松树，树皮像龙的鳞甲。平凹先生给这树写过文章。传说当年王莽追刘秀时，刘秀在松树上卧过，躲过了一难。他当皇帝后封了这棵松树，松树的树干从此不往高的长，只向横里长，就长成了龙的样子。见一年轻僧人，说是从东北来的，坐在树下摩托车上跟人说话，他是被道友叫来的。说这儿很复杂，不好待，又不能走，不然，居士会说闲话。

随后到土门庵，那里拿钥匙的人到外村行人情去了，我们也没上去看。又赶到南秦水库西北边山顶，这里是大片的核桃园。烈日下站在青核桃边，我们仿佛也青涩了许多。不大一会儿，瓦蓝的天空涌上了几块黑云，下山时就飘起了雨花。

南秦河边的四合村后面的天柱山（今叫粉子疙瘩），宋代理学家邵雍曾在这里寄居八年（1059—1067）。他与商州太守宋郎中为挚友，经常来往于洛阳和商州之间。志书载，"邵雍最爱此山""爱天柱之胜""爱南秦川风土"。他的《和商洛章子厚长官早梅》一诗，"梅覆春溪水绕山，梅花烂漫水潺湲。南秦地暖开仍早，比至春初已数番"，足以说明他热爱这里的自然风物。一日，他与商洛令章惇一块儿赏牡丹，他说："见蓓蕾而知花之高下者，知花次也。见根蘖而知花之高下者，知花之上也。"章十分敬佩。到晚年还念念不忘南秦川，想着旧地重游。邵雍先生在商洛的八年，留下诗作三十二首。

六

因丹江冲积，两岸形成了较大的平地，特别是从商州黑龙口到丹凤的竹林关。河水舒缓平稳，地势开阔肥沃，是有名的商丹盆地，素有商洛"鱼米之乡"之美誉。

每到夏季，丹江两岸是成片成片的水稻。那种"稻花香里说丰年，听取蛙声一片"正是这里给人的真切感受。

为了能多打粮食填饱肚子，为了能浇好稻田，沿岸的不少村庄都发生过抢水事件。1991年谷雨过后，商州市（现在商州区）三贤乡郭涧村和西间乡的郭村，就因抢水浇地发生过打架斗殴的事件。

2017年7月22日上午，我们路过丹江边的紫荆村来到郭涧村。紫荆新石器时代古文化遗址就在紫荆村，20世纪70年代中期考古发现，文物大都收藏到了省博物馆。遗址文化表明，这里是渭水流域的关中地区、豫西一带的河洛地区和鄂西北地区等不同地域原始文化相互交会的地区。我们去找郭村原村支书郭民的老房子，却因修高速路房子早已拆掉。十六年前，我在刘湾街道办工作过，这里各村家家户户，都跑过不止一次。如今再来变得连路都找不到了。这儿已经成为商洛高新区，宽广的亚迪大道从原来的稻田穿过。郭涧村子涧下面的稻地也变成了一排排徽式民居，三层楼。找到了郭民家，他正要和妻子一块儿进城给女儿送蔬菜，见到我们，他让妻子赶忙搬凳子，烧水沏茶。等我们坐定边喝茶边说话，他才让妻子先去乘公交进城，他陪我们。

说到那次抢水的事，他还留有当时的照片，从柜里翻出来让我们看。

事发的前一天下午，郭涧村人和郭村人都到丹江河边堵水浇秧苗。郭涧村在上游，郭村在下游。郭涧村人让郭村引水从河堤练外面走，郭村人却偏要走里头，这样就要占郭涧村的地，郭涧人自然不答应。连夜晚郭村人就密谋着上郭涧村打架的事儿。

第二天早上9点左右,太阳出得红红的,郭村人一溜带串从东面小山上冲下来。郭涧村与郭村只隔一个小山包。这些人进村见人就打,放火烧场里的麦秸垛,还推倒了郭民家的院墙。郭民赶紧派人到沙河子区公所和三贤乡报案。区公所在丹江北岸,乡政府就在村西边。等区上和乡上人到了,闹事的人都跑完了。

原商州市农工部、水电局、信访局等单位派人驻村一个月,调查处理此事。我作为政府办工作人员也参加了调查。记得群众见到我们,开始也是围攻谩骂。知道我们是来处理事情的,这才配合我们开展工作。郭涧村被打受伤的人住了几天院回来了。只有郭民他妈受伤带惊吓住了十几天医院,老人当时六十二岁(2015年老人过世)。派出所把带头打砸抢的人拘留了好几个。

郭村又是郭民的舅舅家所在的村子,堂舅表兄弟也不少。郭民也很理解地说:"那时都是为了集体,亲戚也不顾了。后来,河床下降了,稻子也不种了。两个村子关系也好了。现在建开发区、修高速路,地也征得不剩啥了,人均不到一分的菜地。"

我在这里工作时,郭民才四十五六,很能干,能吃苦,也很会算计。记得一次组织全地区地膜洋芋现场会,光地膜他就为村上多要了不少。想想都是为了这个村集体。现在郭涧村、寨坡村、生王村三个村合成了郭王村。郭民也不当支书了,他笑着说:"无官一身轻了,过去那场闹事,其实伤得也不重。想想都是为了村上的事情,个人之间没有啥,都是亲戚朋友哩么。区上那位老领导也退休了,见了还骂我说郭民这贼尿,把人就淘咋了。"

和郭民分手,我们又跑到郭村,想见见那位当年带头闹事的人。如今也应该五十多了。联系到郭村一位朋友,还在外地,说那人也在新疆打工,常年不回来。人也变好了,日子也不错。

丹江两岸稻花香的那些日子里,浇秧苗为水而争的事,过去是时常发生,不同的争执,不同的冲突,都有不同的故事。只是从20世纪90年代以后,因水稻产量低,加之河床下切,几十万亩的稻地全部起旱了,成了麦田。

七

丹江从源头奔流九十多里到商州区的张村，在这里流成向东北倾斜的大写倒 U 字形，王山底河就从 U 字的底部流入丹江。

张村土地平展，山坡多是土塬。过去人们种地，从河边一直要种到坡顶。现在二十五度以上坡地退耕还林，人们也改套种中药材。种桔梗、牡丹、黄芩、丹参等，啥赚钱种啥。种药、收药、贩药成了气候，在张村街上隔一两家就有一家药材收购门市部，你收黄芩，我就收桔梗，生意上相互关注，互不打架，这就叫有钱了大家挣。

也是仲夏的上午，我们来到张村街，这儿也叫瓷（祠，当地人叫成了瓷）里。同事小陈家就在街上。他爸算农村的历练人，过去靠贩药材养活一家老小，从商州到西安药材市场几乎天天雇车跑。药材生意好，来钱快，可很劳人。他爸突然脑梗，成了半身不遂。人病了，脾气也大，见人只流泪，说话也不太清楚。当年走南闯北的厉害人，如今却成了个废人，自己心里那个坎先过不去。小陈他妈是个爽快人，说话嗓门高，说说笑笑，说到老伴，又是眼泪汪汪。楼房客厅东侧麻袋堆成山，全是中药材。老陈悽惶的样子，让人心发沉。好在小陈那会儿跑前跑后把啥都弄得很顺当，他妈就一个劲儿说儿子的好。

到王山底村，这儿也建成了新农村，房屋红顶白墙，花园、鱼塘、游泳池，跟城里没二样。好几家农家乐门口，停了许多小轿车，陕 A 打头的也不少，看来西安来的客人多。河里也有橡皮坝，水里装了彩灯，水清清的，还能看见小鱼游来游去。小陈的岳父就在路边，他叫上老人陪我们看水库去。他岳父姓董，六十来岁，个子不高，精瘦，说话有点结巴，却很能说。他自豪地说："别看这水库小，它却是商洛最早的，它是有户口的，在国务院上过的，二龙山水库大大的，它都没排上。"

老董也是贩中药材的。这生意也做了一二十年，啥人都见过，啥事都经过。他也是给韩国卖鲜桔梗商洛第一人。他通过看资料，知道韩国人的爱好，需要啥样的货，啥成色，都严格按标准收购。韩国商人只要一听说是西安的货，是老董的货，都会点头说："OK！OK！"在他的带动下，商洛的优质鲜桔梗大量销往韩国。用老董的话说，当时山东那个加工厂生产的鲜桔梗占韩国市场的40%，这些大多是商洛的货。他笑着说："韩国人也从桔梗中尝到了丹江水的香甜了。"他三女儿在那个厂子打工，一说是老董的女儿，大家都很器重。跟日本人也打了十几年交道。青岛的华中公司是中日合资企业，他给供柴胡、桃仁。一次还闹过一回笑话。他给发去八吨野生桃仁，对方一抽检说农残超标，先给退回四吨。老董心里犯嘀咕：都收购的是野生的，咋能农残超标呢？根本没有用农药一说呀。他理直气壮地回答对方，不要了就全退回来也无所谓。过了一段时间，对方说弄错了，抽的不是他这批货。2004年、2007年日本人先后两次来商洛，他都接待过。老董说："日本人办事很认真，也很懂礼。"到2013年中日关系有些变化，中药材生意也不好做了。最后一回日本人来，在二龙山水库农家乐招待他们。老董和那位日本药材博士就谝了四个钟头，他对商洛中药材习性的了解，让日本人直称他董老师。现在老董主要给市里一家医药企业供黄芩等中药材。一年下来也有三四十吨货，也值上百万哩。

王山底村边的河堤是1975年修的。过去上面碾子凹人到城里，都走河滩。那里有锑矿，当时人用担子担到河滩，再用架子车拉到公路边装车。小时候人常说山里人担的光子下来了，两疙瘩东西明光光，那就是锑矿石。水库东边的山叫王山，这个山陡，也高，西边是园岭。农村人常说"王山高王山高，王山搭到园岭半山腰"。水库是1958年修的，蓄水不多，总库容才一百多万立方，坝高有三十米，坝长一百六十多米，是土石混合的，属于小（一）型水库，重要是修得早。在二十世纪六七十年代为灌溉、调洪、涵养水源做了不少贡献。如今经过除险加固，水库也在安全地发挥着作用。

老董说，这河里的水是从石瓮沟流下来的。修水库时这上下村里都住满了人。当时全靠人力，架子车都算是现代化工具了。

碾子凹原来也是个乡，在水库上游，先是合到张村镇，现在统一都成了沙河子镇。上游还有团结村、钟峰村，现在也都合到王山底村。几年前孙见喜先生还带企业给钟峰小学捐过桌凳。在钟锋原村委会见到几位支教的大学生，说支教一个月，这里现在还有六十多名学生。

中午在老董家吃浆水面。他家院子很大，靠南边还有假山水池，养了各种鱼。院里还种有辣椒、黄瓜、西红柿。老董笑笑，说："现吃现摘，生态有机没污染。让你城里人眼红吧。"看来他还是个有生活情趣的人。天气热，老董又是挪电扇，又是开空调。在家里他始终一家之长那样自豪得意。农村人只要勤快，善动脑子，日子一定会过得像老董一样有滋有味的。

八

在商洛这块版图上，如果说秦岭是主干山的话，那蟒岭和流岭就是它的左膀右臂。流岭在丹江南边，蟒岭在丹江北边，它们与丹江一样自西向东延伸着。这两岭孕育着丹江无数支流，丹江水里涌动的有它们的精灵。流岭槽是流岭山脉中最高的一个村子，海拔在一千五百米以上。村子南边翻山过去是山阳县的王庄。沟里的小河顺势北流四十多里，在口前村汇入丹江。这里的集市在历史上多少还是有点小名气的。虽说是露水集（指开集到收集时间很短之意），也有上百年了，当时的人流物流不比一些老集镇差。

夏日知了叫得最欢的一天上午，我们从夜村镇口前村顺着两水寺河溯流而上。河面较窄，水声却大。小贾介绍，当地人常说看你灵性的，你是流岭槽人，看你外瓷的，是姜庙人，过桥（指独木桥）拽住桥板都掉水里了。进到半沟里，路遇两个男人，他们是贾庄村人。志书上说这里是塔寺沟，一位老人却说叫塔子沟，也就是堡子沟。那山顶尖尖的像塔么。塔子沟的水和西沟的水汇合的地方，就叫成了两水寺，因为这儿还有个寺院。问流岭槽，说还有五六里路，那儿有个露水集还在，逢阴历的二五八为集日。贾庄村合到庙坪村。一位微胖的男人说拉网线到这里了，一天给八十块。一直打电话，他没去，嫌那人没良心。他一天放一轱辘电缆没问题，早早就收工了。另一个瘦点的男人说：

"你来了,记着把龙潭弄个啥叫开发一下么。"他说的是金鸡窝山下不远处两水寺河里的那个黑龙潭。大约有二十几个平方,水深有两米多,清澈见底,连小鱼游来游去的姿势也看得一清二楚。城里来游泳的人也不少。水从大青石上流下来,长年累月冲击形成了一个深潭。老喻一见水就激动,说:"这么干净的水,不下去游太可惜了。"说着他三下两下就脱了衣服,"刺溜"一下钻进水里。

村后堡子山上的石头是青麻石,能打石磨子。还有个金鸡窝,成群结队的红锦鸡在那里。太阳出山时飞出去觅食,太阳下山时回窝。这锦鸡是吉祥鸟,被老百姓叫金鸡。神奇得很,金鸡窝常年有水,干旱时,只要把窝里的水撩出来,天就下雨了。

1974年大队里搞副业打石磨子,放炮把金鸡吓跑了。那时一合石磨子卖四十块,相当于一个人两个月工资。金鸡跑了,水却一直流着。这两个男人,一个叫郭栓民,一个叫张存怀。老郭说是存怀他爷发现金鸡窝的。他爷活到九十多哩。张存怀说:"野猪把人害得没治呀,我两块子地苞谷叫一黑来给糟蹋光了。"郭栓民还说:"我在路上走哩,大中午热得野猪跑到河里喝水,也不怕么。政府叫生态保护哩,害人却没深浅呀。"

从神龙潭沿河继续上行,到了木子沟和两水寺河交汇处,这里有一座老戏楼。从戏台上仰望,能清晰地看到檩上写着"清光绪五年建"的字样,距今也在一百四十年。戏楼对面就是爷庙,旧庙也是那时建的,早都不在了。近几年村民又筹资新修了。戏楼对爷庙是过去建筑的一大特色。戏楼房上雕梁画栋很细致,檐牙交错也肃穆。戏台上堆着苞谷秆,东边墙上黑板是当年扫盲用的,上面还有粉笔写的教文化课的字样。又一片知了叫得很凶。戏楼边上住的小伙子说:"想申请保护哩,不知咋弄哩么。老来人哩,只是转一匝就走了。"小贾给留了电话,看能不能联系文物部门的人关注一下这个事。提到土地一事,老爷庙对面七十四岁的老人杜忠全说,他是流岭槽二组人,这沟里河两岸的平地大多是农业学大寨时修的,庙前面这一带有上百亩,一人能分一亩地。有地了,吃饭也没问题。那时候的干部带群众一块修地,亲得连一家子人一样。说到流岭槽集,老人眼睛一亮,说:"现在没人了,过去人多得很很,山阳的,商县的,周围三四十里路外的人都担着担子来,街里搁不下,河里人都挤疙瘩哩,人多得没样样么。"

我们乘车到了沟垴。见一位老年妇女坐在路旁的石头上,那女的看着蔫蔫的,她慢腾腾地说:"这儿是仰天池,翻梁过去就是山阳的南宽坪。"边上小桥上站着一位男人,说话有点娘娘腔,他说:"集在下面两边盖一排排房那儿,中间窄窄一道子,现在也没啥集了。"我问啥时候集萧条的,他说:"木材不让上市后,就慢慢没人赶集了,也有二十多年了。"他接着说:"那时卖木材的人多得太太,岭南岭北的都来卖。有檩有椽还有担子哩,材方板也多。"

仰天池是两水寺河最大的源头,这河也是丹江南边一个支流。我掏出手机,没信号,却能查出海拔,这里海拔在一千五百三十米左右。山顶自然形成一个盆地,过去人放牛在那里喝水。下雨后,这里就像个水盆子,形成了仰天池,有一个篮球场那么大,里面的水一直都没有干过。现在放牛割草的人少了,池子里也长满了野草,水还是清清的。

那男的叫孙正民,六十一岁,他说,他们原先住在张村王那村,因缺吃的,老祖先才搬到仰天池来落户。开荒种地,种玉米、洋芋,才能吃饱肚子了。仰天池下几条沟,过去住着一百七十多户人,现在西边的孙家沟只剩十八户,仰天池下也只有三十来户,有搬到西安的,有搬到县城、镇上的。他两个儿子都在西安,一个在洪庆上门了,一个在那儿打工。老孙说:"娃叫去哩,不惯,还是咱这儿美,空气好,水好,熟人多么。"

我们返回来找那露水集,见一辆通村班车在停车场等人。车是白色依维柯,能拉二十多个人。说是停车场,其实也就是一片河滩地。司机叫王建波,四十五六,人也精干。他说:"到城里四十多公里,十块钱。按说应该收十三块,到丹凤路好,差不多的路程,人家票价都十五块。"他是商州区运输公司职工,问工资收入,他叹息说:"哪儿有工资哩,公司把车接回来,上好牌子,卖给私人经营,公司监管。国家给一个车一年油补贴三万元。这里的线路没人要,我还有个旧车,加上这个成本价五十多万哩,挣不回来了。"

老喻说当时应该调查一下市场,他说:"2009年买的,那时沟里人大多在家,到2012、2013年以后,人都外出打工了,没多少人了。"他说一天好了毛收入三四百,也刚刚包住工资,想转让没人上手。他在城里才住上廉租房,很无奈地说:"有一趟才坐三四个人,城里只要有一个人都得拉。四十分钟一趟不变。空放的时候也不少呀。"说到提票价的事,他摇摇头说:"2009年到现在了,不敢提价,一提怕没人坐了。"

约莫过了十来分钟,有个中年男人走到车跟前,王师傅很热情地迎上去。

我们在流岭槽卫生所前下车,打听集市在哪儿。坐在一家商店门口的一位老人笑嘻嘻地说:"现在不叫流岭槽村了,叫流岭槽市了,市长都选了几个了,有正的还有副的。我这门面开了三十来年了,挣的钱还不够穿一条裤子哩。"旁边一位老大娘笑着骂道:"看你这老不死的,跟人家客胡说啥哩么。"老人笑着从店里搬出马扎凳,叫坐。

我们先沿街道走了一圈,街面只能开过去一辆大卡车,长也就是小伙子一泡尿从街南尿到街北。两边房子前檐都是一排木板做的墙。逢集时卸下来,用板凳支起来就是货摊子了。靠东北有一家"供销合作社",是原先的乡供销社,也叫私人给承包了,今天没开门。东边中间后排房子一律是石头墙,也砌得四棱见线。在一个小巷子口上,有个小木门,面向南,门用一把金黄色锁子锁着,上面用毛笔写着:早晚不误,全日营业,买东西,请叫门。字也很有劲,能看出是有点功底的,边上墙也是小石头砌成的。

返回来跟老人聊天。老人叫唐栓劳,七十六岁,在这街上做生意已有五十多年,和一个朋友合伙在街口盖了这三间门面房。过去经营得还行,后来慢慢就不行了,把房子一人一间半分开,各做各的。现在店里都是些不值钱的小百货,遇集了,来店里看着卖一点,等卖完了就关门。老人点了一支烟,幽默而自信地说起流岭槽集的过去。流岭槽集在清朝时就很兴盛。当时交通不便,四周的人都来赶集,把这房都挤得格摇(摇晃)哩,集上卖啥的都有,木料、生漆、木炭、蜡、香表、背篓、镢头、铁锨、扫帚、衣服、布料、网套等等。小吃店买饭都要排队,有热豆腐、豌豆凉粉、红薯面饸饹、萝卜丝包子、红烧肉，主食有面条、锅盔。旅社天天都住得满满。还有外省来的人。老人用手弹掉烟灰，说："旧社会单片的，耍钱的，从来都没断过。"老喻明白单片的意思，是比放账还要硬的人，能处理事情，也能放账。一直到20世纪80年代，生意都好做。后来，水泥路修通了，农村人盖楼房也不用木料了，加上国家不准乱砍滥伐，生意也就冷清了。现在逢二五八还开集，但生意差远了。老年人闲得没事了，到集上走走转转，见熟人了谝谝闲传，回去都高兴几天哩。

说到石头房，老唐说那是财东家的，墙厚超过五十公分（厘米），枪都打不透。财东死后，儿子孙子都出去打工了，多年也没回来过。

这时又来了一个老汉，叫孙忠善。老唐笑着说："孙子来了，有啥快问他。"老孙说："这老厎没正经。哎，共产党现在好尽了，像我这老东西都拿上高龄补贴了。"老唐说："高龄补贴谁都拿不去，保险也是硬的，谁也拿不去。孙子老汉跟我这一样。"孙老汉回道："你跟谁的不一样么。"又来了一位中年妇女，她问："买本子呀，有没有？"唐老汉笑着说："这儿有斧头，没有锛子。"女的又问："要滚子哩，啥锛子，滚墙的外么。"老唐说："有碌碡哩，没滚子。"女的也开玩笑说："那你拿来，我要哩。"老唐说："叫几个男人来抬来么。"女人骂道："把你这老厎，一辈子没个正经。"女人边骂边笑走开了。

又过来一个小伙子，叫刘志强。大学毕业，回乡创业却遇到困难。小刘说："你给上头反映一下我这香菇吧。区上2017年4号文件鼓励大学生带动贫困户创业哩。我做了三年了，一年两万袋，只领了一年的补贴一万元。现在一年不如一年了，赔得厉害。找区上领导，找农业局都没人管。"小刘原来在外面打工，卖电脑耗材，在网上看到国家提倡回乡创业，就回来了。这一创一下子投入十六七万。现在这状况，恨不得一把火烧了，出去打工还债。政策是扶大户，把小户拒之门外。第一年赔了一万，去年一万袋又没出菇，让他进退两难呀。小伙是电子科技大学毕业的，学的计算机应用专业。我们也只有好言相劝，记下他的电话，尽力相助。小伙子连连给我们鞠躬，说："要真能行，你们就是我的救命菩萨了。"

离开流岭槽街市,心里留下了些许伤感,想想那人声,那叫卖声,那热气腾腾刚出锅就卖的蒸馍,依然怀念那流岭槽昔日的辉煌。

九

夏日下午,我们赶到北宽坪镇广东坪村。这天深山也一样热,村里不多的人,在路边树下乘凉。有一家在路上和水泥打楼顶,一位老人给我们指了要找的颜家贤老人家。也在路边,楼门朝西开着,进门院子窄长,靠南边还有一丛竹子,靠楼门是厦房,连着正房。颜老正在客厅吹电扇,后墙上挂着一幅一米长的玻璃框,镶着的"世界客家大会"照片。他八十四岁了,大个子,方脸庞,得知我们的来意,高兴地指着照片说:"我在这儿哩,会三年开一次,这照片都十三年了。"老太太用惊奇的眼光看着我们,一说是记者,这才露出些许笑意,说:"来的人不少了,有中央的、省里的,还有画家哩。"颜老还知道他们是颜回的后人,唐代有个颜真卿也是他的本家。

在这里流传着一句话"一沟两岭位州东,借问贵名何所故,只缘粤客居此中",说的就是在这蟒岭山中,溪水边上有个自然村,迁住了一批广东人,这地方因此得名广东坪。过去还是个广东坪乡,现在撤并到北宽坪镇,成了一个大村子了。客家人迁居到这里,少说也有两个多世纪了。

这个村子离商洛市区有四十多里。村子是南北走向的沟,有十几里长。沟有小溪,溪里有鱼,两边是农田,沟东西有两条山岭,山很近,站在这个山头能听见那个山头的人说话。

村子过去叫杨家街,河叫杨家河,还有个露水集,河道两边还有商铺。乾隆三十五年(1770),颜、赖、叶、刁、罗等姓氏从广东平远县为躲避兵役迁徙到这里,颜、赖为大姓。他们来这儿开荒种地,建屋造房,过上了自给自足的农耕生活。

客家人主要集中在广东坪组、八亩坪组、板岔沟组,有上百户,五百多人。他们各自祭祖方式不同。叶氏为南阳堂，赖氏为西川堂，颜氏为鲁国堂，刁氏为农红堂，罗氏为天地君亲师。

颜姓祖先原来住在平远县小拓乡韩坑庄，康熙己巳年（1689）分族迁徙湖南长沙府浏阳县东乡老鸦暇，住了八十一年后，一支三兄弟，从乾隆庚寅年至戊戌年（1770—1778）分三批离开东乡迁入这里。

颜老听父辈讲过，好像在民国时期的二三十年代，有一支广东部队进驻商州，这儿人叫"老毛海"。一天，有几十个兵跑到北宽坪执行任务，到了这里。村民听说队伍来了，吓得跑到山里躲藏。队伍进沟乱放了几枪，就没影了。乡亲们以为队伍走了，在山上喊话，问情况哩。这两边山岭上的一问一答，被休息的广东兵听得一清二楚。这熟悉的乡音令他们大吃一惊，他们也用广东话喊叫。"我们也是客家人，咱们都是乡党，别怕。"一场惊吓被乡音刹那化成了一场惊喜。

颜老说，他们是颜回的第八十二代子孙，祖先第一代叫颜怀赞，迁到这里也十多代了。老人收集有颜世家谱十一本。排行在全世界都没乱过。在颜家堂屋祖宗牌位上，有祖先名号，牌位下端写"簋""簠"，意思是祭器。他们祖先迁来时，带不了沉重的青铜器，就写个字表明敬重的意思。现在村里姓颜的有十七户。

老人还能说一些简单的客家话，年轻人大多数都不太会说广东话了。如把"一"读作"鸦"；吃早饭、午饭、晚饭分别读作"食朝""食昼""食夜"，很有意思。见面问候"路项（上）辛苦哩""食知饭么"。称呼上辈为"阿公""阿婆""阿爸""阿姆"。饮食习惯也变了，在南方多吃米，现在以面食为主。会用面粉做油炸馓子，就是把面条拉得盘起来干炸，出来金黄金黄，吃着酥而脆。还有"云云子"，名字也蛮有诗意的。客家人娶媳妇是用花轿接，快到门口时，把犁地用的铁犁烧红，绕花轿转两圈，叫燎轿，是给新人驱邪避灾。到家门口，婆婆要站在大门口，手拿擀面杖为新媳妇揭盖头。

老人年事高了，说话却一字一板，也很淡定。他十八岁当兵，在部队八年，在甘南、西藏参加过平叛战斗，后来从兰州又到朝鲜，干过报务员。无线电发报、汽车、摩托和各类枪支都很熟。1957年到1959年，先后在青藏路、川藏路参加建设，因身体原因转业回到家乡，在区工商所退休。他编写过《工商志》。两个儿子一个干检察，一个打工，女儿嫁到渭南了。老两口把屋里拾掇得整齐干净。

老人又给我们添了水，说逢年过节办庙会，唱大戏，把南方的地方小戏也搬过来了。这里也是民歌之乡，唱的《拜年》《马马歌》《张二女吵嫁妆》都很吸引人。耍社火也是歌伴舞。像唱孝歌号子《颠倒话》，什么"对门的坡上草吃牛，花园里的萝卜吃了猴，姐在房中脚抱手。门上来了个客咬狗，拿起狗来打石头，石头起来咬了狗"， 幽默有趣，叫人听了没有悲伤感，充满了乐观主义精神。新民歌像《团结歌》《妇女盘哨歌》《生产歌》等，洋溢着爱党爱国的热情。群众还有自发组成的锣鼓队，随时都能表演。

村上也把教育娃娃当成大事，一百多年前就办有学堂。1949年后，出了十多名大学生，有的还读了博士。村民们重视伦理，遵规守法，村里五六十年了没出过一起刑事案子。

小贾开玩笑说："颜回脑子灵，人也好学，孔子老人家最喜欢。"老人也多少有点自豪地说："颜家祖上把贤把仁很当事儿的。"说到镇安还有商州三岔河的姓颜的，老人说都是从这儿搬出去的。

这里也是"客家灯彩之乡"。灯彩表演是客家山乡的一道独特的文化风景，也是陕西第一批申报的非物质文化遗产。广东坪人把中原华夏文化和南方古越文化巧妙有机地融为一体，又集音乐舞蹈于一身。通过乐器声音、人物舞蹈和灯具光彩的流动变幻，以文传声，以灯抒情，表达了客家人对美好生活的向往。

灯具制作风格也独特，以竹子或木头为框架，外表先前用剪纸贴画，后来改用丝绸彩布。灯具的照明也由油灯、蜡烛换成了手电筒。有传统的龙灯、采茶灯，还有多人共舞的桥板灯，反映婚姻民俗的麒麟送子灯，祈祷丰收的荷叶灯、稻谷灯、酒杯灯、烟叶灯、蚌壳灯等三十多种。最惊奇的是稻草灯，灯彩由表演队用稻草扎把而成，制作简易，也不好看，却是灯中之"龙"。主要寄托着客家人迎春接福、祈求来年五谷丰登之意。灯队相遇，都得给稻草灯让道。灯彩队到谁家门口，谁家就高兴地放最长最响的鞭炮。

村里的"戏迷"还组成了"泥腿子"农民业余剧团，利用晚上和农闲时节学弹唱，练吹拉，排练节目。年关前走村串户，巡回演出。彩排的古装戏有《胡公子上青龙山》《秦香莲》《寿诞记》等，自编自导的还有《客家人的好日子》《新村新貌》《老支书》《专业户的故事》等，深受群众的喜爱。自创的《莲妹绣莲赞公仆》大型彩灯戏，在市里还拿了个二等奖。

老人送我们出门时，还说："常来哦，客家人日子过得滋润，也给外面宣传宣传，夏天来避暑哦。"和老人握别，感觉老人手劲很大的呢。

十

傍晚时分，我们从广东坪返回，在北宽坪街以南向右手进沟，来到白家山。白安善老人家就在路边住，家里还开有小商店，老婆和孙子在家。老白说："我哥死了，没人说戏了，也没戏本子了，只有我安良兄弟会一些，我马上给联系人。"几年前，申请非物质遗产时小贾来过多次，人也熟了，老白也热情。他说他爷那会儿就弄皮影，1949年前，他伯跟着演牛皮影子还到过关中户县、华县。

老白给安良打通了电话，说在山上给飞鼠采柏朵子（柏树叶）去了。一位老年妇女引着孙女，娃哭闹着，她给买了个棒棒糖，这才笑着跑开了。在等安良期间，我们到门口看那一簇簇百合花，各种颜色都有，就争相选角度用手机拍照。百合地里栽着西红柿、辣椒、豆角，都是果实压弯了枝干。涧边上一丛竹子青翠得要流绿油一般。想起苏东坡诗中所写的"宁可食无肉，不可居无竹"。在农村与竹子做伴居住很普遍，在城里却成了奢侈。老白爱好皮影戏，也许精神里就有着竹子的气节吧。

我们又到屋里喝水，等着。老白说："我二大叫白应德，也就是安良他大，记性特别好，戏本子看三遍就能记下全本戏。'文革'时，牛皮影子给交了一些,偷着留了一些,戏本子全被抄走了。后来自己又做了一些。"老白说他祖先是从沙河子白涧搬过来的。

老白小心翼翼地从木楼上把牛皮影子箱子搬下来,又小心地从箱子里拿出来,我们看到牛皮影做得很薄,很精致,也很逼真。安良回来了,五十来岁的人,瘦高个儿,大眼睛。他家里养着飞鼠,现在一斤飞鼠屎卖到二十九块五,效益还行。他从小就跟他大四处演出。后来又跟太子河的长命学,还跟伯父和安治哥学耍扦子(耍皮影),能唱二十多个皮影戏。安良边说边耍扦子,他说要把戏背过哩,才能知道啥时候上啥人呢,他是全过程能做的。他先后演过《封神榜》《大闹天宫》《劈山救母》《杨门女将》等戏。他说唱的是商洛道情,耍武戏好看,文戏没看头。小贾说,唱的时候不奏乐,奏乐的时候不唱了。安良喝了一口水,又说道:"记得七几年就跟老人在各地转着演哩,啥都不懂,瞎学哩么。我主要是耍扦子。到时候手嘴脑都得用哩。七八个人就能开唱,一个拉胡胡子的,一个吹笛子的,一个敲水灵子的,一个说的,再是耍的。"安良也是在唱皮影戏时认识了现在的妻子,结婚生子,日子也踏实。儿子都二十好几了,在外面上大学。老白说申遗是2006年成功的,只是现在娃些个都出去打工了,没人学了,他担心着再没人学咋办。

说到日本人来的那一次,全部过程人家都录像了。群众也好奇日本人到底啥样子,围上来一看黑不溜秋的,跟咱没二样。老白说,日本人要高价钱买咱的牛皮影子,村上人一口腔:出多少钱都不卖。安良也感慨地说:"这都是祖先给留下来的,一卖就啥都没有了。"

白家山姓白的近四十户,在家的人也没多少了,大家相处得跟一家人一样。逢年过节还张罗张罗皮影戏。

天黑了,老白留我们,我们笑着说:"啥时候演皮影戏时,要叫我们哩。"安良也笑着说:"记下电话了,春节给打电话来看牛皮影子戏哦。"我们也一哇声应承了。

在返回的车上,小贾说商洛道情皮影戏还有个传承人叫王建良,他是头枕丹江水,在河边柳树下学成的。商洛道情是省级非物质文化遗产,是一种古老的戏种，是道教化缘时的诵经调，也是陕西道情的始祖。常常以二人转的击打形式，用商洛方言演唱，最能表现苦音。道情为"板腔体"，以"说唱体"（静板）为主。道白、唱词在音乐的间歇中进行，唱词以七句、十句为主，称作"穿句子"。20世纪50年代拍成电影的《一文钱》就是商洛道情，很有影响。王建良十四岁上跟师傅王彦杰学习，他很有心，把师傅教的内容全部用笔记下。一般人得学十年，他三年就登台了。连伴奏的板子、渔鼓、简板、手锣等乐器，他都能熟练操作。有一年正月里，商州的黑山定了二十场戏，师傅感冒突然发不出声，二十岁的他登台，为上千人表演了皮影戏《火焰山》，一下子出了名。师傅过世后，大家推他为班主。他买来牛皮，自己又做了一套新皮影。每到正月，他们皮影戏班一个村挨着一个村去演。一次在洛南演出时，一位老艺人晚上睡在一家，第二天突然去世。房东要索赔，家属要偿命，这事给他打击很大，从此，他解散了戏班子。如今，他儿女都成家，他还想着啥时候再组建商洛道情皮影戏班。

当晚，我从书橱里翻到《商县文史资料》·第四辑（1987年10月印刷，内部发行），里面有李仁杰口述、段德功整理的《我知道的商县皮影戏》。让我对丹江边的皮影戏有了较全面的了解。李老人家是丹江边麻街史家沟人，祖孙三代唱皮影戏。明末清初，有个外号叫"白米虫"（爱吃米饭）的单身汉，在商县与洛南交界的药子岭安家，收几个穷孩子，农闲了学戏。在方圆数十里演皮影戏。辛亥革命后，皮影戏班发展到三十多个，从艺人员达到二百五十多人。正月、二月是皮影小戏的旺季，还有每年的7月到11月，农村人给虫腊神、龙王神、马王神、土地神、火神过会唱戏。每台戏为四场（两个晚场，一个中午场，一个下午场），每场是一本三参（一个本戏三个折子戏）。"戏把式"首推"说戏的"（又叫坐前台的），再是"扦手"（又叫耍扦子的）和"笛手"。说戏把式就是主唱人，生旦净末丑到十杂，唱啥像啥。同时，还要敲鼓板，拍渔鼓，捏夹子，敲手锣。扦手把皮影戏表演得惟妙惟肖，对台口人物、下杂（各类道具）摆设干净利落。台口所有人由他调遣，多么激烈的战斗都由他指挥。看戏就看的是扦手的技艺。笛手,用笛子吹奏指挥乐队。剧目以传统神话为主,比如,《封神榜》中的《阴门阵》《黄河阵》;《西游记》中的《白鼠洞》《通天河》;神鬼戏里的《升天桥》《八仙台》;民间风情戏里的《三英图》《金钟记》;还有其他传统剧目,如《金沙滩》《铡美案》等。每台戏最后一场,还要加演"捎戏子",不然群众不散场。"捎戏子"就是在唱完一本三参之后,再加场几段小折子戏。如《老鼠告猫》《审丽猫》《三怕婆娘》等。多为喜剧,常带"酸劲",用来逗乐。皮影戏的音乐特点是唱时无伴奏,伴奏时不说不唱。板路有"慢板""二六板""紧板""尖板""滚板"等。道情还有独特曲牌,如"栽花""尖尖花"等。乐器以笛子为主,还有四弦、二胡、月琴等。皮影班人员结构有"七紧、八慢、九消停"之说。七个人的戏班子较紧张,一个戏头子(主唱),一个耍扦子的,一个执三件子的(敲大锣、钗、梆子),一个吹笛、吹唢呐的(乐队上手),一个拉四弦或板胡的(乐队下手),一个担箱带敲梆子的(杂务),一个外交。八慢,由八人组成的戏班子,除按七人戏班分工外,再增加一个扦手,通常是徒弟。九消停,就在八人组成的戏班子外,再增加一个反调板胡,较为消闲。皮影制作以小牛皮为最佳。先把选好的牛皮在水里浸泡(夏天三四天,冬天七八天),然后将牛皮铺平,钉在墙上。等风干后,用刀把毛刮净,细心刮掉肉,将牛皮刮成三张白纸那么厚。制作的样式多是模仿,也有自行设计的。刀具很讲究,有多少皮影花纹,就得有多少刀具,最少也要三十多种。刻皮影最费工的是眼睛,皮影眼珠小,工艺要求细。上颜色也难,一般专用透明的颜色。刻好后,进行热处理。把砖块放到木炭火上烧热,烧到六十多度,把刻好的皮影用白纸夹住,放在烧热的两块砖中间,平放一顿饭时间就行了。

十一

罗公碥是清代乾隆十八年(1753),时任商州知州的罗文思,用自己节俭的俸银五百多两,组织人力在山岩上凿成的一条道。罗文思在《续商州志》中收有他写的《新修东路碥记》，文中记载"丹江绕其下，奔流箭激，危石狰狞水中，俯视黝黑"。悬崖一线，行人多有危险。乾隆二十二年（1757）修成了宽七八尺的石碥。后人为了纪念罗公，叫罗公碥。

那是夏日雨后的一天早晨，地上还湿漉漉的，天阴沉着，我们一块来到罗公碥。这里是过去的312国道必经之地，也就是有了罗公碥，国道修建才有了基础。20世纪90年代，国道改到丹江南岸，这条道也被冷落了，路也被拉沙石的大卡车砸得凹凸不平。丹江河里的石头在路上也丢了不少。小贾、老喻对石头感兴趣，低头找着。老喻感叹道："那时的官员人品才叫高尚哩，拿自己的工资给百姓修路，让现在贪官比照比照，真是天地之差呀。"小贾捡到一块石头，上面的图案像一只兔子，很逼真。他开玩笑说："说不定都是罗文思老人家把玩过的，还能感觉到他的温度哩。"在路边靠北有一个很大的红砂岩洼洼子，有几百平方米，这曾是古代造钱币的地方。罗公碥上方半岩上有不少洞穴。北大的考古专家来过多次，初步认定是汉代的崖墓群。这一带全是红砂岩，山上只有几棵小树和一些稀疏的草，在挣扎地活着。黝黑暗红的山体在雨后湿润发亮，沟槽处水流成小瀑布，很壮观。

十二

从罗公碥向东没走几步，就能听到水的轰鸣声。这里就是会峪河改河工程所在地。站在桥上朝下看，刚发过洪水的隧道口有黄河壶口瀑布的气势，飞流直下几十米，泻入了丹江，震得桥都在晃动。我们从桥左边下到洞口边，多年的流水把砂岩冲刷成了深深的壕沟。老师要给学生讲"滴水穿石"的话，这儿就是最鲜活的教材了。洞口上方隐隐能看到用钎子凿出的几个字：会峪改河工程。边上的时间模糊得看不清楚。

这个改河洞子，我很熟悉。当年在夜村中学上学时，学校的农场就在会峪西边的古路峪。我们学工学农，要去农场种地。十二三岁的一拨同学，两个人抬一桶尿水，我个子矮，走前面，大个的根子在后面要怪，左右摇，拽得我趔趔趄趄，尿水都洒出来了，气得我骂他。平常走十几里路才能到农场，从洞子走就近许多。不发大水时，会峪村人也从洞子出出进进。记得有一次发洪水，夜村街一位同学的父亲到会峪种地，回来时刚走到洞子中间，洪水来了，吓得他抓住洞边的炮眼。就这样连惊带怕，到第二天下午水小了，人才出来。家里人以为他让水冲走了，都准备到月日滩找寻，甚至安排后事了。这个洞子的历史，我知道得不多。站在这里看了半天，也想了想少年的自己。正要走开时，来了一位老人，叫杨福顺，七十三岁，清瘦驼背，是东边杨塬村人。老人说下雨了，闲得没事，到地里转。老人手里拿着一把镰刀。小陈上前给老人递上香烟，点着，老人狠狠抽了一口烟，说："好烟么。说这洞子么，打了两三年哩，夜村、杨塬、会峪、乐园、将军腿大队都来修了。修了一湾地有三百多亩，当时全靠人工挖，钢钎子、铁锤打，一天进不了一米。两天下来，人手上都是一串串血泡。干一天活，队里给记十三分工，一分工只图三分钱，一天下来也就是三毛来钱。开始吃饭在自家屋里，队里一天补助毛粮二三两。"老人又狠咂了一口烟，笑着说："修这洞子放炮弄啥，没死一个人噢。"

我们来到312国道与会峪沟路的交叉口。这里是杨塬村道塬组，也是商州区蟒岭绿道的起点。在道塬的村卫生室门口，见到一位中年男子，叫杨栓民，五十七岁。他只记得1972年洞子打通了，让学生从洞子里抬过土渣。通水时，学生组成方队参加过通水仪式，场面很热闹。他指着他家楼房后的涧下面说，那就是改河修的地，几百亩，过去全是稻田。现在搞大棚香菇，还种了一大片叫啥子薰衣草，香香的，叫人来看哩么。他家门口有花草，还有木栅栏，是旅游公司给弄的。

到道塬北面，见路边农家门口有一堆人在说说笑笑。问改河一事，一个说洞子长一百米，一个说五百米，另一个大声说："那得问老村长去，人家一直参加来么。"有人就喊来老村长于忠善。老人瘦瘦的，高个子，说话不紧不慢。这洞子九十来米长，十米宽，五米高，是1969年动工修的，1972年通水的。秋季里开始打的，先头有夜村、会峪、将军腿、乐园都参加了。打了一段时间，遇上"文化大革命"，夜村退了。分两队人马从南北两边打。南边上二十多人，北边三十多人，一天上劳也就五十多个。用的是钢钎、铁锤、钢凿子，用报纸包着黑色炸药，后来才用上黄色炸药。开始点蜡烛、点煤油灯照亮，人个个被熏得跟挖煤工一样黑。每天收工前放炮，只有一辆架子车拉运渣料，更多的都是靠肩挑背驮。炮打下来大石块了，四抬的、八抬的都有。后来，水电局给拿来矿压机风钻打了三个月，渣子太多出不来，塞得没法打了，只有人工继续打。打透了，县上才从二龙山水库、南秦水库撤来人援助，会战了三个月。忠善老人在现场负责安全，尤其是要一一登记查炮排炮情况，谁不登记处罚谁。每回炮一放毕，上一班不清理，下一班不准接班。这样才保证没出问题。工程修到快一半时，会峪河发大水，冲走了人，村里人就紧张了，有人说这是挖了霸王寨，吓跑了金燕子。金燕子居住的崖下跟大海相通，惹怒了龙王爷，这才把人带走了么。县水电局安技术员给大家讲科学，叫大家不要信迷信。咱打咱的，一点也出不了事，有啥事他负责，大家这才又继续打了。安技术员对工作很负责，还从县里争取了炸药、雷管等物资。打了三年洞子，人家一直都在工地上，新修成的三百七十多亩地，杨塬村占七成，会峪跟乐园村占三成。这是拿工分硬分的。老于也是打洞子的功臣，三年里没一天离开过工地。

又来了一个说话有点沙哑的老人，叫于铁蛋，七十三岁。他那时是副村长，后来当村长了。那时他还是个小伙子，哪儿苦就在哪儿扛着。洞子打透时才三米高，又继续下了两米。最苦最难还是吃不饱肚子，给上级汇报后，国家给每人一天补半斤苞谷，还办了灶。这山叫霸王山，说是啥朝代有个霸王从这儿走过的。他陪安技术员上寨子架线，测量没打成洞子的长度。两边都打过五十多米了，咋还没透，一边往上打，一边往下打，打了两米多就听见响声了。不久，一钎子就给打透了。夜村区公所重视了，县上蹲点的、区上蹲点的都来了。省水校学生六七个来实习，有个小伙子姓易，天天都到现场，两边跑，坡上一条窄窄的小路，走一处要一个多小时。到1973年秋季洞子通了，会峪河的水从洞子流到丹江，群众看到新修的一大片地，高兴得流着眼泪放鞭炮庆祝。

三十多年前，家父在邮电所工作，我跟来读书，对这里的一切都很熟悉。离开这么多年，街上的变化很大。初中同学魏毛根，学名叫魏芳良，大我一岁。在街上开了一家门市，办联通业务，兼卖种子。上初中时他人高马大，吼一声都叫人害怕哩。我那会儿人小，又是从苗沟山里来的，就有同学欺负，一旦他得知，就大吼一声，把那些同学吓得跑没影了。他就是我那时的"保护神"。初中毕业上高中，我们俩又在高一一班坐了一个多月，我就去上师范学校了，他继续上高中。高中毕业没考上大学，回家务农了。在村里也算是有影响的人，村委会有啥不到位的事情，他能站出来主持正义，也被选为村文书。加上他善交朋友，联系广泛，联通公司在街上设了个点让他负责，他就开了这个店。有一次来找我，说村上要给刚合并回来的四岭村修路，得要三十多万，叫我想法争取。我在市里正好联系这一块工作，让他以村上名义上报材料，他快言快语地说："材料你给弄，我不会，要不下钱，咱俩今后就别见面了。"他就是这人，干啥都硬吃硬压。钱要到了，他却找我说不让给了，那些干部不实在。他气呼呼地来给我说："老同学，知道你看脸求人，那些狗日的就不是东西，不能让国家的钱进了私人腰包，我放弃了。"果不然一位村干部就蹲了大牢。上学那会儿，我和另一个同学偷吃了他家梨树上的梨，他知道后，没把我咋样，只狠狠教训了那位同学。多年以后，他才告诉我说："你那时小不点一个，打都打不住的么。"

他知道我在调研丹江的事情，叫来他妻子的姑父和老同学何天世的父亲。见到天世的父亲，我感到很亲切。老人我过去就认识，看着变化不大，只是耳朵有点笨了，毕竟是八十多的人了么。坐了一会儿说还有个事儿，过会儿再来。毛根又叫来天世，天世都有孙子了。我俩上学时是同桌，他现在日子也过得不错。过了一会儿，毛根的姑父来了。他在夜村三组，叫李书正，六十九岁，人红光满面，我也认识，他一听说我父亲的名字，站起来大声说："老李可是个好人呀！可惜过世我都不知道，我们都是好朋友哩。"说话中间，毛根被人叫去办手机号码了。李书正当年二十来岁，家境贫困，只上过六年学就回家劳动了。打会峪洞子时，他是村上的民兵连长，带领村上十几个小伙子组成的突击队，从南朝北打。回来时架子车连着搭成土火车，从土地岭一下子就到街里东塬了。他说:"那时做饭的是将军腿的人,眼睛不好,吃饭时,碗里放一个铁皮做的签子,只要听到'叮当'一声,老汉就给打饭。我街里几个耍怪哩,拿石子在碗里一砸,哄得老汉给打了饭,签子还在手里,多吃了不少馍哩。"毛根忙完出来了,说:"我街里人到哪儿都没吃过亏。"老李说他去打洞子,第一炮都是他自己用火柴给点的导火线。一天一个人从家里拿半斤粮,队上给补一斤,一年油只有三两。一般都是打进多少米,记多少工,一天十分,加班再加两分。老李惋惜地说:"洞子打通时,让垫地哩,村干部说太远了,这就放弃了,没要地。"毛根也跟着说:"对着哩,那时没修公路,翻土地岭去收庄稼,担担子不划算。丹江河南河塬的地也没要么。"毛根说的土地岭,就是我们中学后面的山岭。那时那儿有一个水磨坊,边上是一个苹果园,都是夜村队上的。我们不上课去看水磨,一块偷过好几次苹果哩,我自然是放哨的了。

过了一会儿,天世他父亲又来了,他说打洞子他参加得少,修双惠渠是他和王世珍一块跑了好多次给设计的。说起那些事儿,老人连那一天干的啥,都记得很清楚。王世珍是个能人,文化不高,灵得很,还当过全国人大代表的。老人走路跟年轻人一样轻快,就是耳笨了。

问毛根丹江边上的泉水,他说水还在流,现在都不用了,吃上自来水了。那时我们放学后,天天下到河边担水,河畔有一股水朝出涌,有胳膊粗,用手掬着喝,甜甜的。其实每到下午说是担水,多数在丹江河里玩,玩够了,才急急忙忙担水去。天又下起雨来,很想去看看那眼泉,毛根说:"12点多了,走,到国道后面饭店吃饭走,今儿我请大家。烂泉有啥看的,下次来引你去。"到酒店,他掏出五百元压在前台,说:"今儿我买单,多退少补,你要收了别人的钱,小心你的狗头。"老板连连点头说是。我也开玩笑说:"到你地盘上了,不吃你吃谁呀,还要喝你的哩么。"毛根豪爽地说:"上酒,先拿两瓶六年西凤。"说得大家开心地笑了。

修双惠渠是为了引会峪河的水浇夜村街一带的地,它也是丹江边上修建最早的人工渠,算是夜村的"红旗渠"。那天在了解会峪改河工程时,见到道塬的于铁蛋老人,他告诉我们,这渠是1957年修的。开始是公社水利员王世珍和他的搭档何新山一块测量来。一年多时间就修成了,能浇五六个村的地,有上千亩。在打寨子岩到白虎崖三百多米时,中间全是悬崖峭壁,只好把人吊到二三十米的空里打炮眼,跟修红旗渠时一模一样。现在渠不行了,土地岭国道加宽了,没架渡槽。

我们上到土地岭双惠渠边。夏日的雨刚下过,地上泥泞,草上有露珠。渠里不是毛草,就是土石,没有一点水,有好几处被人种上苞谷,苞谷穗也有一尺长了。土地岭朝南,翻过去就是夜村中学。20世纪70年代末,我在那里上学时,经常在渡槽上玩。高考时,坐在学校操场边的水渠旁,不到两个早上,就把一百多道政治复习题背得滚瓜烂熟。那水渠里还有小鱼和螃蟹。

到夜村街见到老同学的父亲何新山老人,他八十五岁了。说到双惠渠,老人很自豪地说,渠是他和王世珍一块儿跑了好几天,走了几十里路测的。那时公社大协作,最多一天上过八百人。我很想拜见王世珍老人,记得他个子很高,有点驼背,人很和善。在镇中学教书时,就知道老人是全国人大代表,时常也见哩,只是没过多交流。老同学毛根说老人早都不在了,只能从其他人那里去了解了。

回到城里,我一直想着这事儿,打听到他小儿子王军善的电话。打过去,不接,又发信息,也不回。他上中学时,我没给他代过课,他见我也是老师长老师短地叫。大学毕业在一家化工厂工作,当过车间主任、副厂长。人也是个大个子,长脸。到晚上了才回电话说喝醉酒了,才醒来,对不起了。说他父亲过世五年了。我说明意思,想要老人的相关资料,写东西用,他满口答应了。

一周后,他发信:李老师,您好!今晚有时间没,我请您吃饭,顺便把材料带给您。军善。我回电话说吃饭就算了,尽快把材料送来就好。不一会儿,他来我办公室,手里只拿了一本书,是樊志升先生写的《往事漫笔》。书里收有写他爸的文章。我说:"听说老人自己还写了不少呀?"他不好意思地说:"我爸的那些顺口溜,没啥用处么。"我批评他说:"胡说哩,我就要的是那些东西,那里面才能感受到老人的温度呢,去,去,马上给我拿去。""那，那还在老家屋里哩。"军善无奈地说道。我俩在交谈中，我得知老人是九十多岁上走的，晚年还学会了用电脑，开博客，发文章。我也很羡慕地说："九十岁的老人了，还能这样，都是你的福呀。"他厂子现在也关了，在外面接点设计活儿。他惭愧地说："都对不起老师，混得没出息。"我知道他是个干实事的人，也曾经是有突出贡献的专家。

坐了一会儿，他有事先走了。我赶忙从樊志升先生的书里找到写老人的文字，慢慢咀嚼，品味老人人生中的苦与乐。

老人1924年出生，五岁上就没了父亲，八岁跟人学戏，十四岁当学徒，十七岁开药铺。1949后，当过初级社、高级社主任，大队支书、公社水利员，全国人大代表。

老人弟兄三个，家里仅有三亩三分地，给祖母留了八分，每家只有八分多地了。父亲病故后，世珍老人的母亲当掉八分地，这才有钱安葬了父亲。夜村街刘东志成立了戏班子，看着母子太可怜，就收他学戏，靠卖唱糊口。后来，母亲起早贪黑操劳，有点积蓄，在街上包饺子卖，供他上了三年私塾。十四岁上，他到二十里外的白杨店一家药铺当学徒。三年后，回到街上自己办起了药铺。他的药铺货真价实，药是一味一包，不叫大伙儿花冤枉钱。要是有人没钱抓药，就赊账，或者用粮食换，实在是啥都拿不出来，救人要紧，他也无所谓钱不钱了。就这样，其他几家在国民党通货膨胀时期纷纷倒闭，他的药铺一直开到1949年后，还参与了公私合营。

1949年后，他用他过去学到的唱戏本领到处宣传政策。1952年，他挨家挨户动员群众，联合了30多户成立了互助组。1954年组织了98户，410人，190多名劳力，480多亩地，40多头牛，加上大中小农具，办起了初级社。1956年转成高级社，他当了主任。1960年加入了中国共产党，当上了大队支部书记。他一心想着咋样让群众吃饱。在大队抽了两名木匠，用了几天几夜，做了一个大木水轮，利用双惠渠的水，办起了水磨子、水碾子、榨油机等作坊。还与回乡职工杜江振商量，借了一台2.5千瓦的发动机，装上电容器，又买了100多个2.5千瓦的电灯泡，一并安装，用水磨大木轮的功能发电。试验成功后，自制了水泥管子和双击式水轮机，从兴平买回一台20千瓦的发电机，建成三级水力发电站，供夜村区、公社机关单位和大队120多户群众照明用电。这一消息传开后，县上、地区、省里，还有水利部都有人来参观。《陕西日报》的记者来采访，写了《夜村不夜，夜如昼》发表在头版上。

他又组织群众移动土石两千多立方，填平了老街被水冲出的壕沟，盖了十四间两层楼房，一座戏楼。买了戏箱，办起了农民戏校，招收了三十多名小演员，请县剧团名家马忠倩手把手教。先后排演了二十多部戏。自己编导的《一只羊》被省电台录放。县里在这里召开现场会，在全县推广他们的经验。他带着自家的剧团到县城唱了七天七夜，还跑到柞水、丹凤演出。

1957年，为了夜村周边的旱地都能浇上水，他带上搭档何新山，跑了好几天。他说："七十里会峪脚不干，会峪河才是好水源。"他带领大队干部到现场看地形，测水势，在多次踏勘后，决定修这条能浇地、能发电，双重实惠的双惠渠。没有仪器，就用大小手指，三点一线测，一人一人向上翻，翻过风垭往下翻，一直到河床面，测出落差二十七米，渠长二十五里。这才给县水电局写了报告。水电局的技术员在此基础上很快就拿出设计图纸，县政府批准了，采取"民办公助"。在杨塬村中三塬设立指挥部，王世珍任副总指挥。组建了民兵团，下设三个营，九个连，二十七个排，八十七个班，八百多人。大家吃住在工地，军事化管理。干部带头，群众也干劲足，热情高。劳动休息时，还高兴地唱着"一把钎子，一把锤，民工干劲增百倍，日战太阳夜战星，渠不通水不收兵"。连续奋战五十七个日日夜夜，修成了长二十五里的双惠渠，六个大队一千三多亩旱地变成了水浇田。

1973年老人当了夜村公社水利员。他跑遍了公社的沟沟岔岔、角角落落，找水源，谋规划，他参与设计的水利工程有十多处。修通了黑沟水库三千多米的灌溉渠，解决了四岭、杨塬、夜村、将军腿四个大队坡塬地浇水问题。还有两千多米的杨塬渠。修建了高桥、夜村、会峪、将军腿四个抽水站，灌溉五千多亩，使80%的地旱涝保收。

1984年，老人辞去水利员，六十岁上焕发出新的生机，做他自己想做的事。自筹资金三万元,办起了农机具修造厂、面粉加工厂、饲料加工厂。一年下来最少收入也在万元。老人先后被评为全国精神文明"十大标兵"、全国信得过个体工商户,还任全国个体协会理事。1983年被选为六届全国人大代表。老人先后在人民大会堂开过五次会,每次提议案都没下过五条。

为了把老百姓的心声带到会上。老人多次骑着自行车下丹凤,跑商南,过洛南,去山阳,了解更多的真实情况。在丹凤视察时,听到群众埋怨:"连国民党要员都成统战对象,他们的坟谁敢挖?可烈士巩德芳的坟都快被人挖完了。"他及时反映到县里,政府拨钱重修了烈士坟墓。

2006年,八十二岁的老人把他一生的所见所闻收集,写了三十二万字的书。《华商报》上也刊登了《商洛八旬农民开"博客"》一文,也被中央电视台报道。

王军善给我抱来他父亲的作品,16开印,厚厚四本,《耳闻目睹》一、二、三、四册,封面是老人打电脑的照片,书里收有家人的照片,诗歌和文章都是写老人的经历和社会的变迁,很有价值,我收藏着慢慢学习。

十三

我是十七岁上到的元建寺,不是出家,是去那里当教师。

师范毕业分配到夜村初级中学教书。学校就设在街西南塬上,离街二三里。与夜村中学只隔一条小沟,在塬上山洼的元建寺里。中学在老国道边上,我是在那里上的初中,后来又到这里工作。

学校所在的古庙,地方人叫柏寺。民间传说,有一年发洪水,山里冲下来不少柏树,上面都写着"柏寺"字样。人们打捞后都不敢拿回家,就地建了这一寺院,才称"柏寺"。

在这里教了好几年书,只知道柏寺,只知道学校后面是农场。学校院子中间两排房子是老庙房。两排房子之间有两棵柏树,有一搂粗,西边还是庙房,南边北边也是,只有东边凹下去,有三间房,一个场场子,是个教室。离开那里后才知道是元建寺。

工作第一年教初一数学。初一一班就在正院子靠西的庙里，依稀记得房大梁上有"大清"字样。那年我刚十七岁，还没有公民权。印象中教师们都发选民证哩，却没有我的，还去跟人家发火来。我认真教书，和老师学生交朋友。课余时间，跟一拨青年教师练武术，也是受了电影《少林寺》的影响，刀枪棍棒都摆弄。柏寺院子就在丹江北岸塬上。院外东边坑里的操场出去，下一个豁口就到丹江河边了。常常是天不亮，我们就"呼——""哈——"狂吼起来，跟江涛声共鸣，在沙滩上苦练武功。等学生到校时，我们已经一切就绪，又规规矩矩和学生一块出操。到上课时间，又夹着教案上课，为人师表了。下午学生回家了。饭后，一个人手捧一本书，从柏寺向南，从东院墙外小路到坡塬地边。地里是庄稼，涧崂下面是蜿蜒的丹江，河对面是张涧乡。我一个人坐在高塬塬子上，看一阵书，俯视一会儿丹江。偶尔飞过几只小鸟，鸟的叫声和丹江水的浪花相撞，很是和谐。呆呆地，两手托腮，远远眺望缓缓流淌的丹江，心也随江水一同去寻找梦想。一年四季，我都会在这土塬上看丹江，放飞一个小青年的理想，也把一个涉世不深的人的苦与乐，留到丹江记忆里……

离开柏寺已经三十多年，这个夏日雨后再次来到这里。操场上已经种上苞谷，也长出了苞谷棒子。学校大门锁着，楼门上"商州市夜村初级中学"几个字还在。我们正要找人时，从柏寺院子北边一个院子出来一个中年男子，个子不高。听到有人说话，就跑出来看。他就是看门人。从家里取出钥匙，给我们开门。

校园一进去，原来的空场子，也种上了苞谷。正中间老会议室两边房子是校长和教导主任住的。我刚来没地方，在校长办公室住了几个月。现在已经破烂不堪，门窗都被人挖走了。在苞谷地西边，靠老会议室山墙中间立有一个小黑板大小的水泥牌子，正面写着"元建寺"，背面是简介。院子中间两棵柏树，还是那么生机勃勃。树中间竖了一块碑子，还没有写东西。我当年住的是中间靠南一排三间房子，背靠背住，一人半间，住六个人。我的那个房子也前后打通了，两边门窗都不在了。中年男子说："贼娃子给偷去了，看不住呀。"我当年教的初一一班教室,门窗也不在了,房顶还是老庙建筑,梁上的毛笔字依稀可见。我用手机拍了照。"大清光绪二十五年岁次己亥菊月阁","主持沙僧慧明,五社人,若×××等吉日重修"。"光绪""僧""重修"是红色的,其余都是墨色的。那中年男子说,他在外地打工,回来看庙。这庙里的神是从丹江边岩洞里搬上来的。他说话很快:"你没看这砖比红砖要宽一指哩。"

问到学校北边两户人家,他说,那儿子不成气,杀了人坐牢了,老两口子早都死了。

这学校先是合到夜村中学,设了几个班,后来成了学生宿舍,两所学校距离三四百米。再后来学生都住中学,这儿没人了。文物部门来说要接管,就雇人先看着。

从刘少鸿先生研究资料里知道了不少情况。这个塬下面是沿丹江北岸东行的古商於驿道。民国冯光裕著的《续修商县志稿》中记载:"元建寺在夜村街西二里许,隆庆元年(1567)建,因以为名。崇祯六年(1633)重修。乾隆三十年(1765)重修。"院中碑文记,现存的建筑为清光绪时修缮。

唐朝时,这里诞生了一代高僧释无业。据宋《高僧传》记载:"释无业姓杜氏,商州上洛人也。其母李氏忽闻空中言曰:'寄居得否?'已而方娠。诞生之夕异光满室,及至成童,不为戏弄。行必直视,坐即加趺。"释无业十三岁能读《华严经》《法华经》,为神童。出家后有"南有盐官北有无业"之称。他曾被两位皇帝三道诏书聘为国师。唐代和玄奘齐名,宋时称"超过孔子",在五百罗汉中位列六十一尊。

据这一代的传说,这个寺庙就是开元寺,也是官寺,后来都毁了。这个寺院在商洛境内,除了城区,算规模最大的了。

十四

盛夏的中午,我们路过丹江边的孝义湾。这里原来是一个乡,十几个村就在一个湾里,丹江从孝义北边流过。当时乡干部下乡,骑自行车,一晌子就能把所有的村跑完。这里因出产柿子而有名。孝义湾原来叫孝爷湾,这还有个传说。很早这里人不知道孝敬老人,只要老人走不动了,就用树条笆抬着,从岩上推到丹江,算埋葬了。可到有一家准备把老人推下时,儿子嚷着要留下树条笆,父亲不解,儿子说:"树条笆,高挂起,今儿推我爷,日后再推你。"这一下刺醒了父亲,把老人抬回去,养老送终。孝敬老人之风兴起。后来人们把那山岩叫孝爷岩,这个湾叫孝爷湾,时间长了就叫成孝义湾。在这里的庙嘴子发现了仰韶文化遗物,在代涧子出土有战国时代的铁器。这里曾有战国时期武关通往关中的一个烽火台,西北东三面被丹江半包围,是个天然的咽喉地带,刘邦入关中曾经过。20世纪50年代,修农田时,发现有手印方砖砌成的"任死窑"(墓葬),手印方砖是唐代的。明代在孝义湾檐儿寺建有佛塔。清代商州牧罗文思为解决这里两个灌区争水问题,深入实际调研,用石磨扇上的两个磨眼将水分成两股,两地各用一股,平息了械斗,群众立"青天罗文思太祖公分水利碑"纪念。

孝义湾适宜生长柿子树,柿子品种就有近五十种。这里的柿饼加工工艺有上千年历史。志书载,汉代就盛产。相传唐代杨贵妃就爱吃孝义柿饼。明崇祯年间曾作为贡品,皇上尝了一口顿觉"甘甜顺喉下,爽气溢双目"。每年霜降过后,采摘一种叫干柿的柿子,将柿子插在旋柿饼的手摇车上有铁叉叉的一头,把柿饼刀搭在柿子顶上,柿饼刀中间一条缝,另一只手搅摇把,缓缓摇,柿子皮就从刀子缝里出来。长长的,像宽面条,一米多长,柿皮子挂在杆子上晾晒。旋好的柿子或放在檐坡子(用三尺左右芦苇扎成)上或挂在藤条上晾晒。二十多天后,逐个捏成饼,捏时要不停地揉,捏好,再晾,再放到大缸或木头柜里用柿皮子捂,经过"三捏三晾三捂"等工序,柿饼上潮一层白白的霜就成了。孝义柿饼个大霜厚,肉红透亮,软如枣泥,爽滑香甜。含有胡萝卜素、蛋白质、氨基酸等,有消炎、清火、健脾、润肺、止咳化痰等功效。

从孝义湾312国道商(州)丹(凤)交界处的刘二村向南,进到甘河沟,这水南流到丹江。原来是一个乡政府,在东西二沟交叉处,就叫两岔口,现在划归到夜村镇。当年商州市在这里开过金矿选矿厂,如今厂子关门了,院里的茅草高过人。当时厂子开产时，我还来参加过剪彩仪式，那份热烈隆重，成了寻找不回来的历史。站在远处瞅着一片冷清荒凉，一下子都感觉不到夏日的酷热了。

在去东沟的路上，有人摇旗旗子挡我们的车，让朝出拉土渣的大车先过。一问，是棣花街里人，他们拉渣是为了垫棣花旅游园区。小贾一说他表叔，那小个男人说就在他房后面住。他记下车跑的次数，老板好给装载机付钱。等大车开走了，我们才继续进山。到小学，村委会都没有人。东沟水库就在村涧下面，库里水不多。路在半山腰修着。在白草岭村路边，见到七十三岁的刘举升，坐在石头上乘凉。老人说，这里长有白草毛根，就叫白草岭。河里老没水，都从地下走了，就叫干河。后来人叫成甘河，好听，还真有水，好喝。修水库时，他在工地上做饭。那时做的多是糊汤，偶尔吃糊汤面，自己拿粮，国家还给补贴一些。大概是1972或1973年修的，公社里动员刘一、刘二、老山沟、甘河沟、张碾子、姜庙、白草岭、年河、青岗坪九个大队的劳力参加，一天都在成百人。人吆喊声、打夯声、放炮声吓得狗都不敢出门。干一天能挣十分工，一个工就两三毛钱。干活歇下来了，还高兴地唱《大海航行靠舵手》。水库修成能浇千亩地。

问孙有印，老人说："那在青岗坪，还在上头哩，邮电局里人，都老了（去世了）。"孙有印我叫叔，和家父是同事，大个子，驼背，大鼻子像外国人，总是流鼻涕，爱下棋。一下开象棋，能吃圪蹴一晌子都不动。我上中学放学回来，他教我下象棋，教我分报纸，接电话。一沓报纸用尺子一压，两手同时抓，"哗哗"就一份是一份了。那时电话交换机是插孔，摇把子。他一下棋啥都不管了，有电话铃声了，喊我一声，我就一溜烟跑去接电话了。对方要哪个单位，我朝标哪个单位名字的孔里插入塞子。有时我给摇，有时让对方自己摇。他下棋见不得人悔棋，一次对方的"车"刚放下，他的"马"一下给吃了，对方急了，要"车"哩，他一急把"车"吞到嘴里，被对方追着在院子里跑。好多年不见老孙叔了，咋就不在了呢。

沿河再上，见一处生态养牛场，大大的院子不见牛，也不见人。听小贾说，是几个大学生办的厂子，效益还行。路边有一辆陕 K 越野车，还有开矿用过的机器，上面铁锈斑斑，都一层子了，山上鸟儿叫着，知了也扯开嗓子吼。有洞子是开过金矿的痕迹。

上到离山顶不远处，有一庄子人家，这就是青岗坪。三个男人在核桃树下说话。那个叫孙曹升的，五十四岁，他就是老孙叔的侄子。提到老人，他说："我大大都老了四五年了，你就是老李叔的老大么，听说过的。"一说开话，一下子就亲近了不少。他们仨陪我们到老孙叔的院子去。院子很大，还放了一台空压机，也生锈了。东边厦房住着一个高个子男人，是老孙叔的亲戚。四间正房是砖木结构，当时在村里都是最好的了，门上锁。娃些个都在城里住。沟再上去有个苦水沟，人都搬到山外了，一户也没有了。那里成了野猪沟，让野猪给霸占了。下面是甘河，上面咋叫苦水呢，真说不清呀。

返回到半路上，小贾问他的同学，还问那棵茶树，他上学时来看过，有几人粗。上到一户院子，院里晒着小麦，上房有个中年妇女，笑笑地说："你问周福民，养飞鼠哩，娃病得很厉害，钱花得到处借哩。"女人嘴能说，说她男人到夜村街里浪去了，屋里老人不在了，刚过了百天。老人得的是瞎瞎病，看不好。女的1974年生，属虎的，跟我妹妹一样大。问那茶树，女的说："在这山梁上哩，高得太太，有个小毛毛子路，太热了，不敢去。"小贾说："那就算了，我害怕蛇。"女的笑了笑，说："你还算聪明，我刚想给说哩没说，这院子都逮了几条了。"小贾又问他初中一位女同学，女的说："在白草岭我娘家村里，老汉是个牛贩子猪贩子，把门跟前人骗了一道槽，猪牛拉去了，到现在都不给钱。"

过丹江，到北岸的老山沟三组，见到贾章存。他二姐十二岁就不上学了，小队里给她记四分工，队上安排去修水库。干了三天，被公社书记发现，把带队的狠狠批了一顿，叫娃回去。他姐是个犟脾气，硬要把她的工分干够才走。他父亲也在水库工地上，还分到一个白搪瓷缸子，上面用红漆写着"东沟水库修建纪念 1972年6月"，现在还在用着。

刘二村三组的刘书娃说，水库修成了，第二年村上二十多亩平地浇上水了，苞谷大丰收，人也能吃饱了。

刘二村在丹江南边，斜对面就是棣花的雷家坡。刘二村的丹江河堤里有五六百亩稻地，就靠这条三千多米的河堤保护着。河堤是青石和砂石砌成的，是刘家长辈刘邦长老人从年轻时一直守护到老的。他二十二岁上就当了河堤基建队队长，一年四季都在从娘娘庙到南湾下梢转悠，发现哪儿河堤有问题，马上修补。每到夏季，他几乎黑来白儿都在河堤上看着。一旦下雨，就立马披上蓑衣，戴上草帽子，扛上铁锨，小跑着上到河堤了，查看河水涨了多少，发现有险情，马上发动群众砍堤上的柳树逼水护堤。有时忙得连饭都顾不上吃，家里人骂他，他却笑着说："咱管这事儿哩，不去管，把地冲了，大伙吃啥呀。"

有一年夏天，为加固古路口河堤，他大中午冒着毒太阳，一个人到丹江北边的五狼沟，跑前跑后，在一处岩窝下选了一块大青石，有好几吨重。当时没有大型运输工具，靠人抬。老人家发动了一百二十多人去抬石头。光抬石头的大梁得几个人才能抬动，这叫龙杠，缆绳是十根八号铁丝拧成的铁绳。

下午天稍微凉快些，百人大军开进五狼沟。钢钎子撬的撬，塞铁丝缆绳的塞绳，绑牛子（用绳扭成的套支杠子的环）的绑牛子，大家各忙各的。抬石头人分为四方。同时起抬，同时走步，不然，木杠脱肩了，有可能砸死人。

从岩窝到沟口三里多路，抬到柏树坡下，指挥喊休息，大伙一同放下杠子。坐下来抽烟，有烟叶自己拿报纸卷的，有抽旱烟锅子的，还有从口袋掏出九分钱的羊群烟抽的，一个个抽得那个得意哦。不抽烟的谝闲传，说二凉话。一海片的欢笑声在山间回荡。

刘老人一声："开工了！"人们立即各就各位，个个把杠头搭在肩上。指挥的喊"起抬——"，一同起步，巨大的青石在人们的"嗨哟"声中缓缓移动着。

到丹江河边了，人们放下杠子，脱光衣服，抬起石头过河，水齐腰深，比路上抬能省点力。有五个孩子到北岸割草返回时，指挥抬石的叫他们连人带背篓在大石头上一块抬过河。邦长爷爷都走了好几年了，那块青石却岿然不动，在古路口守护着河堤，保护着地。

退休教师刘仓满，七十六岁，回忆说，那时他才十五岁，河堤干一天记八分工。抬大石头时，全劳不够，他也去支杠子了。有时两个人抬一个杠头子，换着抬。他和本家一个侄子一同抬。事先说好的，两人同支在一个杠头子下，抬石头一起步，侄子就松开杠头子，跑开了。从那天起，他的工分由八分增加到十分，而侄子却由九分降到七分。

邦长爷爷为了保住那些口粮田，在丹江南岸河堤上奔波了六十六年，留下的脚印都压摞摞子哩。到现在人们一说起老人家眼睛都会湿的。

十五

鬼峪是棣花茶房北边的一条沟，从鬼峪沟流出的鬼峪河是丹江北边一条小支流。《续修商县志稿》的《河流志》篇中记录有"恨峪河北来注之"，指的是注入丹江。在志书"北岸支流"栏里，有这样的记载："鬼峪水，一名恨峪，俗名鬼峪，上流分西鬼峪、东鬼峪。西鬼峪源出斜马岔西北之雪山，东南流二十五里至散岔，与东鬼峪合。东鬼峪源出新开岭，西南流二十里，会西鬼峪，南流至四方岭入丹江。"

从外婆家韩河村石洼的阴坡翻过去就是西鬼峪。小时候二舅正月里到那儿跑竹马子（跟耍社火一样的民间娱乐），我跟着去过。阴坡是舅舅家的自留坡，沟畔有一棵板栗树，每到秋天的周末，我就缠着母亲到外婆家去，酣想的是那生生吃着香脆的板栗。外婆告诉我，从这儿翻过去就是鬼峪坪，还有个亲戚就住那儿，四时八节，行门入户都来往着哩。

鬼峪，在地方志里又叫恨峪。志书都是求实的，咋能叫恨峪呢？这才引起我的兴趣，说不定那小沟里真的隐藏着鲜为人知的故事哩。

8月19日上午，雨后天还阴着。我们从茶房尧柏水泥厂后面，沿312国道边一条斜陡的水泥路而上，过铁路桥涵洞，上到塬上，眼前是一大片矮化核桃树。树有一人多高，青皮核桃结得很繁，树枝被压得挨着地。还有几块地里栽的是大樱桃树。收麦季节，我陪西安朋友来摘过樱桃。进沟口是中坪村，村子在塬上，河在沟底下。再朝进走，过个小桥，路跟河就近了，随便下一个洇㟃就能到河里洗手。河水清清的，还有小鱼。石头很多，有大的有小的，大的比一间房子都大。

上了一个坡，拐过一道弯，有孤孤的一座小山堆，在河与路中间，山上有一座庙。当地人说是娘娘庙，可以求子。山上路仄陡，我们没有上去看。一门心思想知道恨峪沟的故事。小贾自言自语道："一定有一段凄美的爱情故事，不然咋能叫恨峪？有恨就有爱，爱不成了就变成恨了么。"

车行到一棵大核桃树下，见小桥那边场里有几个人，我们下车走过去，问洇边石头上坐的老人：鬼峪为啥又叫恨峪？老人也说不清，只说老地名叫鬼峪，这儿是大庙，原来沟里四个村，现在合成了两个了，一个是龙王庙，一个是中坪。一位中年妇女说下面进沟就是龙王庙。

天阴着，空气湿湿的，山上雾罩得朦朦胧胧的，有点仙境的感觉。知了不知疲倦地叫着。小贾今天穿了件黄色T恤，蚊子一个劲咬他，他说黄色肯招蚊子。一位老年妇女进屋取了凳子，还点了一根香，放到小贾的腿边。刚才问话的老人叫米锁牢，七十八岁，端着碗正在吃北瓜熬洋芋，还一个劲儿让我们吃。他说这地方实际上叫对峪，是端对着丹江河南边的大峪沟的意思，后来人叫转音了。老人吃了一口洋芋说，他老家在公路边的米家塬，是他爷手里搬到这里的。他爷那时就占了半条沟，开荒种地。老家的老坟都在米家塬，年年清明祭坟，都去了要待几席客哩。现在坡里树长得人都走不过去，也没地了。人都跑出去打工了，平地都不好好种了。山里水够吃，都压了自来水。

这时来了一个小伙子，骑着摩托，他说是给贫困户表上签字哩，那位老年妇女回屋里，取来一个蓝色档案盒交给他。我走到门口看墙上贴的贫困户明白卡，才知道这小伙子是棣花镇干部，这里包片的还是我一个堂弟，他是副镇长。

终究没有找到恨峪美丽的传说，老人说的叫转音应该是真的吧。这恨峪河水流过四方岭。我们棣花人到商镇，去县城，过去都得从四方岭走。平凹先生讲过，他在商镇上中学时，深秋黄昏，一个人从这里走，一人深的苞谷地里总害怕有狼，走着听见地里苞谷叶子"沙沙"响，吓得头发都竖起来了。

平凹先生20世纪80年代写的散文《十八碌碡桥》，那桥也是过去人必走的，就在四方岭下，沙沟河后边。我们又从鬼峪跑到那里看有没有碌碡。河是小溪，水不多，上面是水泥桥了。桥西头是一棵核桃树，桥东头是一棵柿子树。桥涵洞的底座依然能看到几个碌碡，没有十八个了。平凹先生文中说，几天暴雨，一场洪水涌下来，碌碡被冲走了，竟然在上河滩找到了，人们又重修了碌碡桥。这事儿还写入了地方志。

我们下到底里，用手摸那碌碡，想想它们也够骄傲了，让平凹先生写进文章里，留名百世呀！现在外地人来旅游，也争着问十八碌碡桥的事儿，都要跑来看看咋回事呢。

看过十八碌碡桥，来到商镇四皓墓。商镇是丹江边的一个古镇子。唐高祖曾在此设过县。镇街正对面，丹江南边就是商山。因下雪时，雪原雪薄露出的山形酷似个"商"字，才叫商山。20世纪70年代末，我在商镇老君殿上丹凤师范学校时，也曾前来拜谒四皓墓。那时看到三个土堆堆子，听说有一位最后安葬在商南县，也没多少印象。后来，县里把这里作为旅游点进行修建，还请国内名人、书法家，把历朝历代赞颂四皓的诗文勒石为碑，建成碑林。我也曾来过多次，都是陪外地客人。园里的古柏也有上千年。那位胖胖的长脸杨老师讲起四皓，说得一清二楚。什么东园公唐秉、夏黄公崔广、绮里季吴实、甪里先生周术，朝廷四位博士官怎么躲秦之乱，隐居商山，过着"岩居穴处，紫芝疗饥"的生活；怎样被吕后请出山，打消刘邦废太子的念头，后又高官不受，返回商洛山，终老山林。汉惠帝在商州城南的高车岭建祠，感念。连《史记·留侯世家》、《汉书》、曹植的《商山四皓赞》以及陶渊明《桃花源诗》开头三句咋样概括四皓隐居的历史背景，他都讲解得准确无误，津津有味。陈道久、郝臣杰二位先生合著的《商山四皓研究》一书，研究得很深透，提出了"四皓文化"，其精髓就是天下归心的举逸民思想，修道洁己、非义不动的行为，没有剥削压迫、人与人和谐相处的社会。李文实先生编著的《历代商山四皓诗文集注》收集咏赞四皓的诗文一百八十九首（篇）。他书中收的康熙《续修商志》里的《采芝歌》，表达了四个老人对太平盛世的向往。诗中提到的

"紫芝"，就是一种野菜，蕨菜，叫商芝。我们这里人又叫它拳芽。采摘时它就像小孩半握的拳头，因此而得名。每到春天三四月，一早就得上山去采，采淡紫色的草头儿。太阳出来一晒，它马上就张开了，变老了，吃不成了，再长就成草了，又叫泥片子草。采回来一蒸成紫色，晒干。吃时用温水泡开，炒肉或蒸碗垫底都好吃，有去热利水等功效。贫困时，晒干的拳芽是舍不得吃的，要拿到集市上卖钱。现在没时间采了，都乡里亲戚送或去买。商芝肉是一道招牌菜，肉肥而不腻，是招待客人的上等菜。

商镇的老君河，在丹江入口北边的陈村有一处"进士院"，在村子的南巷，现在保存还较完好。陈家一门，明清时共出过六位进士。进士院是一代宅主陈兆化建的。院巷口有上马石、拴马桩。前后有五层院落。黑漆大门的花门楼上镶有"秀挹青云"楣匾。一层院落，门窗上有"永建乃家""德致祥"和"致中和"匾。一进房五间开厅，为抱厦楼，中央一间是过厅，顶上是天窗，两侧壁书朱子家训。东西耳房木板装饰，内设客厅，后檐有"二龙戏珠"透雕窗棂。第二层院落，东通偏院东侧门，西院墙上有彩绘圆形墙屏，书"寿"字。花台上放假山，山上有小庙浮屠，山下金麟戏溪。正面五间开厅腰房，格子门四扇，雕有四时花鸟图。台阶上为明檐，东西耳房门侧题"勤养廉""俭补拙"。中央格子透雕门楣悬"敦本崇实""东壁图书府""西园翰墨林"。后檐中央有绿色屏风，顶上悬"诗礼传家"等匾。东西两侧为礼宾厅。东耳房为二代宅主陈维廉卧室，西边是管账先生居室。绕道屏风，出腰房后门，有东西狭长小院，东有木瓜树、水井，西有小客房。再入，是砖木结构的回廊屏风门，上端书"义门家风"。东厢房三间是厨房，西是内客房。最后一进，台阶高，五间开厅，明檐，宅住正屋。东耳房后套间为姑娘居室。前檐是三代宅主妻居室。正屋与西厢房间有五尺风道，通向后侧门，出后侧门是跨院，六间，为磨坊、长工屋、柴草房、牛圈等。整座宅院，五重，四进房，七重门，两座屏风。屋内青砖铺地，院子用五色石铺成花鸟图案，前到后渐高，砖木土石混合结构，房顶五脊六兽。浮雕、透雕、名人题咏、山水人物壁画，无所不有。

十六

这个秋天连阴雨断断续续下了二三十天，突然见到太阳，人们多少有点激动。这时才真正体会到"蜀犬吠日"的意味了。

一早就来到丹凤竹林关西的银花河。它是丹江又一大支流。《丹凤县志》载，它属于长江的三级支流。在竹林关街对面的龙嘴子处注入丹江。丹江因上游在施工，河水浑浊，而银花河水却清澈见底，两水交融，真是泾渭分明。

老喻不停地说，这河里的水咋恁清么，清得可亲可爱，有深潭处更是一片瓦蓝。太阳从云缝里挤出半个笑脸，大家兴奋地从去土门镇的大桥上下到银花河边漫步。河边的石头挤疙瘩，各种各样的。老喻对奇石有研究，不时喊发现一块好料。拿到水里一洗，让我们看，好在啥地方。小贾捡到块凹形巴掌大的石头，笑着说："等贾老师回来了，给他，一定喜欢。"平凹先生爱奇石，也懂奇石。河里的石头有的是从银花河的源头冲来的，有的是从那两百多条大小支流的怀抱里挣脱出来的。它们目睹了千万年山石的沧桑，记忆着河流沿岸世世代代的情怀。

我和小贾还在河边打起水漂，溅起的是一串串童年的温馨。老喻依然执着地找石头。不大一会儿，他就抱了一摞摞，笑着说："这颗石头酷似八大山人的水墨画，放到案头，说不定还能给你讲出一连串银花河的传说来哩。"

返回到桥头，见一胖胖的老大娘在一堆辣椒秆上摘辣椒，问她这里为啥叫土门。老人一指远处说，那里过去有个土门，这才叫土门。我们驱车进了土门街道，走过学校，东边是一排排三层楼房。这里是移民搬迁集中点，两边山里的人搬出来，临河而居。问一家门口的女人，她说他们从山里搬来不长时间，也说不清，那边有个土塄去看看，说着用手往东一指。

来到土塄边，刚好遇见两个中年男人在各家门口用喷雾器消毒。小贾问："现在咋还消毒哩？""不消毒蝇子把人就吃了。"一个人说。下面地中间有个养鸡场，鸡粪在石练上摊了一溜，招的到处是苍蝇。村上定期给家家户户消毒。这时过来一位七十岁左右的老人，拉了一架子车土。老人叫刘立冬，他边走边说："那土塄原来就是土门，曾住过人，人老了就埋在里面。"他放下车子，指着半塄上那个洞口的砖头，两个洞里有土炕，说住过人都是很早很早的事儿了。

老刘说，过去从竹林关上来都有船来拉粮。拉船的人都是没穿衣，他记得很清。土门到竹林关二十多里。土门镇过去还叫金钟镇，连山外人都知道这里有个金钟镇。刚消毒的那个高个子中年人也走过来。他说："过去有'银水撞金钟'一说。"他指着东边那座山，让我们看像不像一口倒扣的钟，仔细一看，还真是一口钟倒立河边。他又说："听老年人说，一到晚上就能听见水冲击山根，有敲钟一样的响声哩。那里有很大一个潭。"中年男人捏了捏鼻子，说："1987年5月16日发过一次大水，漫过了这一湾地，潭也冲平了。过去这里都是稻地，上千亩哩，现在都起旱了，有的种黄姜，有的种粮种菜。黄姜三年一亩能收入五六千。"

水泥路下是涧塄，涧塄下就是平地，地里有不少男男女女在干活。刘老汉告诉我们是在栽蒜，地有人承包了，叫人打工给栽，那绿绿的就是出来的蒜苗。农村有句古话"七栽八栽九不栽，十月栽下没蒜薹"，现在栽的到时候只能吃蒜苗了。老喻问："山里搬来的人生活咋办？"刘老汉说："种这儿的地，外出打工的打工。""是租种吗？"老喻问，老人说："还用租哩，地没人种，谁种权当给招呼地哩。不种，草都荒死了。"老人指着地中间一块，说："你没看那一块地没人种，草都一人深了。"老人在路边倒下一车土，用锨铲着，说："过去银花河里的鱼鳖多，一晌子能逮一笼子哩，小时放牛，一逮一个准。"

太阳还是土红，我们离开土门，真想听一声银水撞金钟的天籁。

十七

沿着银花河边的郭山公路西行，一边是秋天山色妩媚，红叶片片，一边是清凌凌的银花河水在奔腾。偶尔还能见到几个垂钓者在河边甩竿子。河上有一架铁索桥。我们走上去,突然想起飞夺泸定桥的勇士,对这类桥也心生敬意。下到河边抓起一把细细的沙子,像摸婴儿的屁股一样舒服。在桥上见一中年妇女,手里拿了一把高粱穗子,说是绑笤帚用。她们村叫姚家沟,是山阳县银花镇管。

老喻用手机转来转去拍着秋景,嘴里嘟哝着:"咋样也拍不出大自然连片的美来。"

银花河在这里拐了大S湾,有一汪深水潭和天一样蓝。

到银花河上的银花镇,这里正逢集。公路两边摆满了摊位,有卖服装的,有卖水果的,有卖吃食的,还有卖萝卜、洋芋等蔬菜的。车子使劲摁喇叭,也只能蜗牛般前行。有一辆卡车拉着疙瘩白菜在叫卖,两元一个,五元三个,地上的磅秤边扔了一大堆菜花叶子。小贾认识镇上办公室一位同志,我们直接到镇政府去。正好镇长也在值班,他很热情。镇长是个圆脸的小伙子,市农校毕业后一直在乡镇工作。他边烧水沏茶,边说着。得知我们的来意,他笑着说:"要了解这里的历史典故,徐老师可是个'百事通'。"说着他就拨通了徐老师的电话,是徐老师的妻子接的,说人到街上转去了。镇长让去找,叫到他办公室来。说到现在的工作,他也感叹,工作是越来越不好搞,政策好了,把一些人惯懒了。对移民搬迁户没地种一事,我有疑虑。镇长笑着说:"这你放心,我们也考虑到了。打工开店摆摊子,镇上还征了一片地,给每户分了点菜地。再说有的人还到老庄子砍柴种地管果树。"

银花镇是个巴掌大的地方,到最远的村下乡坐车只要十来分钟,跟丹凤县挨着的是孙家湾村。镇长还告诉我们,银花河从高坝镇的鹘岭流出,到这儿水长三十多公里。

坐了有一炷香工夫,徐老师来了,他叫徐荣海,六十多岁,大背头,胖圆脸。问到银花河两边的事情,他坦然地吸了一口烟,说:"我写的东西不是给你了么,镇长。"镇长说:"我桌子上东西乱七八糟的,我去找找。"说话间,我说老喻是老师,我也曾经当过老师,徐老师这才话多起来。他在银花中学待了二十三年，一直教语文，现在已退休，平时练书法，打乒乓球，也串串门子，打打麻将。看他红光满面，想必日子过得还算滋润。

镇长没找到，他给老婆打电话让送来，老婆没接电话，他笑笑说："那到我家取走，家在街东头。"我们一块坐车穿过街市，也耽搁了一会儿才挤过街。徐老师说这里逢二五八集，丹凤土门、竹林关、毛里岗人都来赶集。他家也是临街，一长摆子楼房，是祖上留的地方。过去这里是街上最偏僻的地方，没人来住。后来公路修到这儿，才慢慢繁华起来。一年光房租也收入不少。

他带我们上到二楼，楼道摆满了各种各样的花，光菊花就有黄的白的粉的紫的，开得艳丽。他让我们在二楼客厅等，叫镇上陪的干部上三楼。这房子应该是儿子结婚住过，"囍"字还很鲜艳。过了一会儿，徐老师下楼抱了一卷子书法作品，是他的墨宝，给我们每人送一幅，还亲自给各人卷起来，我们都表示感动，也连连点头致谢。他写的《话说银花古镇》，有三千多字，给了两份，电子版还没找到。

离开银花镇时，镇上那位陪同的干部一定要留我们吃饭，他用汗津津的手拉着小贾不放，我们说在竹林关有人等着，才走开。这位也是丹凤小乡党，他那份情意是很真诚的。

在车上就拜读了徐荣海老师的文章。得知远古时，银花岭悬崖上开着无数银光闪闪的花，倒映在崖下的清泉里，十分美丽。这花正人君子才能看见，奸佞小人看不见。后来，天神路过发现，回去禀报王母娘娘，王母娘娘派天神采进天宫，银花因此得名。

这里是个小盆地，有六七千户人家，银花河水清冽，含有丰富的矿物质，这里的人长寿的不少。古镇曾是秦国的东大门，现在的长安岭石城、高家寨仍留有秦楚作战的遗迹。也涌现出为革命追随巩德芳九进八出、浴血奋战的叶茂荣等革命烈士。银花手工挂面也是远近闻名，大小超市都有，面细耐煮。

十八

土门是银花河岸边的一个镇,属丹凤县管辖。

土门公社是二十世纪六七十年代对乡镇的叫法。这里说的"土门公社"是一个农家女子开的农家乐的名字。小贾一年前专门采访过,跟"土门公社"的主人——鄢小珍很熟。

中午从银花镇返回,我们到高峪村的"土门公社"吃饭。这个农家乐在离公路两百来米的小沟里,路边修了一个铁栅栏,拱门上面写着"土门公社"四个红色大字,插有红旗,有红色五角星。进沟不远小河边就是"土门公社"。过了小桥,也是铁拱门,上面写着"土门公社"。两边有两个大红灯笼,两个水泥方柱子上一副对联。上联是:公社食堂办得好。下联是:社员生产劲头高。一进院子就被这种红色文化所吸引。左手边是一排平房,是草房,和山脚构成了丁字形,是用餐的包间;右手是与河平行的一排平房住宿。院子后面种着蔬菜瓜果。走进餐厅长廊,墙上挂着公社年代的各种黑白照片,还有上面印有红色"红军不怕远征难"的绿挎包。毛主席语录也是随处都有,也用得恰如其分,一下子仿佛回到那个年代。几个包间里人声鼎沸。刚见到路边放着西安牌号的车,想必那些是西安来的人了。我们在欣赏过去的照片时,女老板从一个包间出来,一见小贾,非常高兴,热情拉起话。她着一件黑色长外衣,人很有气质。她到我们包间坐下来说话,笑着说:"咱这儿猪是土猪,鸡是散养的土鸡,菜是自己种的,不用农药化肥,原生态、纯天然。"说着她那丰腴的苹果脸上露出两个小酒窝。她说,那几桌子是西安的朋友,来给家乡学校捐了几十台电脑,还有给学生的羽绒服。她西安还有门店。说了一会儿话,她出去了,回来提了两瓶米酒,说是她的产品让品尝。她正说得起劲时,外面有人喊她,她抱歉地说:"不好意思,要陪这些人到学校搞捐赠仪式,下次来好好陪你们聊。要是到西安了,一定到那边公司坐坐。我的情况贾记者都知道,他给讲,说不定讲出更好的故事来。"

火锅上来了，品米酒，吃火锅，听小贾说女老板的事情，心里升腾的是一股股敬意。

鄢小珍1979年出生在丹凤县土门镇土门村，父亲是民办教师，母亲是农民。她上有两个姐姐，下有一对双胞胎弟妹。家里人多劳少，父母又多病，日子过得也紧巴。二姐为照看双胞胎，只上了四年小学。她九岁就经常上山放牛，勉强上完初中。十七岁那年夏天，就揣上母亲给的七十元钱，到长安县一家皮鞋厂打工去了。

她小时候跟外婆学做布鞋，到厂里后做手工活，也算轻车熟路，按件记工，一天挣二十多元。

第二年春节，她带上三个月挣的八百多元，还有母亲给的路费剩下的三十五元回到家里，将钱全部交给母亲。看着女儿粗糙的手，母亲心疼地抱着女儿哭起来。她替母亲擦去泪花，笑着说："妈，别担心，女儿一定会让咱全家过上好日子的，你娃都能挣钱了，该高兴才是。"她妈连连点头，说："高兴，高兴，苦了我娃啦。"她陪母亲和弟妹到竹林关集上，给大家都买了新衣服。一家人开开心心过了个年。

在工厂打工三年，她特别能吃苦，遇事也会想，为人诚实，和工友们处得也好。她说她最害怕厂里没活干，活越多，再苦再累她都开心。只是厂里的饭让她吃得生厌，天天顿顿都是粉条炖白菜，吃得她好多年一见粉条就反胃。

她坚持白天上班，晚上上夜校学习计算机、会计和企业管理等知识，还去建筑学院夜校学会了设计晒图。抽空学习了开车，用了几个月就拿到驾照。后来，在西安大雁塔附近开了灯具店。

1995年5月，一个偶然机会，认识了她的男友，两人合伙在西安开了网吧，精心经营，收入很好。2004年又和朋友合伙开了一家火锅店，生意红火。2007年又合伙干起农业机械生产和销售。七年多的艰苦创业，也积累了一定资本，在省城也有了自家的房子。

回到老家，看到一部分乡亲还是那么贫穷，加之年轻人外出打工，村子都空了，地也没人种了。她想着咋样回家乡创业。

2014年8月，她在老家注册了陕西景盛新农基农业开发有限公司和丹凤县景盛种植养殖专业合作社。投资两百多万元，承租两百多亩地，在平地种苞谷、小麦、花生和蔬菜，坡地种植核桃和油桐树，树下放养一万多只鸡。

农产品咋样才能卖出去？她思谋后，又和表弟合伙投资六十万元，在高峪村山谷里修建了二十余间茅草房，以人民公社红色文化和地域文化为特色，开办了"土门公社"大食堂。她跑云南，下湖南，考察学习，买回设施，精心装扮起"土门公社"。

"土门公社"离丹凤县城五十多公里，距银花河上百米。这里好山好水，环境优美，自然清静，是天然氧吧。

在经营中，她肯动脑子，挖掘当地生态资源。"土门公社"的特色食材由村民提供，菜园子雇贫困户经营，牛羊鸡也由贫困户专人放养，给这些人发工资。从村里直接用工二十多人，间接用工一百多人，她自己有了收益，也带动了村上贫困人口脱贫致富。

"土门公社"远近有名，客人来吃得放心，住得安心。从开业到现在先后接待游客五六十万人次。一位20世纪70年代曾经在原土门公社工作过的退休干部慕名而来，被这里的氛围所感染，一住就是好几天。逢人便激动地夸赞："在这里吃住，跟在家一样自然，还能听到鸟叫，听到水声，还能感受当年的文化，住下了真不想走呢。"

她这种自产自销模式和原汁原味原生态的品质给客人留下了深刻印象。客人走时还会带上当地群众生产的各类土特产。她还将"土门公社"的产品进行系列整合包装，她的生态鸡、红薯粉条、手工挂面、牛肉、黑猪肉、米酒等产品已经打入西安市场。

她的目标是立足商洛，放眼西安，唱响红色文化、乡土文化和生态文化，在这里打造现代版名副其实的"世外桃源"。

听完小贾讲鄢小珍的故事，更加敬佩这个农家女子。老喻也兴奋地说："下次一定把家人亲戚朋友都带来，好好分享这里的一切美好。"

十九

丹江过丹凤县城，河床狭窄，弯道也多了，到月日滩又开阔了，水流平缓，形成了一个比较大的滩。过去水绕孤山，形似弯月。后来河道取直，原来的河道成了月亮形状，取名月日滩。

从丹凤县城的丹江河南岸东行十六七里就到月日滩。月日原来是个乡，现在划归龙驹寨街道办事处。这里也是新开发的丹江漂流的下码头。到了夏季，人们从花庙漂流到这儿，耍水玩乐，忘情山水。月日街道居住着几百户人家，绿树碧水，白墙灰瓦，很有江南的味道。

8月16日，天下着小雨。我们来到月日滩，很想看看发大水把上游冲来的财物和生命摊到这里的那个滩。小时候夏天了，奶奶总是不停地唠叨，不让我们在苗沟河里玩水，说"小心把你冲到月日滩了"。漂流的下码头下面，正在挖河道，河水浑浊，水流湍急。河对岸一道孤零零的石山，像瘦骨嶙峋的牛的脊梁骨，上面有一座庙。我们在河边的泥沙路上走，寻找那个大滩。遇见一位老人推着自行车，他主动和我们拉话。我们很想看看月日滩。他说，现在让旅游点给占了，啥也没有了。实际上真正摊东西的在下面的湘子滩。这里的河流成了个"S"，地质队测量有个金月亮，有矿哩么。原来河道绕着转了一匝。周朝时给斩断了。老人得意地道："你没听戏里唱的周（赧）王斩庆阳，龙脉斩断，闪上来十八国争夺江山么。"他说的是周赧王时，可那在甘肃哩，咋能跑到丹凤来呢？可见人们的想象够厉害的，西边的事情可以安到东边来的。过去拉船，绕这个弯就得一天。斩断了，少时工夫就下去了。问老人咋称呼，他很认真地说："叫刘邦，就是汉高祖那个刘邦的刘邦。"说得我们哈哈大笑了。他七十岁，是个退休教师。他骑车子到丹江河边来转转。雨点大了，刘老师先回家去了。我们几个下到河边看石头。想下到湘子滩看看，过了沙场，前面就没有路了，又返回到月日街道。问一位老人，他说："要问啥事儿，我引你们去见刘老师。"他又把我们引到刘邦老师家。他家里是两层楼房，水泥铺的院子，房阶上晾了一堆核桃。一见面，我笑着说："刘老师呀，咱可真有缘分啊。刚在河边见了，又上门打扰了。"他也笑着说："是呀，是呀，有缘，有缘，快，快到屋里坐。"我们到屋里了，他却有点不好意思，说："娃昨日回来转了一匝，看把屋里弄得不像样子了，给你烧水去。"屋里确实乱七八糟的。说到丹江，他的话就止不住了。丹江水运到1974年左右才停，最繁忙的是1956年前后。那一年连阴雨下了两个多月。到处都是水，村里的尿窖子都淹了。人搭木板桥出进。小娃脱光了游水过。最后，人的脚都沤烂了。河湾里地让水泡了，没收成，国家给的返销粮也是拿船运来，发给群众的。

那时，看见从竹林关上来的船都是拉货的，一次有三四个。船的桅杆是栗木做的，有十来米高，船底是橡木，帮子是柏木。船工苦呀，上来七八个人拉纤绳，人都是爬到地上，绳是竹子编的。在河边石头浪里、崖壁上走，绳把崖石都磨出一指深的槽槽子。现在到河边都能看到。船工在船上吃住，不到住家户去。一天也拉不到几里路。遇到沙涌了，整晌子都不走了，人下来挖河道哩。那时，河里也有不少鱼鳖，鱼有一尺多长的。要是河里发大水了，这里河滩宽，水就驰开了。力气大的人拿个镰呀、锄呀的，在河滩等着捞木头。大多是从商县黑龙口冲下来的，谁捞到是谁的。

河对面那个岭叫孤独岭，因这个山叫孤独坡而得名。传说，过去河南一个人想给祖先找个好墓穴，就叫阴阳先生陪上到处跑，抱上骨灰罐子从他们那儿朝上找。到这里，在山上转了一整天，发现这个岭是个风水宝地，就瞒着当地人，在一棵马莲草下挖坑埋下骨灰罐子，又把那棵草栽上去。结果，放牛娃闲着没事，看那草蔫蔫子了，一把拔起来，见一个罐子，就把那罐子从坡上抡下去。就把这叫骨灰岭了，后来人叫转音了，成了孤独岭。那个河南人的后人也没出啥名人。要是站到山顶上看，孤独岭前面几座山就像几个蜡签子，也真是个好穴位哩。小贾笑着说："光孤独山就听着很有诗意哩。"

学大寨那会儿，这里人围河造田，还修了上百亩石坎梯田，坡里多是土坎梯田。

刘邦老师的两个儿子、两个女儿都成家了。儿子在县城住，老伴去照看孙子，他没事儿，退了又在村上帮忙，是调解委员。村里涉及桩基、界畔、两口子吵架、儿女不孝，他出面一说就没事儿了。还要管养老、低保，发养老金、收养老费。一天到黑忙得连放屁的空儿都没有。干了五六年了，等明年换届时他就不干了。

和刘邦老师分手，从丹（丹凤）竹（竹林关）路边一条小沟进去，来到甘江沟。这个沟有二十多里长，走了好几里就见人家了。山上绿成一片云，小溪流水淙淙，农舍也刷过白。这里水好，生态好，长寿的老人也多。在一家屋里，下雨没事儿干，有一堆妇女在说说笑笑，最大的九十多岁，最小的老人也在七八十哩。那个微胖的中年妇女，快言快语地说："我那九十几的婆，只是耳朵笨了，整天都到地里做活哩。自己做饭，我们都爱吃哩。"来到老支书刘建新家，老人八十四岁了，因病行走不便，耳朵也笨，说话却利索。他那时在月日滩经常见船上来了下去了，拉船的都是光身子，扛着竹绳，爬着朝上走哩。七十五岁的刘智芳老人说，他年轻时，担一担子柴，翻几架岭到县城去卖，担一趟要走四五个小时，过两次丹江。过江时，水齐腰深，把柴和扁担扛到肩上；水要再深，就把柴举到头顶，用脚尖点着河底，慢慢游走出丹江。在花庙前卖柴的摆了一溜溜。一担柴卖几毛钱，能扯几尺白洋布，称点盐。冬天穿的棉袄，叫水都湿透了。有时到下午四五点了还没人要就便宜。有时还得担四五里，给人家送到屋里。他第一回卖柴才六七岁。现在想都不敢想，现在日子好得没样样，真是相差十万八千里呀。

雨点变硬了，山间起了一层薄雾。沿丹江继续东行，河水涨了，奔涌咆哮着。

二十

丹江边的人们保护野生动物也是出了名的。十八九年前就发生过一件真实的事情。

1999年6月8日《商洛日报》刊发了记者刘占朝采写的通讯《干群齐心护羚

牛》。羚牛冲入农家院落，是件奇事。5月25日上午9时左右，月日乡江湾村南坪组的妇女彭存英在阳坡岭下锄地，忽然听到"呼哧、呼哧"的响声，抬头一看，只见不远处有一头全身灰白、前腿高后腿低、牛不像牛羊不像羊的"怪物"走下坡来。她看了一会儿，那"怪物"走开来，她又干起活。在阳坡下麦田边，村民米全民正在用制钵器制作玉米营养钵，这"怪物"听到响声，就向他身后窜来。他没注意，突然腰上两个硬东西直刺过来，把他撞倒在地，还在身上乱戳，吓得他一动不动。那"怪物"在他身边转了一圈，大摇大摆穿过麦地到公路上去了。恰好路上有辆三轮车开过，"怪物"受惊，向乡政府所在地江湾村逃窜。

群众一声吼说"怪物进村了"，受惊的"怪物"就在村里横冲直撞，扑到后川组卞成群、卞德才的院子，与村民刘羊兵、周仓民相遇，两人吓得跑到屋后阳沟。"怪物"将刘羊兵扑倒，用犄角从他裆下将他高高挑起，重重摔到地上，"怪物"又一次将他挑向三四米高空，他落地后，只哼了一声，就晕过去了。瞬间，他两股间鲜血直流。"怪物"呼哧一声也卧倒了。周仓民蹑手蹑脚走到刘羊兵跟前，抓住他双脚慢慢往出拖，"怪物"瞪着双眼目送他们。

乡上一边让县医院急救中心救人，一边把这事儿报告给县林特局。林特局领导迅速赶到现场，经与识别图对照，确认是羚牛，国家一级保护动物。这时，天下起雨来，羚牛忽地爬起来，窜到湾子组刘豆娃家院子，刘豆娃家两米高的院墙，它一跳就跃过去了，冲进刘正行家的猪圈，将近二百斤重的猪按倒，用犄角在猪前胸划了两个口子，猪大叫一声死了。随后，跳出猪圈，越过小河，穿过麦田，扑入丹江，爬到丹江北的山上，钻进树林子去了。5月26日8时左右，又一头羚牛在东坪村出现。在东坪村页沟组一家场院里，一个七八岁的女孩在门前玩耍，突然这个怪物向她走来，吓得小孩大声哭喊，不远处的村民跑出来保护。村支书汪安良和村民汪恩娃拿棍抵挡，没想到这羚牛用犄角在他们屁股、大腿上乱戳，两人拄着棍棒一瘸一跛朝后退。羚牛在场子转了一圈，一跃跳下四五米深的塄下，向另一家院子跑去。支书大声喊："村里进个怪物，不能打，赶快往山上赶。"不大工夫，就来了几十人，大家在后面撵，羚牛在前边跑。羚牛向前一跃冲过小渠，向一片森林跑去。大家又追上去，羚牛向山梁冲去，只见它前蹄子向岩石上一搭，后蹄子"唰"地扑上去，一下子把人群甩出三四十米远。等人们赶来，它早消失在树林里了。人们返回时，却在山背面的东沟组发现羚牛在庄院不远处水潭里喝水，喝饱水又钻到路下的小涵洞里歇息。

人们用一条钢绳挽成圈套，从洞口吊下，拿竹竿顶着圈套口，套在它的犄角上，将钢绳的另一端绑在洞口的木杠子上，用钢绳牵住羚牛的头。羚牛疯狂地摇头摆尾，猛扑，在石洞上撞头，越撞套得越紧。这时，支书派人给乡上和县里报告。这只羚牛足足有二百公斤重。

羚牛又叫扭角羚，属牛科哺乳动物，体长两米左右，公母都有短角，成年羚牛的角粗短，向上向后向内弯转，大多栖居在三四千米海拔的高山上，是我国珍稀保护动物之一，主要分布在四川、甘肃、陕西、云南等地。

据省动物保护站的人介绍，丹江边本无羚牛，历史上也从来没有发现过。专家认为，春季是羚牛的发情期，羚牛之间相互争夺"男朋友""女朋友"，或因生存环境变化，牛群失散，就会三五成群地跑出山林寻找新的栖居地。

丹江南边的流岭山脉，海拔在一千米以上，过去多是荒山秃岭。20世纪70年代中期，国家搞飞播造林。现在油松成林有二十七万多亩。森林茂密，金钱豹、白鹤、黑熊、林麝、长短耳鹃等珍稀动物重新出现。羚牛大概是长途跑来的，从牛背梁到流岭山区有二百多公里的山脊路。羚牛大概为了爱情，不惜千里迢迢奔跑。

经过林业部门长期的宣传教育，群众也知道珍禽异兽是人类的朋友，要去保护。虽然先后有十一人被羚牛抵伤，但人们依然与动物和谐相处。

在江湾村，羚牛伤人后，村主任刘福民在高音喇叭上反复高喊："村里来了头国家保护动物，大家千万不要伤害，把它往山上赶。"村民用石头敲烂洋瓷盆子震响，驱赶羚牛上山。羚牛伤人，大家也气愤，知道它是国家保护的动物，人们上山下河把它赶进山林，才肯回家照顾受伤的人，收拾被糟蹋的场院和庄稼。

在东坪村，受伤的支书挂着拐棍喊东村、叫西村，叫大家不要伤害羚牛，想办法驱赶它上山。他还将套住的羚牛，让人保护起来，割草喂养羚牛，晚上派七个小伙子看护羚牛过夜。

后来，还发现第一次进村的那头羚牛，在丹江河北岸的梅家山一带活动，群众像对亲戚一样珍爱着它。

2019年3月2日，阴天，小雨。一早我们又赶到月日滩的江湾村，找到刘邦老师。一见面他笑着说："是老熟人来了么，快屋里坐。"我们说想了解羚牛的事儿。老人说，那是二十年前的事儿了，他看见过，没敢接近，没伤他。那些受伤的人，都不在家，不是到外地看孙子，就是出去打工了，要是正月十五前来，都在家里。他给我们倒好开水，又说，后来再没见羚牛来过。

二十一

2017年9月，那次我从月日滩回到县城，见到刘丹影，他告诉我，有两个日本女人分别在龙驹寨和竹林关生活过。

在龙驹寨生活过的日本女人叫山本代小子，1984年病故，坟茔就在城北凤冠山下。他曾两次上山寻找，无果。听村民说附近有一个外国女人坟被泥石流冲毁，不敢肯定就是山本代小子的坟。2014年2月初，县城东街的老杨带他找到了老人的坟墓，看来洪水冲的不是她的。

二十多年前，屈超耘先生采访过张维贤，也就是山本代小子的丈夫。屈先生是丹影的生父，于是让他给张的后人转交当年采访时的照片。

1931年，山本代小子出生在日本大阪附近的长安农场。她有一个哥哥，一个弟弟，父亲是专业军人，1936年从日本调到沈阳。那年，刚刚五岁的代小子也跟父母一块来到中国。十四岁时，日本战败投降，他父亲是侵华的骨干分子，不久神秘"失踪"。母亲深受日本武士道精神影响，要带着她姐弟俩一起投辽河自杀。她说啥也不想死，最后母亲抱着弟弟投河了，留下她一人孤苦伶仃。在附近做裁缝生意的王金荣收留她做了义女，教她学裁缝。之后认识了丹凤籍青年军人张维贤。

张维贤为抗日投笔从戎，先是在空军当伞兵，准备开赴缅甸战场，后来日本投降了，整个部队就到东北做接收工作。一天，他出差路过裁缝铺，见到代小子。她人虽小，却出落得亭亭玉立，两人便开始接触。代小子向他讲述了自己的遭遇，他很同情，把代小子当妹妹看待，慢慢地他俩相爱了。代小子给王裁缝做义女后，改名王淑贞。一天，维贤问淑贞，愿不愿嫁给他。淑贞连想都没想，马上坚决地回答道："愿意，愿意，你走哪儿我跟哪儿。"就这样，不久，张维贤给王裁缝付了一笔钱，便把淑贞领走了。

他们婚后生活也幸福，但没料到抗日战争胜利后国民党又发动了内战，王淑贞她丈夫是国民党军人，她便一直在胆战心惊中度日。直到1949年以后，她心里才踏实，按照政策，张维贤被遣返回老家，淑贞二话没说随丈夫回到商洛山中。

回到老家龙驹寨，她凭自己的手艺，在家开了裁缝铺，有活了做活儿，没活了帮丈夫做生意。她待人和气，也受乡邻们待见。后来，被介绍到县商业局的服装厂工作，她技术过硬，干活认真，年年被评为先进，随后还做了服装厂厂长。

1978年12月20日，日本《朝日新闻》发表了由厚生省提供，日本孤儿联合会发布的"寻人启事"，里面有山本代小子的名字和照片。这一消息被在新疆乌鲁木齐的日本女人井美代子看到。她跟代小子是小时候的伙伴，她将报纸寄给代小子，一下子激起了她浓烈的思乡情。父亲"失踪"，母亲弟弟早亡，还有哥哥让她苦苦思念。看到报纸后，她叫美代子与东京联系，得知老家还有族人。美代子夫妇联系好去日本探亲的时间，美代子的丈夫蒋京中先生专门从新疆来丹凤通知她，代小子激动得手都发颤，喃喃呼喊"日本——日本——"，由于过度兴奋，引发急性脑出血住了医院。

住院期间，丹凤县政府十分关心，要求县医院全力抢救，还请求商洛地区医院专家会诊。医院竭尽全力，还是没有留住她，她五十一岁上离开了人世。老人抱养的一儿一女现在也都五六十岁了，儿子从石油公司退休，女儿情况不大清楚。

另一个在这里生活过的日本女人叫水崎秀子,在竹林关雷家洞村白李湾组,中国名字叫王玉兰。老人1929年出生在日本福冈市今津滨崎,父亲水崎寺郎,母亲水崎时,做着小生意。十一岁上,母亲因病去世,父亲娶了继母,继母心狠手辣,经常打骂她。十三岁那年,她一气之下,只身一人跑到长春找姑父,她姑父宫本三郎一家在当地做生意。

日本战败后,她姑父姑妈作为侨民被遣返回日本,十六岁的她却要求留在中国。后来,经人介绍,她与国民党一位营长宗开国结婚。她自己觉得"嫁了个一等人"。丈夫给她请了个老汉做饭,周末还带她看戏、逛街。幸福的日子只过了半年。丈夫去打仗了,再无音信。她只好住在另外一位国民党军人李会新家里。1948年长春解放后,李会新怕落下"两个老婆"的名声,经人介绍,她又嫁给一个当兵的,就是陕西商南县的雷国顺。1949年,雷国顺把一位烫了头发,戴着金镯子、金项链,穿着高跟鞋的日本女人领到老家。开始留在县城,王玉兰知道他已有妻室。她给雷家留下带来的一块怀表和一床丝被,跟雷国顺生活一年多,到乡政府办了离婚手续。后来村里的妇女主任把她介绍给大她一岁的村民宋治福,两个人相依为命。婚后几年抱养了个两岁的女儿,取名叫宋秀梅。王玉兰浪漫成习惯,吃的穿的用的都要好的,宋治福再勤快也挣不了几个钱,日子一长,就经常吵架。但不管咋样,每年过年她都要给女儿买新衣服。在他俩婚后两年左右,有个男人从东北来找她,应该就是那位军官。他带了一千大洋,路上花光了。讨饭才到陕西,打听到他们家。邻居怕那人把王玉兰领走了,说了假话,骗走那男人。过了几天王玉兰才知道,王玉兰哭了好一阵。县里在生活上也照顾她,她四毛八分钱在粮站领的香油,在集市上卖两块五,用挣的钱买水果糖、雪花膏。养女宋秀梅上小学穿的衣服是班上最好的。在学校有同学骂她,说她妈是日本人,她气愤不过,回家问母亲,母亲也没好气地说:"你就说我妈日本人你能咋?"同学们好奇"日本人啥样",都找借口去宋秀梅家玩玩,主要是想看看她母亲。孩子们看后,说:"跟咱中国人没两样么。"有学生路过她家,喊着"打倒日本鬼子!"王玉兰也无所谓的。她在村里人缘好，也识字，在供销社做了销售员，管记账。村里谁家过红白喜事，她会几天几夜地去帮忙。她和丈夫过了七年，宋治福就病逝了。老人三十五岁守寡，直到四十七岁上，养女长大成人后，她又改嫁给了丹凤县竹林关白李湾村的李明堂。李明堂有一个十三岁儿子和十八岁的女儿，他前妻去世十多年了。李明堂人善良，会木匠，对王玉兰百依百顺。现在的王玉兰吃陕西的辣子，说商洛话，性格泼辣，邻居喜欢。村里谁家过事，李明堂做一手好菜，她拌的凉菜，人人爱吃。弟媳妇刘新梅生病住院，她天天去给几个孩子做饭，洗衣服。大年三十的年夜饭，刘新梅出院后，一家人都在嫂子家吃的。李明堂女儿出嫁时，她给做了八双布鞋，新郎家里人人有份。

政府也关心她，一直把她当侨民，节日还给她送钱和慰问品。她有责任田、自留地、山林，享受着中国人的待遇。1992年还当选竹林关乡人大代表，1995年上了陕西电视台春节文艺晚会。

日子顺顺当当过着，2002年，老人想回日本探亲，递了申请。没想到日本方面说水崎秀子早已回国定居了，她被人冒名顶替了。那位假水崎秀子1995年带着儿孙六口落户日本。2005年，日本厚生劳动省派人到她家采了她的DNA（脱氧核糖核酸），证实了她的身份。2006年4月，她跟老伴李明堂回到日本，见到阔别六十多年的表姐。七十七岁的她不会说日本话了，跟表姐说话都得靠翻译。生她养她的津滨崎，已是物是人非了，她觉着一切都不自然，不方便，待了一周就匆匆赶回来了。表姐挽留，她心里却挂念着她的竹林关，她那碧绿的丹江。分手时也没留任何联系方式。

2015年，李明堂过世。之前，老两口把老房让给儿子，儿子又为他们盖了两间砖瓦房。把老房改建成二层楼房，两家是前后院。老伴走后，儿媳让老人住到一块，老人喜欢一个人住小瓦房。这样，儿媳天天给老人端饭吃。小土屋里只有几个空箱子、几床被子，再没啥家具了。箱子上、灶台上的灰尘用手都能抓住。儿媳给老人买了电褥子。老人年纪大，不会调开关，怕出意外也没用。

那个当年在老人门口喊"打倒日本鬼子"的小学生刘玉琴，也五十五岁了，她是老人的邻居，经常来逗老人乐。她佩服老人年轻时骑自行车跟耍杂技一样,到八十八岁了还能写字,颤抖的手在记者的采访本上写下:王玉兰,水崎秀子。写"王"字时,老人还幽默地说:"就是王八的王么。"说得一圈人都笑了。刘玉琴见老人吃饭手抖得夹不住,就主动喂老人。

前年,有媒体报道,称在中国生活了七十年的日本老太没有户口。村支书说,老人去日本那年居住证啥的都被日本方面收走了。老人是日本国籍,又退不回去,在这里也办不成中国户口。其实老人的农合医疗啥的,县里破例给办着。地方领导和社会组织劝老人到敬老院养老,儿媳坚决反对,说他们愿意养活老人。老人进了敬老院,他们的脸往哪儿搁,农村人最讲究面子了。

二十二

丹江最大的滩是湘子滩。

要到湘子滩,车从月日滩行不通,得从312国道走,从桃花铺的李山沟下去。

2017年9月16日,天下着小雨,山也朦胧在云雾中。《山海经》里说山上有各种各样的怪兽,每座山都有不同的山神在守护。这天一早乘车走在312国道,真盼望着从山中云雾里冲出一头怪兽或是一位山神,让我也感受感受古人的真实生活。

过了丹凤县城,穿过资峪岭隧道,下到半山腰,沿右手的水泥路下去,就是李山村。河叫李山河,东南流向。路就在河边,沿河下行。老一点的民居大多靠山根,河边是平地,新盖的红砖白墙楼房靠近水泥路。山绿水清,打着小花伞的村姑在田间小路闲走,很优雅。看到这情景,心情格外愉悦。朝前转了一个大弯,两边山靠近了,路是土泥路。一辆白色小面陷在泥潭里,有几个男女用身子扛着。我们把车停到边上,前去帮忙。一位中年妇女很无奈地说:"娃刚学会,没开过山路,到泥坑里咋也开不出来,都好几个钟头了。"老年男子拿着镢头在挖泥。司机小陈上去,一脚油门,一把方向就开出来了。那些人很感动,一个劲儿说感谢的话。我们看着他们走后,才顺河走着。上了一个坡,河水拐到西边形成一个大大的弯。上到岭上,靠西有一座庙,脚下就是沪陕高速公路。丹江河在这里流出一个大大的 S 形了。河上就是高速路的桥，路也自然成 S 形的了。正好刚才帮忙掀车的那位老人扛着镢头走过来。他告诉我们，高速路下面就是湘子滩，他家就在滩边。站在岭上，路上的汽车呼啸声、丹江水的涛声震耳欲聋。老人叫张便利，六十多岁。他们这里原来属于花瓶子乡，现在划归到铁峪铺，成了李山村。丹江河对面是柳林子村，是竹林关的地盘。过去行船的事儿他记得，也见过不少船。在这里捞东西，过去人还真不少。船最多时都在50年代，那时他还小，只记得扯纤的人抓住岩石，扛着背篓，攀一样的竹绳朝前拽着。和老人说了一会儿话，他还叫我们去家里吃饭去。

我瞅着脚下的湘子滩发了好一会儿呆。这里收藏了丹江上游多少灵魂呀，他们这些小精灵足以让湘子滩变成湘子城的。十六年前，我那十岁的儿子也是溺水而去的，我仿佛看见他在湘子滩上蹦蹦跳跳，依然是他那身黑红相间的运动校服。小贾喊道："哥，在构思文章哩吧？"我茫然地给他点点头，刹住思绪。老喻说："这个湘子滩应该叫它灵魂滩，不知有多少被水冲走的人，在这里才找到的。还有那些船难，船毁人亡的。"我们说着话，一块到边上的庙里去。庙下面靠南是一个土场。场边是木耳架，有一堆木头横放着，还有戏楼也是刚修成的。上到涧塄上有一棵槲树，一搂粗，树叶茂密，树枝上挂了不少红布条，树像开满了红花。这是人们祈求或还愿时挂的。涧塄下靠西就是李山河水入丹江处。庙叫湘子庙，院子不大，坐北朝南是大殿，说是大殿，也就小两间房，里面有几尊塑像，有香表。靠东是一排小房子，有三间，北边那间有米面油，锅碗瓢盆，还有劈好的柴，过往来人饿了，可以自己做饭吃。

从庙里立的碑得知，这座庙最早建于清道光十二年（1832）。相传，一天，船工把船划到湘子滩，突然乌云密布，天色灰暗，狂风四起，水深浪急。船主感到大难临头。在这危急时刻，不知从哪里来了一位手提花篮、身穿道袍的人，手扶船杆，稳住船身。不一会儿，将船只安全渡过了湘子滩，人货无恙。可船主咋也没看清那人的模样，也没来得及道谢，却见一股青烟飞起，飘落到湘子岭上。船主回到家做了一个梦，那股青烟就是救他们的湘子爷，说他们是送盐送货的，为人做善事，才会保佑他们。船主为感谢神仙，专门从汉口拉回石条、石鼓等材料建庙。

"文革"期间，湘子庙遭到破坏。2000年左右，梁忠义老人修路，计划重修湘子庙。2004年，由陈财治、管存华、何志荣等人捐钱捐物，重修了湘子庙。

整理这些文字正好是清明节，我在心里为那些逝去的亲人默默祈祷。平凹先生说好回来祭坟，9点从西安出发，可直等到11点多，还在西安绕城高速上堵着，出城的车很多。

手机里二舅发了一条微信：今日清明节，降央卓玛一首《天堂》，为故亲送上一份思念。我想，此时此刻二舅一定也在思念故人，一定也是泪流满面吧。一定在思念他的父母，还有疼他爱他的大姐——我的母亲吧！

二十三

武关河，丹江出商洛最后一条支流，属长江三级支流，全长116.7公里。从蟒岭南庾家河土地沟向南流去，因流经武关得名。武关是"秦之四塞"之一，"扼秦、楚之交，据山川之险，道南阳而东方动，入蓝田而关右危。武关巨防，一举足而轻重分焉"（清·顾祖禹《读史方舆纪要》卷五十四）。武关是历代兵家必争之地。清以前武关河曾经行船，后因河道淤塞而止。

2017年10月28日，响晴的秋日，武关河上的蓝天很深远，河水清浅，和天空一样淡蓝。河里偶尔有小鱼出没，这个季节两边山上的颜色也是最为丰富的，最俏的该是红叶了，其实那是叫黄蜡木的树叶。这种树树芯蜡黄，木质硬，是最好的木钉。小时候用黄蜡木做成陀螺，打起来很好看。我们溯流而上，就像走在一幅巨大的油画里。来到公路边的武关镇惠家坪报皮沟口。路边山崖上有个观音洞，洞前有一座庙。庙不大，有两间小房，夹在大石洞内，洞下侧边是住庙人的生活区。屋里有水缸、床、被褥，从锅台上厚厚的尘土看，已经好久没住人了。庙门口有厚厚一层红色鞭炮皮，红艳艳一片。庙里供奉着观音像，慈眉善目。庙外的石缝石皮上爬满了野生的喇叭花，粉成一片。

在观音洞下面靠北临河住着几户人家。一家院子里晒着木耳，涧塄边花坛里的朝天椒一串一串，有红的，有黄的，能吃。有两家门上锁，一家男主人一瘸一跛从屋里出来让座。他叫杨智祥，四十来岁，在江苏打工时右脚被石头砸伤，回来养伤。他告诉我们，观音庙大概是20世纪80年代修建的，是群众自发集资的。建成后，河南来了一位老人在这里住下，一住就是十来年。后来不知为啥走了。现在初一、十五来庙里上香的人不少。听人说这里的神也还很灵验。他长年在外打工，儿女都成家了。儿子贷款买了挖掘机在外揽活，家里也盖了两层楼房，日子还行。他这地方原来叫剥皮沟，有大剥皮沟和小剥皮沟。说是过去山顶有个庙，老和尚和小和尚不知干了啥缺德事，叫人把皮给剥了，后人嫌名字不好听，就把剥皮沟改成了报皮沟。

过了一会儿，来了一位老人，也祥和地跟我们拉话，说到他们几个老人从山上挖了一个樾树疙瘩，用了十几天时间，费了很大的劲才掀到公路边，却被人用吊车偷着拉走了。老人说着气得胸口一起一伏的。他也知道偷的人名字，东西也发现了，他要去派出所报案。杨智祥却劝老人："不就是个烂树根么，费那神值得吗？"老人更生气了，说："他要真的上门要，我送给他，他偷去不行，那是另一码事了。"

武关河这一段叫黑龙湾，也是娃娃鱼的适生地。省市水利部门在这里建立了国家水生物实验基地，也投放了大量的鱼苗。娃娃鱼又叫大鲵。小时候听奶奶说娃娃鱼是水里淹死的小孩变的，叫唤声跟小孩哭叫一模一样。突然想到溺水的儿子，说不定现在在哪儿就是一尾娃娃鱼了。听说黑龙湾有个黑龙潭，那里有不少娃娃鱼哩，我们一定要看个究竟。

在武关河拐大弯的栗子坪村山垭路边上，有一座小土地庙。有一位老人靠在庙边晒太阳。老人叫马魁增，八十四岁，脸干瘦，精神好。问娃娃鱼，老人说，过去河里多得很。年轻时见河南人从这前面鱼嘴头下的河湾捞了一桶。平时村里人也有捉到的，大家都知道娃娃鱼是神鱼，逮住又放到河里去了。

在栗子坪河口组，见到回乡创业的三十九岁的唐乾广。他和妻子正在他家香菇大棚里摘香菇。现在正是反季香菇收获期，两口子忙不过来，就请了村里的妇女来帮忙。一天给六十多块。一年两万袋，收入还行，盖了楼房，也买了昌河车。

沿武关河黑龙湾步行，路是土路，路边有一簇一簇的野菊花，有几处竹子旺绿着。因为要埋水管子，路被挖得坑坑洼洼。一辆小货车拉了一车香菇都斜到一边，几个老人帮忙卸车，大家一哇声地骂施工的。青蓝的河水哗哗流着，实指望看到娃娃鱼，却连鱼毛也没见到。走了七八公里路，也没见到黑龙潭。走到没路处一家院子，水池边一位姑娘正在洗葱，姑娘打扮也洋气。问她，说从天津才回来。屋里椅子上坐着一位中年妇女，她招呼我们进屋坐，只是说话一点也听不清。姑娘是她女儿，叫舒亚林，在天津打工。母亲脑梗后，她回家照看。她母亲属兔，和我们同龄，五十四了。想想，说不定我们也哪一天成这样子，心里生出一股悲凉。女孩很灵醒，问她黑龙湾情况，她笑笑，用普通话说，从峦庄以下、武关以上这段河都叫黑龙湾，听说过去这里发洪水，是黑龙降落治服了，救了老百姓。说着她指了指对面山上说那就有黑龙庙。

这里河面平缓，河道里石头多，大的有二层楼房高，小的有拳头大小。有不少水潭，水质好，无污染。十几公里住的人也少，环境安静，正是娃娃鱼栖息的好地方。政府在河里放了几万尾娃娃鱼苗。群众也知道要保护娃娃鱼。说不定哪个石头就是娃娃鱼的活化石哩。

返回路上遇到舒银富，他就是刚才见到的那位姑娘的叔父。和他拉话，他家也弄了上万袋香菇，闲了没事就在附近打工，这不，打小工才结束，在山林里发现很多野生白蘑菇，就顺手摘了一塑料袋。大白蘑菇嫩嫩的，鲜鲜的，个头比手掌还大，有淡淡的清香。我们一见野生的很稀罕。他淡淡一笑，说："要了就带上，我这儿经常吃哩，不稀奇。"我们不好意思，他却连袋子一块塞到我手里，我说给钱，他拧身就走了，撂下一句话："要钱就不给你了。"

下午3点多，我们才赶回到武关街，在一家农家乐，让老板给做了清炒野蘑菇，吃得我们几个心里那个香呀，没法说。

二十四

清油河是从蟒岭流出的丹江支流，从北向南流过上百里，在徐家店处流入丹江，流域面积三百七十平方公里。两岔到龙头漫这一段，有六十里，是平川地段，两岸耕地有上万亩，也是商南县重要的产粮区。

2017年11月11日，大学同学老盛陪我们走这条河。他就是清油河人，对这里太熟悉了。

清油河水清澈，河里满是石头，石头上布满了各种花纹，黑、灰、白交织，像画家画上去的，石面上很干净。我们孩子似的跳下车，爬上石，听着哗啦啦的流水声，仿佛一下子找回了童年在苗沟河上的感觉。

清油河的名字，很美，也有诗意。老盛说，相传北宋开国皇帝赵匡胤路过商南后湾，遇到郑治明，小伙子武艺高强，以榨油为生。两人一见如故，结为好友。他护送赵匡胤在一山崖歇息时，把油篓子挂在树上，没注意把油篓子挂歪了，一股清油从油篓子里流出来，在脚下却流成一条河。后来人们把他们歇息的地方叫倒挂油，把这条河就叫清油河。

来到清油河边的碾子沟村倒挂油崖畔，见到六十二岁的黄道明老人，他正端着大洋瓷碗吃饭，他笑笑地让我们吃。他家涧下有一棵大叶柳树，一个人也搂不严，家里是三间土房。台阶上晾着香菇和红薯片子。他这一块小地名叫夹联沟，有二十来户人家，离镇上有二十来里。儿子在西安打工，也在公路边的试马镇买了楼房。他家也是贫困户，是村支书包扶的。

又沿清油河继续上，来到七盘磨村。这里河道平缓，沿河边住有二三十户人家，河边有一棵柳树，叶宽长，树身四个人都搂不严。八十七岁的赵根文母亲说，她记事儿起这树就这样子。家家户户几乎门上锁，大都搬到镇上住了。老赵说娃放假了，抽空回来收拾庄稼地。坡上的地都栽树了，有野猪、白麂子，还见过像牛一样的羚牛。这棵树县上都给上过户口了。他说："在山里住惯了，几天不回来，心里慌慌哩么。"

车子又走了一段,路被洪水冲得只能步行。路上见一男子,说清油河源头多了,这是主河。2007年一场大水把老路冲了。老路能过大卡车。小河里水旺旺的,石头多,树也不少,碗口粗的松树直直长在河中央。走了上十里路,拐了几个大弯,见有人在河里搬石头,还有挖掘机在作业,是林场工人在修路。又走了一会儿,河道变窄,水也小了。穿过一片水杉林,看到一排排陈旧的砖木结构的老房子,红砖颜色也淡了。一位穿着蓝色工作服的中年男子从屋里出来问话。他叫贾龙,1991年到林场工作,林场有五六十人,这儿常住的七八个人。他一边说着,一边引我们朝靠山跟一排房子走去。一间房子很小,四五个人就转不开身了,屋中间生着火炉子。不大一会儿,从里屋出来一个高个子男人,瘦瘦的,长脸,亲热地招呼我们。他就是这里的副场长邬学斌。我们叫他场长,他急急地说:"不是的,不是的,是副的。"对林场,他太熟悉了,那面山上几棵大树,几块大岩石,都一清二楚。林场海拔一千一百七十米,是清油河源头,小地名叫甘沟垴。双山林场就是原来的腰庄国有林场。20世纪70年代建场,鼎盛时有工人一百多人,加上临时工上了两百。砍伐原木、木材加工等业务很多,一年收入也在上百万。后来不准伐木了,加工厂倒闭了,加工厂的房子也成一片废墟了。1996年国家搞天保工程,就再不让砍树了。现在看到的大片林子都是70年代的人工林。邬场长四十七岁,1996年从部队复员后到林场工作。有一段时间场子很艰难,工资发不出来,也没电,生活很苦。有时一个人在炕上会傻傻坐一夜。自己做饭,做一顿吃一天。现在一切都好了,也习惯了,在这里一住二十多天,忙忙碌碌,很充实。

林场现在的工作主要是防火、防人砍树、抚育林木。整个林场分四个工区,有十二三万亩,主要有华山松、油松、栎类、桦类树木。这里的树树干通直、木质细,能出好材料。看到他们的艰苦,我问咋不搞多种经营呢。"开荒种药不允许,种木耳、香菇也不准,保护生态是天职。"邬场长笑着说,"我们是王了,巡山的山大王么。"抚育林木,主要是割草、除掉杂乱的灌木,疏朗林子。他用手指着山说:"你看,一眼就能望到山顶吧。"每个职工都有自己的责任区。早上六七点出门,带上干粮,到下午三四点才能回来。一天至少也要走三四十里路。有两个固定点，每个月都要采集两次视频信息，将资料送到厂部检查，防止有人偷懒。那一年洪水冲毁了路，就一直没修，职工骑摩托出入，山路崎岖，不少人都摔伤过。最近争取了点资金，钱不多，也没敢外包，就自己干起来了。

在修路现场，我们见到了宋进志，他五十三岁，1982年进林场。开始主要是伐木，一年的指标有上千方。工资按计件发，一月也就是三十多块。当时用的有爬爬锯、大肚子锯、弯把子锯。他伐过最粗的树直径在五十多厘米。树伐倒了，用一个铁环环子，前头尖、后头宽，钉到树上，用绳子拖拉。伐了十多年，禁伐后就忙管护林木了。一年造林少也有一千五百多亩。他说："从个砍树的成个管树的，开始咋样都不习惯。"

邬场长说，下一步修好路，管好树，把网络拉上来，改善职工的生活，电视、图书也弄上，也要让大家脑子有啥吃么。冬天防火、春季造林、夏季抚育，一年四季都闲不下。

返回时，我们在河里看到不少鱼，有一种花瓣鱼很漂亮。邬场长说他们过去还见过娃娃鱼的。他陪我们走了四五里地，说话中眼睛亮光光。他感慨地说："我一直要在这里干到退休，不给场里留点啥对不起这美的景色么。"

二十五

后湾村的整个村子建得跟公园一样。李家祠堂建成了四合院。这里已经成为寻根文化的教育基地，不少民风民俗的东西，有图片，有文字还有实物。听说自家人来了，支书李富林放下手里的活，胜根也从县城赶回来。说到村子的发展，富林也不无自豪地说："咱后湾也成了旅游景点了，来的人吃农家乐，赏花海，划游船，体验采摘，感受民俗，享受慢生活。春天，到了周末，自驾游的人成千上万，光招呼停车就得一二十人哩。"

从《李氏长门宗谱·序》得知："自陇西分派以来，居商州棣花里以同其所，后更有居商南清油河者。"清油河畔的后湾村和棣花苗沟的李姓是本家人，有家谱为证。小时候听老人说过，最早的宗谱被后湾本家"偷"走了，"文革"被烧毁。大前年清明节我和几个弟兄来过，支书李富林带着十几位老人去山西大槐树下寻根去了。李家祠堂已经开始修建。去年，企业家李胜根陪着支书李富林、学者胡中华等人来找我。看了我收藏的家谱。他们上甘肃陇西，跑山西大槐树下，走洛南古城，进苗沟瓦房，四处找寻这一股李姓的根脉。现在祠堂已建好，《李氏族谱》初稿已完成。

本家人陪我们在村里走走，很亲切。富林告诉我们，文化广场投资了两百多万。整个村子建设下来近亿元。农家乐一次能接待三百多人，采摘园有柿子、核桃、樱桃、杏。后湾文化村顺应自然、保护自然、利用自然，挖掘历史文化，提升人文环境，改造基础设施，突出"慢生活"情调。休闲娱乐有水上乐园、天然浴场、料姜石保健中心；观赏有油菜花海、牡丹基地、秋菊景观、丹桂飘香、风情杨林；农事体验有杂果采摘、垂钓、下水捕捞；人文方面有民俗博物馆、李氏祠堂，还有田园茶艺、林间雅舍、高端民宿。开发了"七碟八碗"农家菜，白茶、苞谷酒、菜籽油、土蜂蜜等特产。游客来可以享受一系列旅游套餐。

走上村前的小塬，这里是当年商於古道的青云驿，现在建成了青云客栈。四周就是各种采摘园。村上成立了旅游服务公司，这些都交给公司经营，还要搞个影视基地。从塬上下到河边有人行道，还有自行车道。河里有个天然浴场，边上是一大片钻天杨林。富林说，土地流转到公司，政府投资也交给公司，土地给村民付租金，公司利润收益，除集体提留做发展外，剩余的给村民分红。塬西边改过河的地方搞成湿地。水里的睡莲依然旺绿着。

河边还有三十多亩的湖塘，承包人詹锋和一儿一女正在板式房里。詹锋是清油河街上人，他热情地招呼我们，还让我们去划船，我们摆摆手，只想跟他拉拉话。他这里光十几艘小船，一年下来也收入十几万，夏季游客多得都得排队。他养的有鲫鱼、草鱼、鲈飞鱼。他只给鱼喂草，不用鱼饲料。还大胆试养阳澄湖大闸蟹。这里水质好，鱼蟹肥美。年产鱼四万多斤，收入四十多万元。

1998年以前，这里是鱼米之乡。稻田有上千亩，因其生长期较长，并施用农家肥，产出的大米做饭很香。连商南县城的姑娘都争着嫁到后湾来。谁家亲戚来了，就给几斤稻谷让回去碾着吃。

在七碟八碗农家乐吃饭时，也叫了胡老师，还有县人大办的雷主任。他们为续修宗谱，跑前跑后，没少受苦。说到宗谱，胡老师挖掘得比较深。他说，明末有李氏兄弟三人，三思、三伟、三让，勇猛过人，光穿的草鞋也在三尺长，人称李蛮人。三兄弟从丹凤棣花沿丹江下来，在后湾落脚。相传，有一天，三思和三伟在地里干活，见李自成的起义军从清油河上来，匆忙中，三思拔起河边一棵柳树跟义军打起来。闯王见状，罢兵讲和，与李氏兄弟结拜为兄弟，收为部将，还请李氏兄弟到闯王寨当教头，操练义军。闯王坐江山后，封官给李氏兄弟，二兄弟没接受，回清油河后湾种田。他们修编的族谱从皋陶说起，看来真是下了功夫了。

说到未来的发展。富林给我们算了一笔账：湖塘一年包出去收入五万元，天然浴场一年五千元，青云驿整体打包一年收入十五万元，加上电瓶车、停车场一年下来也挣个四五十万元，还能安排三四十个人就业。一年下来少说也在上百万元。

二十六

耀岭河流经商南县的水沟乡，河长近八十里，流入丹江。水沟乡原来有六七千人，现在合并到过凤楼镇。2017年11月25日，初冬的响晴天，老同学田述发带我们去水沟，这里就是他的老家。

从县城到过凤楼，从过凤楼翻新开岭东头就到耀岭河边了。述发有点兴奋地指着车窗外介绍，看这里竹子一片一片，看那山势，很多小山头像神仙在撒网。再看河水那个清呀，还有野鱼。河的上面叫河垴，下边叫河口。前头那山叫狮子岩。河水大的时候，中间分两绺，中间一个地方像个月亮，那叫水中月亮。月亮边上还有个大树，就是桫椤树，四五个人都抱不严，很古老，可惜已经死了。水中月亮、月边桫椤曾经是一大景观。再看看，前面那山叫蜡烛山，真像蜡烛。这个山叫帽儿山，像人戴着帽子；那个叫玉兔山，还有兔耳朵。耀岭河两边过去有许多红柳树，水沟原本还叫红柳沟。

述发上中学时还放过排，就是把树木或竹子扎起来在水上当船漂。一说到丹江放排，我们几个都来兴趣了，问这问那的，他便拿腔拿调起来。说他暑假里把砍好的或买好的树，用架子车拉到丹江边，用绳子扎成排，放到荆紫关。一个檩条在这里掏两块钱，到那里能卖十五块，十几个能挣百十元。上大学那一年暑假就放过一次。开学了，晒得黑黑的，同学们都不认识他了呢。有时还放竹排，我脑子立马闪出电影《闪闪的红星》的画面来。放排至少得三个人，水路上有急流险滩，还有暗洞，排头一旦扎下去就完了，得高度警惕。一到荆紫关，丹江水面宽了，水流舒缓，放排人便往腰上拴一个锅盆，得意扬扬地敲着，唱起个"浪里咯噔"了。从这儿放到淅川县城，少说也得三天。吃饭时间到有村子处了，靠到岸边，给人家说几句好话，掏两块钱，人家给做一顿。冬天放排到水浅处，就得脱了裤子在水里扛，冻得直打哆嗦。

前面一个山头叫旗杆山，一面坡像飘扬的旗。述发说，原来从下面走，老路那地方叫二仙传道，两个山靠得很近，真有"山重水复疑无路"的感觉。现在下面修水库，路不通了。

在水沟移民搬迁点，一排六层的新楼房立在耀岭河边。沿河的公路上行人不多，移民点的老人在楼下扎堆晒暖暖。这里的人有的是老田的本家，有的是山里的邻居，他都很熟。一见面他就急急跑上前给老人发纸烟。我们在移民点照了相，也没去他的老屋，二老不在世了，家里也没人。

我们来到述发他最小的姐家。他姐也是个大个子，说话高声，也实在。家里也是贫困户，包扶干部帮助发展了五千袋香菇。院子的荆条木笆上晒着不少刚摘下来的香菇，一股淡淡的清香扑面而来。这会儿，这里的天蓝得很，山上还有片片绿意，是常青树，也叫冬青树。说话间，他姐便忙活着给我们准备午饭去了。

我们等吃饭，也没事，就顺着耀岭河而下，去看丹江。河谷还有几棵大叶柳树，都有老碗口粗。河里大石头一块挨着一块，河水清得一眼能看清潭底。述发说，曾有神仙路过这儿，看到这里山清水秀、民风淳朴，就在此住下传道。临走时，给留下了金碗银筷子。过去人办喜事便到潭边石头上烧一炷香，金碗银筷子就从水中飘起来了。这说法不可信，可让人神往。

顺河继续朝下走，有六七里路就到耀岭河出口，也就是耀岭河与丹江交汇处。

丹江流到这里，水面变宽，足有二三百米。在两河相交的西北，有一个渡口，停着一艘红铁皮船，在江边摇晃着。渡口后面的慢坡平台上有一棵核桃树，树下是临时搭建的简易的窝棚。里面有一张床，床边放着杂物，乱乱的。后面有六七家废弃了的民房，都是石头砌的外墙，因修水库搬走了，偶尔回来到地里收拾收拾。核桃树下坐着的摆渡人跟另一个老人说话。摆渡人叫汤继增，六十六岁，水沟人。述发问还认识他不，老汤摇摇头，一听说曾经是同事，这才淡淡一笑。他当了四年民办教师，1974年到湘河区电影队放电影，后来在西安打工，现在年龄大了，打工没人要了，就回来了。

2015年，他接过摆渡这活儿，村上给一点补贴。年轻人嫌收入低，也寂寞，没人干，都跑到城里打工去了。

丹江东边住着十几户移民户，加上水沟的人要去河那边，都得靠船。村上一年给补贴五千块，坐船的一个人收两块钱，遇着摩托了一次收五块，本地人可以包年，一年只收几十块。收的钱都归他自己，一年也就是个万把块。这里离新修的丹江莲花台水库大坝不远。水库一蓄水，这渡口就淹了。水面更宽了，要是能行的话，他还想买个动力船。

他的铁壳船平时就停在岸边，船的一头有个竖孔。船停下后，他把船上的一根一头削尖的木杠子插下去，插到船底河床的沙子里，船就稳稳地停住了。船另一头有一根长铁丝，将船挂在上游几十米处一条横跨丹江的粗钢丝绳上，钢丝上有一个圆环，圆环系着控制船的细铁丝。这样就不至于让水把船冲走。摆渡时，他用竹竿撑，船横着过江。他动作很老练。我们一行登上船，几分钟就到河对岸。踏上软软的沙，很舒服，说不定这沙滩上还有我老家苗沟河冲来的沙子哩。沙滩边上是一片竹园,园子后面有几户人家。家里不见大人,只有一个十来岁的女孩。乘船返回时,给老汤掏钱,他却一扬手说:"这不是糟蹋人哩么,咋能收你的钱哩,能见上你们这些文化人都是我的福气哩么。"

下午1点才回到述发他姐家,大姐一下子给弄了十几个菜。有鲜香菇炒青菜、水煎豆腐、洋芋粉皮炒腊肉、炒白萝卜条、干萝卜丝炒粉条,香得直叫人流口水。大姐还不好意思地说:"咱山里也没啥稀罕东西招待,都是自家种的菜,让你都见笑了。"大姐还拿出六年西凤叫我们喝。后来我才知道,那酒是亲戚拜年时送的,没舍得喝。还有那热腾腾的手擀面,浇上旺旺的油辣子,那个香哟,至今都忘不了。

告别田大姐,翻过旗杆岭,沿丹江下行,到了莲花台村。莲花台水库大坝已经竣工。这个电站在湘河镇丹江上游7公里处,距县城51公里,是坝后式季调水电站,坝址以上流域6614平方公里,当年平均径流量13.47亿立方米,混凝土重力坝高72.9米,坝顶长220.5米,总库容9537万立方米,调节库容4133万立方米,总装机容量4万千瓦,年均发电量1.1亿千瓦时。

来到湘河镇枣园村,这里丹江水面开阔,还有一个渡口,有船泊在岸边,后面有屋舍。这里就是月亮湾,贾平凹的小说《小月前本》里的渡口原型就在这儿。

路过梳洗楼村,这里是全商洛海拔最低处,有二百来米。听这村名也像有神奇的故事一样。老田说,东周襄王的王妃苏娘娘,在此平定寇乱,休息时在楼上梳洗打扮。这里还有梳子的痕迹。又听传说是王母娘娘喜欢这里的丹江景色,曾在这里梳洗仙发,才有个梳洗楼的名字。有古诗也这样赞美梳洗楼:"高楼临水净尘埃,古石玲珑作镜台。秦楚云山开阔处,一帆飞去一帆来。"当时丹江两岸山上有城堡,分属陕西、河南,传说中的"两城夹一河,船走城中过",说的就是这里。

梳洗楼庙建在公路边一个小山包上。大概是明万历年间建的,三间土木结构大殿为八角转顶、四水归堂的两重大殿,后毁于火灾。2015年10月4日,当地热心人捐资修建了娘娘庙。

我们从一农户家后院墙边的小路拾级而上。到庙上，有一位女香客正在上香磕头。站在庙前放眼望去，冬日里的丹江一片静穆。水静静地流淌，有几只野鸭在水里游弋。岸边的芦苇花在风中摇曳，让人一下子想到孙犁先生写的白洋淀了。

到这里的丹江边，还有一座"护林乡规"的石碑，是清光绪十三年（1887）立的，临水阳额题"规留万古"，碑文讲述的是这里曾设税卡，一人敲诈税款惹出命案，裁撤税卡的经过；阴额题"永垂不朽"，碑文说的是，这里是秦楚豫接壤处，"以商养生，各守本业，勿可妄为"。"漆树，偷砍一棵者，罚钱一千文，一枝者，罚钱五百文；柴山树林，偷砍一林者，罚钱一千文，砍一担者，罚钱五百文……"，乡规约法八章，保护江边林木，可见祖辈爱林之诚心。在江边陡峭的山岩上，留有半手板子深纤绳磨出的痕迹。可想，当年航运的繁荣、纤夫的艰辛。

下午6时左右，太阳快要落山了，我们来到白浪镇。在三省交界处的河南界下车，穿过一条小河，来到白浪街。这里是一脚踏三省（河南、陕西、湖北）之地。在河南一边建有"三省客店"。店门左侧一面黑板上是河南作协副主席王怀让题写的"三省四方客，十雨王风时。丹江携诗去，告与大海知"；门右侧几面黑板上用白广告漆书写了贾平凹的散文《游白浪》全文。

"三省石"就在街中间，修了一个仿古亭子，石上有一碑，写着情况介绍，用玻璃罩着，边上的柳树叶子落了，柳枝在轻轻摆动着。述发当下是诗兴大发，吟道：

脚踏三省石，心生爱国情。丹江归大海，人文贯古今。

他让我把即兴之作写进文章里，留同学间一段佳话。我就原原本本抄录下来。2004年我来过这里，曾写下《游白浪》。当时一位同行友人说的趣话记忆犹新，他说："要是一个醉汉醉卧街头，头枕陕西，一脚在河南，一脚在湖北，岂不成了醉三省了。"现在看来，要真有人醉卧街头，还真是那么回事呢。

在返回的路上，家里人电话说沙河子姨夫过世了，也就是三姨夫，住在丹江边沙河子党塬村。人到中年，头上的老人一个一个慢慢都走了，那份悲痛也不再十分强烈。他们的离去，让我对生命有了更深的感悟。我连夜赶去给姨夫守灵。现在农村不论山里还是川道边，年轻人几乎都不在家，不是外出上学，就是进城打工。谁家遇到红白喜事，打工的都要撂下手里的活，赶回来帮忙。这在农村成了不成文的规矩，谁家都有老有小。村里谁家一有事，不是村干部，就是有威望的长者叫人电话通知。我到姨夫家时，总管已经安排好一切，那些赶回来的年轻人，都分头忙活着。干完手里活，他们轰在院子打三代（玩扑克牌的一种）或搓麻将。坐夜守灵，喊喊叫叫了一整夜。天亮了，冷水抹一把脸，又去忙分给自己的事儿了。下葬前一天晚上，女婿外甥要给请龟兹（乐队）。先是摆盒子，亲戚邻居男的女的，把献祭品托在盘里，扭着八字舞，龟兹队不停地吹着乐曲。完了，就是亲属点戏点歌，以示孝敬，一首歌十元。这时候点的歌就不分喜呀悲呀，啥都行，比如《秦岭里最美的地方是商洛》。最后是秦腔折子戏，一唱就到后半夜，老人们再累都要听完。下葬一早，八台十六台再定到人。起灵了，他们稳稳当当抬着棺材，一步一步走着。下来一系列活儿，也是这些人去干。埋葬完。中午招呼坐席端菜。等客人吃好了，这些帮忙的才坐二跑子（帮忙的第二茬吃饭）。这时候才喝酒划拳，也算放个乏。等吃完了，洗碗洗锅是女人的活，送板凳桌子、平场子一些粗活是男人的。遇到谁家娃结婚，外出打工的也都回来。热闹好几天，忙活好几天，村子也活泛好几天。他们一走，村里剩下老人和小孩，一下子又冷清了。

二十七

商南县城有一条河穿城而过，河叫县河。也许是因河从县城穿过才这样叫的吧。这条河发源于蟒岭主脊，就在原来曹营乡的界岭沟。界岭北就是河南省的卢氏县。县河流经张家岗、徐家店进入丹江。这条河长46公里，县城以北20公里左右是峡谷段，落差在455米；县城以南到河口处26公里，落差180米，这一段也是基本农田区。县河水库就在县城北4公里处，控制流域面积100平方公里，河道常流量0.2立方米/秒。1969年12月动工，1973年12月主体建成，有效库容468万立方米，是以灌溉为主，兼蓄洪、发电、养鱼的小型水库，设施灌溉10 460亩，有效灌溉7000亩。现在的主要功能是为县城供水。

2017年12月16日早8时左右，我们来到商南县河水库大坝上。大坝也是公路，坝一侧有两层办公楼。下车见一楼一间门开着。一问，才知道是林业检查站。站长杜献安，微胖，圆脸，说话声音大大的，对我们很热情。请我们上二楼喝茶，他笑着说："是商南的老白茶哩。"他的办公室也是宿舍，有一张床，一张桌子，一套沙发，几个木凳。桌上有一套紫砂茶具，还有几瓶酒。他井然有序地烧水、烫壶、洗茶、沏茶。他对喝茶还是很讲究的，给我们每人倒了一小杯，这才和我们同坐，在电磁炉边聊起来。

他四十六岁，家就在三省交界的白浪街，他家房前是河南人，屋后是湖北人。小时候就是和湖北、河南的小伙伴一块放牛。他当了十三年兵，在西宁、天水、兰州都待过。转业回来就到县林业局工作，给两任局长开过车。后来到林业站的。他父亲也是当兵出身。曾在北京警卫团服役，从正营级退伍回县上工作。当过县公安局局长，因他们姊妹小，家里没人种地，又要求调回湘河镇派出所。他说，他父亲曾说他是个放牛娃出身，把四个娃养大都不错了。他抿了一口茶，幽默地说："我爸是真共产党。在乡里一大早就到村上早早喊农民上工干活。他从不拿人一分钱，死的时候身上仅有二十块钱。"

他们站只有三个人，负责库区流域林场的管护，二十四小时值守，检查那些到林区打野猪、黄羊、穿山甲的猎人，还有偷挖树根、挖兰草等名贵花木的人，还有那些乱砍滥伐的。巡山一次，单趟就要走四十多里，带上干粮一跑就是一天，苦得很。不法分子很狡猾，派人侦察他们，还有偷伐木料的都雇有律师，防着和他们打官司。老杜笑着说："那些人把毛主席的游击战用得美得很，知道我的车号，和我捉迷藏。有时候真把人气得肚子疼哩么。"没办法，他们就和当地群众交朋友，找群众给放哨，带上几瓶酒、几包烟给群众。他指着桌上说："你看那几瓶五粮液，就是给他们准备的，都是纯粮食酒，喝呀，给你们热些。"我摆摆手，疑惑着，这分明是普通酒瓶装的酒么，咋是五粮液呢?老杜看出我的心事,说:"这酒是五种粮食烧的酒,咋能不是五粮液呢,不过这个五粮液,不是商店那个五粮液了。"说得大家都笑了。他也一脸无奈地说:"我们没有警车,没有制服,那些人就不怕。下电猫的,下午四五点到山上下,一早天不亮就收了,想套野兽哩么。有时电猫电了他们的人也不敢言传。唉,我们也可怜,被从这个山沟调到那个山沟,东沟西岔都跑遍了。"他又抿口茶,抽了一口烟,说:"只要咱不吃不贪,执法底气就硬。河南人是三板斧,你要镇住他了,他就怕你。只要你没事情,谁都不怕。他们还有个拉木头协会哩。我们不吃他的,也不怕他反咬。"他又给我们添了茶水,说:"人要学会知足,你的幸福感由你自己把握。工作干好,对得起党就对了。不说吹的,叫我当个副县长也难不住我。媳妇说我没本事,我说有本事我还要你哩么。"说得小屋里又爆出一片笑声。说到子女,他要孩子迟,女儿十一岁,儿子五岁。女儿曾跟他开玩笑说,她结婚时让他不要上台发红包,就拿根竹竿递上了就行了,免得一瘸一跛丢人现眼。又让我们笑得差点把嘴里的茶水喷出来。他从小受父亲影响,热爱党,热爱毛主席,爱看毛主席的书,在车上都挂着毛主席像。他说:"我最喜欢他老人家。我出生不几年老人就走了,我没见过他,却有一种感情在骨子里。几百年毛主席的话都不会过时的,有人骂党哩,我说你想想阿富汗和中东那些国家,没有温暖不说了,生死只是一瞬间呀。那些娃多可怜呀,那些妇女多可怜呀。我们国家多好呀,咱现在能安安然然坐着喝茶呢。"

告别老杜,车子在水库边水泥路上拐了一个弯,路边靠左手有一个大铁门,这就是县河水库管理站的院子。周末,有三个人在值班,一个年长的男人,一个小伙,一个微胖的女的。水司归到省水务集团了。他们现在的任务主要是给城区供水,是县自来水公司的一个车间。他们的工作是夏季防汛,冬天防火,主要管理水库迎水面的山林。平时管水的安全,有游人了,及时清理垃圾。路边就有垃圾箱,还有温馨提示。钓鱼是不允许的,鲢鱼能净化水。一句话就是保证城里人有干净的水用。小伙子叫薛峰,水校毕业的,女的叫陈艳。他们热情地让座倒水。他们中午在单位吃饭,晚上不值班才回家。他们的工资财政拨付80%，其余由省水务集团解决，整个资产归集团了。

随后，我们沿河边的路进山。小河两边散落着住户，有好几个住处都长着一堆堆翠绿的竹子，在冬天里也绿得叫人心疼。这里原来是商南县曹营乡，现在合并到城关街道办事处曹营社区，有三四千人。听当地一位老人说，这里叫北山，两条沟，一边是东北山，一边是西北山。相传，曹操曾带兵在这里安营扎寨，才有了这个地名。这里群众以种香菇为主。一个村子种香菇有上百万袋，两百多户人家的收入主要靠香菇了。我们来到一个大棚里，这是曹营社区三组方明生家的，他妻子和几个妇女正在摘香菇。他们家的一万多袋香菇长势很好，货都被河南人上门收走销到外地了。

又走一截，路边一家商店，经营各种百货。小伙子是从别人手里接过来的，人家干了一二十年了，到他手才三年，效益一般化，只是方便周围的人。这时，来了一位老汉，买盒烟，看样子也就六七十岁，一问都八十一了，我们都连声说，看不出，看不出呀。老人干练地说："还小着哩么。"

来到上店组香菇户丁桂香家。她家院子晒满了香菇，个个都有小碗口大，我们还没见过这么大的香菇。丁桂香说，这叫"香菇三十一"，是从福建引来的，长得大，也好吃，最大的一个都在斤把重哩。他们家种了一万二千袋，头茬菇就卖了两三万。家里也有烘烤炉，烘干，切成细条条，卖给贩子。说话间，路上一辆时风车飞奔而过，拉了高高一车干香菇。过去都是从自留山上砍树，现在不让了，只好从外地拉锯末子做成代料袋。新鲜菇三四块一斤，干菇卖到二三十块，八九斤鲜的干一斤。一袋成本三块，毛利在三四块钱。

继续溯流而上，来到界牌岭。这里就是陕西的商南县与河南的卢氏县交界处，山那边是河南，这边是陕西。山不高，满山都是树木，像发黑的骨架子。有一股清泉从毛草沟里流出，这便是县河的源头了。在界牌岭半山腰的公路边，一位老人坐在大石头上，老人头上的蓝绒线帽子盖得只露出瘦脸和一堆白胡子，眼睛还很有神。老人七十一岁，叫路占荣，手里拿着鞭子，身下的小溪旁有几只羊，在啃水边几堆绿草。老人见我们下车，便站起身来，两手插在蓝羽绒服兜里，左肩上还挎着白色的布包，跟我们拉起话来。他放羊也有三四年了，今年也卖了几个啦，一个羊能卖一千二三。他还种了些魔芋，也能卖俩钱。两个儿子都种香菇。这时，一辆拉香菇的三轮车在路上停下。他把老人叫姑父。老人的妻子就是卢氏县四坪乡毛河村人，他们属于跨省的婚姻。他一车拉五六百斤，回去一两一袋包装后出口，卖到日本、韩国，远处到非洲国家。他一天跑下来能挣五六百元。小伙子叫王金峰，说他那儿还烧酒，要买了找他。他还要再跑一趟，还有十几大包货没拉哩。问候了他姑父，就发动车了，三轮车爬坡加大马力，声音很大。

上到岭上，在豁口卢氏县的蓝牌子下合了影。老喻笑着说："我们也算出了一回省了么。"山上的树几乎都落光了叶子，瘦骨嶙峋的可怜样儿。这里海拔一千一百二十二米。又朝卢氏县方向下坡走了一段，阴坡还有积雪。

返回时，我们又到丹江支流的青山河畔。这里的青山老街是商於古道的一个咽喉，老街在文碧峰北坡，峰的南坡就是丹江。晚年归隐的王安石曾云游到此，留下诗句："江北秋阴一半开，晚云含雨却低徊。青山缭绕疑无路，忽见千帆隐映来。"这里的"千帆"说的就是丹江上的行船。在青山街西头有一棵大叶古柳，六个人都搂不严，树高三十多米，又称"尧夫柳"。相传是北宋理学家邵雍亲手栽植。他在这里创办了青山书院，当时有三省八县学子前来就学。他除了讲学，便是闭关修道。从1058年到1061年，在这里待了四年。

二十八

因为机构改革，我到了新单位，包扶的贫困村调整到商南县湘河镇莲花台村了。2019年5月21日早7点，我们单位全体同事一块坐车，快10点才到村上，一到就入户。村子正好就在丹江出商洛最后一座水库——莲花台电站坝下，海拔只有三百多米。我包扶的一户就在村委会后面台子组里。女的在家养鱼养鸡，男的在水库上打工，刚回来吃中饭，说一吃还去加班，一月四千多块。我了解了他家情况，就为下一步发展做了谋划。男的匆匆吃完饭，骑摩托走了。我和女的拉拉家常，就走到路上。河边有不少一搂粗的树。问女的，说是柳树，我没见过这样的柳树，同去的小陈用手机上下载的"花伴侣"查，是枫杨，又叫麻柳，还真是柳树一类的。回到村部，廖支书陪县长检查刚回来。他三十多岁，瘦脸，下巴有颗痣，人很能干。曾在县秦东公司当过副总，去年回家乡带大家发展。村上先后组建了六家村集体经济村企联建公司，像商洛市吟莲花农业发展公司等。他说，今年正月初三在丹江上搞的河灯文化演艺影响很大，一下子就来了几万人。他叫来铁路上退休的韩长学老人，老人也是那次活动的策划人之一。老人说，他和廖支书的父亲当年曾经组建基建队，规划修建一千多米的丹江河堤，因没钱，未实施，小廖也是回来完成他们愿望的。河灯文化他俩是不谋而合的。这里五十岁以上的人，百分之八九十过去都放过排。韩长学老人从初中到高中每个假期都放排。演艺通过祭拜、送行、祈福、庆迎、展望再现当年放排的场景。祭河神保平安，送亲人战艰险，放河灯祈幸福，迎亲人喜凯旋。老人喝了一口茶水，又说，这里原来叫庙沟村，清代建有一里长的庙沟街，街上有餐馆、茶馆、商店、旅店，光粮食、桐油和香油加工就有好几家。船队、骡马队的人，满街都是。相传，乾隆年间，一年夏天，老河口一客商率船队运货，因丹江无水，只好在这里等待。梦见财神爷骑着黑虎见他，让出钱盖庙。第二天他组织客商烧香祈愿，不久工夫就下雨了，丹江河水也涨了，船队也顺利到达龙驹寨。返回时，他在这里捐资修建了黑虎财神庙。水运客商路过，一定要进庙拜财神爷、龙王爷，保佑平安。后来就因台子组有一处地形山势很像莲花，中间有个很大的平台，人们才称莲花台了。支书淡淡一笑，说："吟莲花是我们的品牌，将来的土特产、苞谷酒都会用这个商标的。"我也笑着说："那赶紧注册，小心别人抢去了。第一批产品出来，我要买着送朋友。"中午在村廉政灶吃的就是土鸡蛋、鲜香菇、野菜。

沧桑

龙驹寨

丹江流到这里，冲积出一个小盆地。龙驹寨其实不是个寨子，就是丹江北岸、鸡冠山脚下的一片开阔地，北高南低。东边有东河、鹿池城、东寨，西边有西河，有古城岭、西寨，南隔丹江河有寨子沟。它是丹凤县城所在地，寨内也就是县城里有五六万人，是丹凤的政治经济文化中心。

为啥叫龙驹寨，有三种说法：一说寨北有一条岭像龙，两边两个小山丘像乌龟，就叫龙龟寨；一是传说当年刘邦取道攻咸阳，坐骑在这儿产下驹，刘邦当皇帝了，马驹也就是龙驹了；又一说是寨东北有一个龙潭里的黑龙变成了项羽骑的乌骓。哪种说法都很美妙，很神奇，都好像隐藏着神秘的故事。

历史上龙驹寨因水运发达、陆路便捷而繁荣，人居渐增，因市而镇，因镇而城。龙驹寨历经三百多年，有过黎明的摸索，有过如日中天的辉煌，有《清明上河图》般熙熙攘攘的景致，也有夕阳西下的衰微。龙驹寨被称为水旱码头是名副其实的。明万历四十六年（1618），龙驹寨水旱码头正式开埠通商。这里是西北通往东南的交通要冲，是"陕东南第二门户"。秦始皇二十七年（前220），开发驰道，"驰道于天下，东穷燕齐，南极吴楚"，道路"广五十步，三丈而树，厚筑其外，隐以金椎，树以青松"（《汉书·贾山传》）。"驰道"也就是当时的高速路。汉时设驿道，从商邑（丹凤县古城岭）到河南内乡县柒於的这条陆路叫商於路。《汉书·武帝纪》载，太初四年（前101）冬，"徙弘农都尉治武关，税出入者以给关吏卒食"。当时的弘农都尉设在今河南灵宝，却迁徙到武关治税，可以想见商於路的商力之强。到了中唐时期,商於路相当繁荣,白居易在诗里有描写:"东道既不通,改辕遂南诣。自秦穷楚越,浩荡五千里。"到了唐德宗曾下诏明令规定"从上都(长安)至汴州为大路驿,从上都至荆南为次路驿"(《唐会要》卷六十一《馆驿》),把长安到商州再到荆襄的驿道提到仅次于大路驿的位置,可见商於道之重要。据侯甬坚先生《丹江河道航程缩短原因浅析》一文介绍,唐中宗景龙元年(707)到1938年,丹江大水时节,船只可以航行到商州。唐贞元七年(791)商州刺史李西华拓宽商山道,又别开"偏道"避水患,修桥道,起客舍,光役工就十多万。"更谁开捷径,速拟上青云",就是唐诗人李商隐在《商於新开路》一诗中的赞许。唐宪宗元和八年(813),地方官员再次整修商山路,《唐新修桥驿记》有记载。明万历七年(1579),知州王邦俊采用"火烧石壁,凿洞架梁"的方法再修山道。明嘉靖时,先后任抚治商洛道的陈子直和萧廷杰二人,欲排月日滩巨石,因工程量大而搁浅。当时,就龙驹寨水陆二运重启,郡人任庆云曾感慨:"商为山郡,昔议转输者,唐则欲由丹水以通漕运,宋欧阳修欲由武关以通陆运,无非陆海天府,帝王之都所艰者馈运。商为(长安)南关,通漕运则万世不拔之业也,前开其端,必有踵而行之者!(水陆)二运之策,何可废也。"这番饱含深情的话语,寄托了先贤的殷切希望,也让后人们敬仰。围绕商於道和水运,还有向北的老君峪驮运道、峦庄驮运道,向南的南沟驮运道、大峪驮运道,那时基本形成了一定的交通网络。

龙驹寨市场的形成,也经历了一个艰难的过程。明嘉靖、隆庆年间(1522—1572),龙驹寨"水路渐开","襄汉舟集于此",渐渐形成了关市,规模却很小,仅有"东、西龙驹寨集"。市场管理无序,自主交易。之后,当地有头脑的人在临河的淤地建起交易市场,"收客为牙",就是买卖中介人(经纪人旧称牙人、牙子、牙客)。逢有买卖,牙子从中说合,促其成交,收取一定佣金(牙金),并做好署记,以备市主随时查询、合计。徇私者将被惩罚或遭驱逐,其他牙行不得录用。码头货物吞吐量小,市场交易规模也不大,市主"稍征逐末,以备行户"。随着临河设市增多,市主争利,讼案趋多。当道者便将市场总收益"裁其半为公车,宾兴佐助"(作为地方士子赴省进京赶考车马费补助和官府宴请考生的费用）。龙驹寨初市的无序，致使一些外来客商成了"望津隘而胆落者"。"其后，贫牙又以市日（市场交易日）质当富室，由是绅士豪右皆牙侩分日榷利"。他们勾结霸市，擅自提高押金标准。市场初输于官者，年仅六十金，随后渐增至一百金。用来代缴夏秋"两关"商税。绅士、豪右和牙侩借口丹江航运常有小梗，拖欠规费。朝廷毕姓御史来视察，地方官吏代为申告，赖以豁免。嘉靖间，一梁姓知州"又因牙行勒掯，货商告议"，修订规章，打破垄断。又勒石为令："每小舡抽钱一钱，（驮骡）头匹三分"，作为寨镇码头建设基金，在西关正街建一座"顺赐门"，收取头匹捐银。货船例银由船帮代收，还增设了北路驮骡帮头银。此举虽属地方行为，但它对公益事业的贡献值得称赞。像清光绪二十八年（1902）知州尹昌岭创办商州中学堂，学校的经费就来源于每年提收龙驹寨骡店帮头银，共计四千多两。其中，有北路骡店帮头银三千，西关"顺赐门"钱三四百缗；船行六百缗（尹昌岭《创办商州中学堂碑记》）。为扩大规模，从中街"黄行"（楚黄帮处，今称黄巷子）向南修筑河街一条，方便客商。单就厘金一项来看，也能感受到龙驹寨昔日的盛景。《续修商志·食货志》载"商税所由复增，税额所由日益也"。明万历、天启间，龙驹寨岁收商税达两万五千多两。那时朝廷在这里专门设立了税司，有税官一名，税官由陕西布政分司官员兼任。税有定额，按季收解。《清史稿·食货志》上说，乾隆四十年（1775），"裁陕西三原县商税，归潼关、龙驹寨和大庆关兼收"，光龙驹寨就承担了税银240两。咸丰年间，有一年税金达十五六万两，遥居全省之冠。宣统元年（1909），陕西全省设32局，126卡，征收厘银468 894两，龙驹寨就收了78 910两，占到17%，是32个局平均数的5.4倍，再次跃居全陕之冠。按明中叶人口发展水平推算，寨镇常住居民人口约16 200人。流动人口随着贸易发展而增加，比如脚子帮和船户。脚子帮有西北二路赶驮骡的工人，按两头匹三人匡算，每天往来的脚子帮就有1500多人；船户按每船四五人计，"百艇"也在500人左右，行店铺也有2000多人，这样，寨城的人口就大概超过两万。

在龙驹寨相继建有商国、商县、商洛县。明代设巡检司。清乾隆二十六年（1761）设商州州同衙门（比现在县团级稍高的建置）。民国四年（1915），省府在这里设商县县佐公署，民国二十年（1931）撤销。民国三十五年（1946）建有陕西省第四区行政督察专员兼保安司令公署龙驹寨办事处（又称专署龙驹寨办事处）。民国三十七年（1948）成立龙驹设治局，为三等县建置。1949年6月1日，龙驹寨解放，在这里设丹凤县人民政府。

龙驹寨城的布局，清末就有《新绘龙驹寨百顷垮舆地全图》。图上题词说：

> 寨城通衢大街壹条，街西有厘局、税局二座，比邻相处，坐南向北。街中武有千总衙署壹座，文有分州衙署壹座，均坐北朝南。街东有新设邮政局壹所，旧立电报局壹所，亦皆北朝南。又有欧罗巴洲挪威国人克、王（克利生、王耀基二先生）新设福音堂壹座，普传耶稣圣教，甚得人心。凡寨镇士农工商，无不喜悦，皆乐从教焉。

各色屋宇，夹杂有官商店、洋行、骡马店、银垆、杂货铺、过载行、学堂、庵观、会馆等，烟户连丹江两岸，多在两千家以上。南方各省官商，向陕、甘、新疆处远游，必经此地。可见，当时不只是繁盛，还有对外开放的意思，有外国人来传教。龙驹寨旧有河街两条，均是单面，正街一条，码头三处。上码头在船帮会馆门下，中码头在青瓷帮会馆（今为丹凤县城关粮站仓库）门下，在中街"板条巷"以南。这里集中了为修补木船加工的各种木料板和修船匠、漆匠等的作坊料棚。这个巷子很长，从街道一直通到河岸，用青石板铺成。下码头在小街子。小街子原本是姚、杨二姓世代共居的一座小城堡，有近百户，有街有市，东西设有寨门防护，街道有一里长，街道两侧店市列廛。哥老会龙头大爷姚正建这一码头，使小街更加繁华。

民国二十八年（1939）原龙驹寨警察局所绘《龙驹寨镇城关暨附近略图》中显示，寨城为长方形，穿城有一条主要道路，东西关外道路两边也有居民。北城墙外也有一条道路，向南能通主要道路。寨城通丹江河道间有距离，廾垦有农田。

龙驹寨属北亚热带气候，南北物产兼而有之。《直隶商州总志》记有

"郊野之富,号称近蜀"。清商州知州赵应会的《商州赋》对商州历史和风土人情有更为确切的描述,龙驹寨当时归属商州,"其物产,则饶丹碧,产金银,水玉温润,石笋嶙峋。柏千枝而荫茂,芝一色而味鲳。子种岭头之药,果俪汉皋之榛。而丹青之树,离合之草,又为求仙者之所珍"。物产富饶,仅中草药就有"天然药库"之称。寨西出土有恐龙蛋。虎、熊、猿、谊鸟、提壶鸟及丹鱼、大鲵当时遍布。这些稀禽怪兽现在几乎绝迹。大鲵在武关河有人工放养繁殖的。土特产单就木耳来说,耳大,肉厚,耐煮。《续修商志》有记载"土人伐木生耳,近年收买成包,水路发运至襄汉,作郧耳出售,价倍川耳"。说明木耳质优价好,水运去了南方。

书写龙驹寨的文章有不少。我从地方志和那本《水旱码头——龙驹寨》书里以及网上搜索,收获了不少鲜为人知的有价值的史料。丹江上的航运最早也可追溯到春秋战国时期,《尚书·禹贡》里有记载,荆襄一带的贡品,从长江航运到汉江,再由汉江逆水运到丹江的龙驹寨,水陆联运到河南的卢氏入黄河,最后到冀州,上贡到都城的。在《三省边防备览》(清代严如熤)卷五中也提到丹江"为汉唐时荆扬漕运关中之一道"。对航道疏浚历朝历代都有明确记载。在新旧《唐书·崔湜传》中记载,龙景三年(709)襄州刺史崔湜"献策开南山新路,以通商州水陆之运","引丹水通漕至商州,自商凿山出石门,抵北蓝田,可通挽道"。《续修商志》里也写道"中宗以崔湜充使,遂大起役徒数万,即今月日潭"。现在月日滩就是书中说的月日潭,依然能见到通漕的遗迹。

三十多年前,贾平凹先生写过《龙驹寨》,文章收入《丹凤县志》。他把那时的龙驹寨写得活灵活现,有历史有现状,有城里人咋样逗乡下人,城乡都咋样一样地满足,有城里人咋样穿着赶时髦,让乡下人咋样跟风。修了丹江桥,背人过河的人挣钱的路断了,还有义务宣传的老人,咋样白天在市场纠察,夜里走访四邻。其中,年事最高、办事最认真的要数平浪宫后的刘来魁老汉。他早年是河上的艄公,八十三岁了,县长都给送了匾。要是老人活着也百多岁了。

从龙驹寨到紫荆关这一段航道，长四百多里，历来都被称为险道。峡险石多，汹涌奔腾，险滩密布。刘献廷《广阳杂记》里有记，荆紫关到徐家店，每隔七百多米就有一滩，从徐家店到龙驹寨每隔四百五十米就有一滩。当地流传有"寨河有三百六十个钻钻子（大滩），三百六十个漫漫子（小滩）"，就是真实的佐证。光阻碍航运最严重的大滩就有八十多处。从刘家涧到竹林关近百里都是峡谷。只说月日峡，沿线就有狼窝子滩、月日滩、铁床子滩、大毛鳖滩、阎王碥滩、湘子滩、菊花嘴滩、苏沟口滩、手扒滩等。在《青云寺碑》上记着："清乾隆间，航运铅铜入百顷垹界，河水暴涨，失淹铅铜；百顷垹民人支差觅捞，溺死多人。"1940年，船工张满堂等一行八条船，从龙驹寨到月日滩，有七条船被洪水冲上岩石，人货俱失。当地流传一首船工歌，船工的辛苦可见一斑。"没奈何，走寨河，手把舵，腿哆嗦，四百水路三百滩，龙王争来阎王夺。没奈何，走寨河，纤锯身，石割脚，厘局船霸催命鬼，捐税更比石头多。没奈何，走寨河，眼流泪，口唱歌。水贼绑票抛深潭，要寻尸首鱼腹剥。"

清乾隆十三年（1748），丹江河道进行了比较彻底的治理。当时奉陕西巡抚令，商州知州许维权主持，重点整修龙驹寨上下航道。用了三年时间，相继疏凿险滩二十九处，花费白银四百多两。又用了二百四十两银子买回十二亩水田，把租息作为每年养护修理航道的费用。单就武关河来说，直到民国初还有小船通航，每年雨季前，武关七家较大商号做主，集资疏通河道。到了1961年，丹凤县政府还曾经组织施工，疏浚龙驹寨到竹林关的航道，一直到了20世纪70年代才停止了航运。

在丹江上来往的船只，大多是形体较小的梭子船、老鸭船、歪把子船，只有从竹林关到荆紫关这一段水路航行的船较大些，五六丈长，一丈来宽。这些船身长腰窄，木质坚硬，也好调头，速度快，耐碰撞，最适合山区河道。而从竹林关到龙驹寨就要换成用篙撑的小船。《广阳杂记》里说，商南的徐家店到龙驹寨一个船能拉十石米，就是一千二百五十多斤。清末民初的枯水季节，荆紫关到龙驹寨上行船最多时也能载两吨左右，船吃水都在

0.3—0.5米，拉纤的十到十二人。上行少说也需要近半个月；顺流下行时，船可以拉到四五吨，四五天就能到达。1941年3月出版的《驿运月刊》记载，装两千到五千斤的货船，丹江发洪水时，王佑卿等人开办的泰山货行，从龙驹寨往荆紫关发盐，一条船最多装了十吨货。最快的跑了一天就到了。水运都有刊物可见是很发达了。

"用江淮之穗，养西北之政"，这话也道出了丹江航运主要是货运的客观事实。在《十六国疆域志》里记载，前秦用丹江航运"引南金奇货，弓竿漆蜡，通关市，来远商"，"国用充足"了。《册府元龟》卷四九八里载"（唐武德）二年（619）二月，太府少卿李袭誉运剑南之米以实京师"。《玉海》卷一六八载"高宗咸亨之年（670）十一月乙卯，运剑南义仓米百万石救饥人"。这些大量的货物运输，都是"漕汉江，转商山"，后马驮人担到长安。试想当年在商洛这条商於古道上，几乎天天都是人欢马叫的热闹场面。《旧唐书·穆宁传》载，广德初"河运不通，漕挽由汉沔，至商山，达京师"。《全唐文》卷七八四《秘书监穆元堂墓志》里说"于时周郑路塞，东南贡赋之入，漕汉江，转商山"。那时，唐长安城的物资供应，水路除了汴河，只有丹江这条线了，所以把丹江称为"贡道"实不为过。

宋代的欧阳修当时也是极力主张开发利用丹江航道的。他在《漕河议略》里说（丹江）"能按旧而通之，则武昌、汉阳、鄂、复襄阳、梁、洋、金、商、均、房、光化沿汉之地十一二州之物皆可漕"，文人当官也有宽广的胸怀和真知灼见。到了明清，丹江的航运可以说达到了鼎盛阶段。《续修商志》曾经记载，清康熙三十二年（1693）关中灾荒，便将襄阳仓米二十万石，通过丹江运到龙驹寨，陆路运到西安，丹江航道真正成了省城人的救命线了。康熙五十九年（1720）漕运总督施世纶奉命到陕赈恤，将湖广、荆州的仓米十万石，由丹江水运到龙驹寨转运西安，接济灾民，行程两千六百多里路。雍正十一年（1733）一月，兵部尚书署理陕西巡抚史贻直奏准，又一次从丹江水运楚米十万石到龙驹寨，转运西安。在乾隆年间，鼓铸钱币，每年都要从湖北采购银铅三十五万多斤，也都是由丹江航运来完成的。光绪二十六年

（1900），慈禧逃到西安，丹江航运自然成为主要的物资补给线了。南方运来的大米都由老河口入丹江，运到龙驹寨，畜驮人挑到西安。1911年12月，在陕西的英国、德国、日本、瑞典、挪威侨民三十五人，组成"避难团"，经反复与陕西军政交涉，12月3日，外交部派兵二十人沿途护送。9日，到达龙驹寨，12日换乘民船沿丹江下航。为保卫外侨安全，复派十七艘兵船护航，陆地又另派上百人马队尾随。第二年1月6日夜间安全抵达汉口，这时的外国侨民增加到六十人（《近代史资料》1961年第一号）。单就《直隶商州乡土志》所记载，清代末年，龙驹寨的货物吞吐量是：从龙驹寨水运到襄樊、武汉的核桃，每年在十多万斤，漆油两万多斤，木耳四五万斤，五倍子四五万斤，苍术十多万斤；每年从汉口水运到龙驹寨的布匹有两千多尺，火柴一千多箱，红白糖一万多斤，烟草上万斤，苏木五百多斤。

历代的水运价钱都有差距，都不相同。像清康熙三十二年从襄阳到龙驹寨水运粮米"每石水脚银五钱"；康熙五十九年"每石水脚银一两"。民国十四年（1925），龙驹寨到荆紫关船价为官价银八两四钱，民价二十两左右。

1949年到1964年，渡船单人收人民币两分，带东西时收五分至一角钱。1956年的船运费是每百斤百里三块三。

"天下寨，龙驹寨"，说的是水运带动了丹凤的发展。船梭如织，商贾云集，修筑寨城，繁盛一时。明末张献忠来毁了城。到了清顺治九年（1652），商州知州刘正主持重修寨城，"通商惠工，设戍防守"，保护商民。明清以后，逐渐形成了一条正街和丹江南北两条河街。青石板路，街门面房多由木板装成，用贾平凹先生在《龙驹寨》里的话说，街道呈波浪形，两边高，接着低，中间却又高。说到街面窄时，他写道，"北边的门对着南边的窗，南边人一口唾沫可以直接射进北边的中堂"，是传神的一笔。

清代的龙驹寨也依然是"百艇联樯，千蹄接踵"。光绪三年（1877）陕西闹饥荒，到河南买杂粮69 296包，从荆紫关水运到武关，散发给商州饥民（包括龙驹寨人）6296包，其余的陆运往蓝田，再转到西安。民国二十二年（1933）龙驹寨乡绅所撰写的《将龙驹寨改建为丹惠县之建议书》里说："光绪时龙驹寨每日有千匹骡马出入。"清末民初，龙驹寨较大的骡马店就有万庆店、长兴店、公合店、福祥店、广兴店、合盛店、聚成店、祥瑞店、秀云店、玉盛店、福庆店、双勇店、勇盛店等十八家。其他各类行、栈、店铺也是星罗棋布，较有名的有过栈行（代客发售、收购）、山货行、盐行、药材行、京货铺、杂货铺、银钱铺、桶铃铺、缨之铺、客店、饭店、照相店、理发店、洗澡堂等等。饮食、干果摊子也是一个挨一个。尤其是张姓广福行，从乾隆以来，六七代都没衰过，光分号就有十几处，真有"日进百金"一说，人家还自制油布钱票，在好几个省流通。

龙驹寨水旱码头的兴盛，也带动了整体经济的发展。州城和寨镇周围村镇的手工业有了一定的发展。像龙驹寨的木蜡漆蜡制造，商洛镇、商州南秦川的造纸业，竹林关的造船业，龙驹寨、牧护关、腰市等地的油坊业，棣花等村镇的蓝靛种植和全州乡镇染布业，还有陶瓷业。木蜡用的木油，都是每年冬月由湖北从荆紫关水运来的；蜡干、灯草也是从河南淅川买回来的。龙驹寨以及州城大小的蜡铺也在数十家之多，远销到华阴等地。南秦川的造纸业起自清乾隆年间，初始只有苏、罗二姓，后口渐增多。到了同、光时竹穰纸制造成造纸业的大宗，产品有方连、改梅及斤纸等。党家纸槽出品的纸细白且韧，最为著名，畅销山西解州、陕西潼关、华州、蓝田、西安等地。陶瓷业到处开办的砖瓦窑，也有二三百家，能制造民房所用的镂空花脊、兽云瓦、筒瓦、滴水瓦、狗头瓦等。

丹江航运沟通着南与北，有物质的交流，更有文化的交流，"秦头楚尾"不只是说的地理区域，更道出了文化的兼蓄包容。这里的航运也能算上丝绸之路水路的一个小分支。

南方的丝、茶、糖、米、瓷器，大都是沿长江入汉江，到丹江汇集在龙驹寨，再经驮运肩挑到西安，然后再达山西、甘肃、内蒙古、新疆等地。又把甘肃的绿丝烟、山西的食盐等运回到龙驹寨，和本地的桐油、漆油、漆、药材、桃仁、木耳、牛皮等山货一块用船运到东南方。龙驹寨成了名副其实的货物集散地。

清代英商买办韩福泰从武汉来龙驹寨中街开设福泰洋行，经销洋布、洋油、洋火、洋蜡、洋靛、洋碱、洋糖等。1911年，意大利传教士安西曼的徒弟华国文引进国外先进技术，用棣花到龙驹寨川塬地带和浅山区生长的龙眼葡萄做主要原料，佐以优质的地下水，创办了陕西省龙驹寨协记美利葡萄酒酿造公司，是全国三家百年老厂之一，采用过"共和牌""四皓牌""渊明牌""蜜蜂牌""丹凤朝阳牌"等多种商标。1918年还在西安设立分销处，市场很好。后来，曾发展到四十多个品种，年产三万吨，畅销全国，远销日本、法国、瑞士、比利时等国家。"丹江牌"葡萄酒从1980年起先后荣获省轻工厅、省政府优质产品、优质旅游产品、优质新产品奖和国家食品协会、国家营养食品协会奖和金鸡奖。20世纪80年代初，过春节能喝上丹凤葡萄酒也算是一大美事。我工作的第一年春节前，专门骑上自行车去酒厂门口排了两个多小时的队，灌了一塑料桶十斤。过年时给左邻右舍喝，香得大家嘴巴咂个不停。2007年，我曾接待过原中国糖酒公司一位退休的副总，他来点名要喝丹凤葡萄酒。他笑着对我说："我管事儿那些年，陕西就俩酒有名气，一个是西凤酒，一个就是丹凤葡萄酒。"后来，听朋友说了个真实的笑话，说是有个丹凤人在北京工作，过年托关系给老人买了两瓶葡萄酒。回来还给老人显摆，他咋样走门子才买到的好东西，结果一看产地傻眼了，原来是家乡的产品。老人笑着说："你看我这瓜娃，把石头朝山里背哩。"说得一家人都笑了。当然这都是多少年前的事儿了。现在丹凤葡萄酒厂是陕北人搞，技术工艺、经营理念等都很先进。所以那首"路过龙驹寨，喝酒忘吃菜，三杯落肚肠，诗从酒中来"的民谚至今还在流传着。

汉口邮电总局当时还在这里设立了分局。在龙驹寨本银过万两的商行，就有三原人李建邺的德盛新行、丹凤显神庙王姓的泰来行、朝邑人王有浩的同义行、蓝田人张长娃的盛栈行、老河口陈氏兄弟合开的福兴行和德盛松、黄岗人陈彦卿的福星行、荆紫关陈姓的裕兴行；银钱铺有龙驹寨马骧的父亲开的禄西堂、屈蔚生祖上开的宏庆昌、陈家村陈姓的裕廉堂等；骡马店有西街刘毓贵开的公合店、渭南人开的广兴店、西河白家塬周兔娃的长兴店、百顷塅雷升云的万兴店等。民国二十一年（1932）河南省李长有军打到丹凤，血洗龙驹寨，客商惊慌而逃。加之当局横征暴敛，以及通货膨胀，龙驹寨逐渐萧条下来了。20世纪30年代，西荆公路（西安到荆紫关）通车，龙驹寨渐渐恢复了元气。民国三十七年，寨城共有商业户一百零九家，其中杂货行十二家，山货行二十七家，旅店业二十七家，银炉十七家，医药业十四家，屠宰业十二家。商会下就有六个同业公会。

龙驹寨工商业发展到较高阶段，自发组织的商帮、会馆、行会、商会也雨后春笋般涌现。按地域划分，有本地帮和客商帮；按行业分，有盐帮、船帮、布帛帮、青器帮、马帮、铜匠帮。以下兹录史料：

黄帮 又称三黄帮、楚黄帮和湖北帮。最早由湖北黄冈、黄陂、黄安一带商人自发组成，之后扩大到湖北全省来龙驹寨经营的客商。黄帮商号以黄冈凤凰镇陈北湾首富陈正启在西关开设的福兴行（过载行）为代表。还有黄冈余克海的裕泰和、黄陂陈彦卿的福星行以及荆紫关陈姓的裕兴行。专门为客商牵线搭桥，组织货源，推销商品，代客承运。因其求信誉，重商德，为客商信赖，生意红火。

西商 山西商人，又称"山贾""山右商"，由山西临汾、忻县、运城、解州一带商户组成。山西帮又称临晋帮。"山右（商贾）或盐，或丝，或转贩，或窖粟，其富甚于新安（安徽商人）"。主要从事贩运转售贸易，把湖北、湖南等地的粮食贩运到甘肃、山西等地。他们也是棉布、茶叶贩运的大商家。"清初茶叶，均系西商经营，由江西转河南，运销关外"（清人衷翰《崇市杂咏》）。商州著名的山西商号有张庆焕等人开办的锦隆和逢源合。"走遍商州百里地，逢源不歇别家店，不吃别家饭"，可见逢源合分号之多。乾隆三十年（1765）以后，龙驹寨成了西商把茶叶由湖北、湖南、四川运销西北的必经码头。

关帮 又称关陕帮、关陇帮。该帮带有武装贸易性质。深入甘肃、青海、宁夏、新疆等地，商队往来需要武装保护。爱冒险，胆大勇敢，善于骑射格斗。经营上采取设庄收购或委托代收的方式，销售以赊销为主。著名的商号有三原李忠邺的德盛新行、朝邑人王有浩的同义行、蓝田张长娃的盛栈行等。

河南帮 又称豫西帮，由南阳、内乡、淅川、镇平、贾宋、邓州一带商人组成。属个体经营或领本经营。富家摊本，穷人经营，"恒例三七分认，出本者得七分，效力者得三分，赚折同规"，或者"得息则均折"（清王维德《林屋民风》卷七）。河南商人多是中小商人，主要是贩粟、贩丝、贩布等。还有造纸、制土器、染丝归织、注银成饰等。

本地帮 又叫坐地帮、商於帮。由商州本土大小商户组成。店铺均挂"商於"字样的大红灯笼作为商帮标志。控制着当地土特产购销经营权，外来商货的批进批出优先权。有名的商号有马彦翀的银钱铺禄西堂、西关屈慰生祖上开的宏庆昌、陈家村陈氏族人开的裕廉堂等。

盐帮 盐商常与官府勾结，在寨里财大气盛。明时，配额盐引一千三百张，每岁纳课三百二十五张，额课银五百三十六两九钱七分九厘，额银由盐店出。清初无店，摊派地方分担；乾隆初，商州及所属各县岁额销河东引（解池盐）增至二千六百八十道，征引课一千一百零七两四厘，仍按摊派。乾隆五十七年（1792），将引课银摊到地方征收，每正银一两摊征引银九分九厘二毫。后改归商办，民不纳课。盐商自运自销，由河东雇骡驮盐到龙驹寨，北路骡店代售，小盐贩自由销售，无官盐店。惟潞盐引地（潞州，山西长治），其他硝盐、锅底盐等为私盐。咸丰十三年（1863），朝廷为凑镇压太平天国军费，在各省举办盐厘，盐商日趋衰落。

马帮 分西路马帮、东路马帮。西路由关中各县赶马脚户组成，驮运路线是龙驹寨—商州—蓝田—西安，再到西北各地；北路主要由渭南二华（华县、华阴）、潼关及山西运城、解州一带脚户组成，路线是龙驹寨—老君峪—洛南景村—渭南—朝邑—潼关—山西各地，通常数十匹马一队。骡马店达十八家左右，有万庆店、长兴店、公合店、秀云店等。街上还有出售马具、槽头、草料、铜铃、缨子、口嚼等，有绳匠、兽医、钉掌铁匠等经营的店铺。过载行专门经营运输业务，代客办理民船航运或人畜运输业务，代客缴纳捐税等。

另外，还有船帮、青器帮、布帛帮、铜匠帮等。道光年间，英商代理韩福泰从武汉溯江到龙驹寨开办福泰洋行。光绪中，商帮逐渐发展成行会（为商业经营者自发组织的一种行业自治机构），行首由同行自主推选，官府批准。职责是处理本行业内部事务，承办政府交办的任务，决定行户入会，确定本行经营方针和策略，代表行会和官府交涉，协调商品的购销和价格，以及处理商业纠纷，组织行会的祭祀活动，等等。协助政府办理对行人的征税、科买以及平抑物价、监督违法行为等。行会活动经费由成员公平缴纳，一般按出售商品税的千分之一征缴。到光绪末，龙驹寨商帮会馆有十数个。因此，也带动了龙驹寨贸易业的兴旺。

各省的商贾云集在龙驹寨，为了保护自己的权益，先后结帮建成了以行业命名的会馆，有船帮会馆、北马帮会馆、西马帮会馆、盐帮会馆、青器帮会馆、布帛帮会馆，还有以地域命名的楚黄帮会馆、临晋帮会馆、关中帮会馆、坐地帮会馆等。

龙驹寨城西南丹江边的船帮会馆是会馆之首，也是唯一保存完好的。又叫明王宫、平浪宫、花戏楼、花庙。全国花戏楼除了安徽亳州的外，就数这个了。会馆以戏楼为主，整个建筑很独特，仙阁琼台，东西峙壁，青龙盘顶，破浪欲飞。柱梁上镂空木雕，玲珑有致。高山河谷，点点江帆，车马仪仗，鸟兽虫鱼，树木花草，应有尽有。人物雕刻千姿百态，栩栩如生。

戏台正面的斗拱中央是"秦镜楼"三个金字，两边是用图画构成的对联，多少文字专家也没能解开其意，我们只当绘画来欣赏。戏楼后面为船帮会馆六柱五楼的正门，也是富丽堂皇的石砌牌楼，上面镶嵌了九条龙的石匾，雕有"明王宫"三个大字。对联为：后元夷受封德昭千古，继夏禹称王福庇九江。横批是：安澜普庆。明王大概是宋末代皇帝了，元朝开国后封谥。

船帮会馆也曾历尽沧桑。明洪武年建，明万历，清康熙、咸丰、同治年多次修葺。光绪十七年（1891）重建。这时的龙驹寨依然是"北通秦晋，南连吴楚"的交通要冲。寨外丹江码头樯帆林立，寨内商铺鳞次栉比。相传有一年六月六庙会，船帮因风雨受阻，逾期未到，被其他帮会羞辱。五百多名船工、搬运工商定，从每件货物中提取三个铜钱，筹资修建了最大的也是最有风格的会馆。

龙驹寨一派兴旺的历史，在多种志书、史料中都有记载，"康衢数里，巨屋千家，鸡鸣多未寝之人，午夜有可求之市。是以百艇联樯，千蹄接踵，熙熙攘攘"，如实再现了龙驹寨当年商业的兴旺发达。那时，龙驹寨就连夜生活也丰富多彩，几乎跟现代人没两样了。清人王时叙《咏龙驹寨》一诗写道："寨号龙驹殖货财，长街十里市门开。江边蚱蜢来又去，峪里轮蹄去还来。"街面和码头热闹非凡，堪比小香港了。

据说，20世纪80年代中期，省上曾把丹江航运列入"七五"规划，龙驹寨丹江"丹凤—荆紫关"被确定为六级航道。最后因水少及其他种种原因而搁浅。

如今的船帮会馆依然矗立丹江边，前面就是丹江漂流起点，也竖立着一个大木船雕塑，还有一黑色石碑，上书：徐霞客登舟处。在《徐霞客游记》中《游太华山日记》里有详细的叙述：

（1623年三月）初七日，行五里，出峪。大溪自西注于东，循之行十里，龙驹寨。寨东去武关九十里，西向商州，即陕省间道，马骡商货，不让潼关道中。溪下板船，可胜五石舟。水自商州西至此，经武关之南，历胡村，至小江口入汉者也。遂趋觅舟。甫定，雨大注，终日不休，舟不行。

初八日，舟子以贩盐故，久乃行。雨后，怒溪如奔马，两山夹之，曲折萦回，轰雷入地之险，与建溪无异。已而雨复至。午抵影石滩，雨大作，遂泊于小影石滩。

初九日，行四十里，过龙关。五十里，北一溪来注，则武关之流也。其地北去武关四十里，盖商州南境矣。时浮云已尽，丽日乘空，山岚重叠竞秀。怒流送舟，两岸浓桃艳李，泛光欲舞，出坐船头，不觉欲仙也！……

应该是三百年前阳历的4月某日，徐霞客到了龙驹寨，因天雨，留宿，这才有心情去赏看，去记录，把历史上那时那刻的丹江、那时那刻的行舟、那时那刻的心情、那时那刻的景致记录得真真切切。在走这段丹江时，我似乎感到了先生足印的温度，听到了他的呼吸和会心的笑声。要是穿越历史，说不定和徐霞客先生在丹江某一处不期而遇，面对丹江的水运彼此会发一番感慨。

光绪十一年（1885）春，戊戌六君子之一的谭嗣同归湖南时"迳陕西至龙驹寨，流丹迳淅川"。先是陆路穿过商州到丹凤，再坐船到淅川。这是他在《三十自纪》中的记载。我的恩师牛树林、郭敏厚、刘生良曾撰文记录了谭嗣同五次往返商洛道的情况。谭嗣同还在他《秦岭》一诗中写了丹水："蓝水在右丹水左，中分星野凌天河。"

说到龙驹寨文化，龙驹寨冠山书院必须一提。书院就在凤冠山麓丹凤中学院内。书院坐北朝南，以门厅、月门、正厅为轴线铺开，四进，大小六十余间，包括门庭五间，面阔十七米、进深六米，中间一间做门道，大门两侧略呈八字形。院内种有桃、杏。中间门额为砖刻"崇正书院"（初为冠山书院），楷书阴刻。中门内东西相对，各五间教习宿舍。第三道门为园门，后上方为并列两座六间课堂，东西两边相对有生童宿舍五间，中为花圃。最后一排是并列两座六间课堂，两边东西相对也各有五间生童宿舍。院中广植梧桐，又称梧桐院。书院创建于道光七年（1827）。道光九年（1829），州同赵元恒整修。咸丰七年（1857），州同张延璇提倡捐灯油等费用再修。那时它与商山书院齐名，西有"秀阁书声"，东有"冠山书声"。至光绪六年（1880），商州知州李素更名为"崇正书院"。光绪二十九年（1903）书院废。龙驹寨人马骧（字彦翀），中国同盟会会员、众议院全院委员长、天津市权署市长，为了阻止"黑纱道"鱼肉乡民，1938年回乡创办仁义小学。1942年9月，借用紫阳宫和冠山书院作为校舍，捐资创办了私立凤麓中学，也就是丹凤中学的前身。他任董事长兼校长，三儿子马可民任代校长。当年招收一百二十人，两个班，教职员工十一人。学生一学期学费是一斗半小麦。1945年增加到六个班，教工二十二人。1947年曾招高中一个班。马可民执教有方，学校很有声望。李宗仁曾为学校题写校匾。

龙驹寨宗教文化兴盛。清光绪二十六年（1900），挪威基督教圣约教会教士王耀基、克利生来到龙驹寨，租房传教。光绪二十九年（1903）修建福音教堂，信徒数百。光绪三十三年（1907），建立起商洛第一座较大的福音堂。民国三年（1914），意大利神父彭瑟在这里建起天主教堂，在周围设有八个分教堂，神父有意大利的，有法国的，教徒数百。

龙驹寨人多是本地人，其余还有经商移民来的外地人，多属下湖人，也就是湖广、江西等地迁来的。南北交融，形成独特的文化，比如语言、服饰、婚姻、丧葬文化等。语言上，有本地话、下湖话、官话。比如父亲，官话称"爸爸"，本地话叫"大"，下湖话叫"牙"。服饰，清到民国官员按官制着装（像戏剧舞台服）。商人长袍罩马褂，长裤扎腿，反底布鞋，瓜皮小帽，帽为清代"八团花"彩色锦缎面，民国精纺毛料马褂，褂里多闪缎，长袍多为灰、蓝色高级面料。冬天，貂、狐、羊皮马褂、长袍，还有皮套裤，瓜皮帽或礼帽。清代女子着云边掩襟袍、花裙、绣鞋，外披风衣，头、腕、指多戴金银首饰。民国衫裙为素色。孩童戴莲花帽、虎头帽，穿猫娃鞋。农民、纤夫、驮夫等，短衣（早期掩襟，后期对襟），腰束布腰带，腿扎缠子，脚着袜子布鞋、葛麻鞋、草鞋。夏着坎肩，冬着棉袄（棉褂、马蹲子、缠袄子）或老羊皮袄。多是自纺、自织、自染的土布。下湖人多头缠五尺青布。龙驹寨接受新的婚俗比较早，还有一些旧习俗延续。比如，"新娘坐上席，一辈子只此一次"；送满家鞋，即结婚日新娘子给家里每人送一双自己做的鞋，当场试穿；"支大小"，即宴席后，己亲不散，执事唱礼，两个新人由近及远，由小到大，向本家长辈、哥、姐及舅、姑、姨表等亲戚行礼，受礼的有回赠，正式认亲。宴席酒过三巡，客头，也就是说破烦的，拿着酒壶、酒盅，引着二位新人，站在场子中间，等客头说完一段称谢话，新人三鞠躬。傍晚拜堂，先给受拜者敬酒，过去先敬天地，后来成了敬毛主席像。说破烦的说："香在炉中蜡在台，花在瓶中四季开。欣逢今日三星照，来年娇儿抱在怀。"鸣炮，正式拜堂时，客头说："双杯美酒先拜天，夫妻和睦一百年。双杯美酒又拜地，夫妻双双多和气。双杯美酒拜祖宗，后辈儿孙出英雄。双杯美酒拜红娘，月老先生在上方。槐荫树下牵红线，牵到今日配成双。"拜完，客头提起五谷斗，边撒谷边说："夫妻交拜入洞房，新郎四脚踩四方。天长地久福满堂，后辈多出状元郎。"下湖人结婚，新娘傍晚抬回家，第二天正式宴请。新娘到家，由女客搀扶下轿时，客头倒满两杯酒，一杯在新娘面前洒向天空，一杯倒在新郎脚下，说道："天长地久，地久天长，荣华富贵，儿女满堂。天降良缘，今日成双，白头偕老，福寿安康。新郎在此，施礼拜上，敬酒双杯，长者先尝。"长者饮后和新郎上前迎亲。人过六十，就要预备衣棺、拱墓。老人弥留，儿女须在病床前。咽气，须烧女儿事先准备的火纸，叫"倒头纸"。之后给死者剃头洗头、净身、穿寿衣，五件或七件，多用丝绸（忌毛织品，忌红缎子即忌"断子"），男的为长袍短褂，女的为衣裙（钉飘带不钉纽扣），头向外，脚向里，停尸中堂（以防走尸），即寿终正寝，也称"小殓"。灵前挂一布幔，下设灵牌，灵牌上书"故显考（妣）父（母）大人之灵位"，两侧置童男童女纸人，中间点一盏长明灯，香烛等祭品供奉。食品除糕点、水果外，还有特制"献祭"（带有图案之硕大蒸馍），并置饭罐，出嫁女儿为父母摆盒子于灵前（盒子是用彩色油面、蔬菜、肉做成的各种人物、花草、鸟兽、鱼虫，如"八仙过海"或"唐僧取经"等，八组八盘）。门上贴纸，以示居丧。儿女披麻戴孝（穿孝衣，披麻，戴孝帽，用麻线系两颗棉球于眼前，意不观邪色，不闻邪言，专心守孝），女孝子坐在尸床两侧，叫坐草铺，吊孝者来，即动哭声，男孝子轮流跪于灵前两侧"支丧"（向吊唁者叩头回礼），边烧纸边哭，烧完停哭。这期间，死者亲属到十字路口烧纸钱、烧纸轿、纸马，接着贴丧联、出讣告、出门牌，即发丧，一面择吉日准备安葬，一面派晚辈族人向亲友报丧。死者是男的，请外家，是女的，请娘家。外家或娘家来后才能入殓。入殓时，将柏树叶垫在棺材底部，再用白布殓单裹尸入棺，周围用棉纸包草木灰填实，尸体脚底顶一块方布，口中含一个铜钱（古时含贝、珠、玉等，意为"含饭之礼""含殓"）。一切就绪后盖棺盖，谓之"大殓"。盖棺前后，亲友邻居晚上送纸、烧香磕头，叫坐夜。富家会请僧道超度，择日请长袍大袖的礼生行礼，宣读祭文。礼生唱礼有致，孝子进退有度，揖拜有节。然后，请最有名望的人为"点主官"，行"点主"礼，也就是用朱砂在丧主牌位的"神王"的"王"上加一点，变为"神主"。下葬前，请乐队奏乐请灵。此时，主要亲友送纸,献祭(或面)、金银山、花圈、黑白纱。晚上饭毕,男孝子按班辈先后烧纸,乐队奏乐。纸烧完,乐队为守夜的唱《祭灵》和秦腔苦戏。出丧前烧纸,起灵时由长子摔"吊纸盆",由长孙或曾孙抱灵牌走在最前面,男孝子在前拉纤,女孝子在后哭路,或男女孝子同拉纤,饭罐子由大儿媳提着,其他人手持柳树枝条做的"哭丧棍"。送灵队伍前有一人沿路抛纸钱"引路"。鼓乐在前,后面是旗、牌、伞、扇,再后是引路幡、金银山、花圈、挽幛、挽联,最后是五彩棺罩盖的灵柩。抬龙杠的边走边唱(必为双数,八到三十二人),步子不乱。到墓地后,长媳边哭边扫墓,扫毕,将饭罐子置入墓壁小穴洞。再下葬,把铭旌铺在棺材上,摆正棺材,封墓口。葬毕,主事的回家待客。酒过三巡,孝子们到席前磕头道谢。连续三个晚上,子孙要在墓旁点火堆,叫"打怕怕"。第三天上午给墓上培土,外呈鼻形,叫"全墓"。七日一祭,要过七七,百天时再祭,之后男孝子能剃头了,男女重孝子可洗衣服、洗澡。三周年除孝服,贴对联,用红纸。下湖人老了,先由女儿烧"落气纸",烧纸人(童男童女)、纸轿,后报丧。外家或娘家来吊丧时,对孝顺的儿子儿媳放得宽,对不孝顺的就苛刻了,老人衣裳要"五领三腰",纸要几捆,乐人几口,木盒棺材也要超好,不然不让安葬。埋前请道士做道场,唱孝歌。道场有长有短,长的五个道士念经三至七天,短的两个道士念经一天一夜,最简单是一晚上。葬仪中讲究灯的套数,上等三套灯,中等两套,下等一套灯。第二天出殡,沿途放炮。散孝布时内外有别,重孝子(亲生儿女)分白布三尺三,女婿、外甥各二尺七,其他亲戚各一尺五,用麻绳绑在头上。到坟上下葬烧纸时,把孝帽子在烟上熏一熏,放到口袋,以后逢三七、五七、周年、生日时重新戴上,直到三年孝满。现在已经不那么讲究了。

曾经广为流传的歌谣《龙驹寨》,是教师郭民钟收集整理的,通俗朴素,真实再现了龙驹寨当时的发展变化。"鸡冠山鸡冠峰高插云端,龙潭里出龙驹古代相传。鹿池坪卧盐鹿无人得见,金山寺金猪洞金猪出现。椒树凹卖毛桃一溜一串,大石桥尽摆的盆盆罐罐。东水泉香苣蓿名声久远,赛花池四季春妇女争妍。东西河全种的葱韭菜蒜,赵家沟产仙桃色艳味鲜。河南人(指丹江河南岸）为吃米把锣打烂，兴水利修河堤保护稻田。有四皓餐紫芝隐居商山，葡萄酒营养高远近称赞。丹江水行木船下通武汉，脚子班运货物前呼后唤。油盐行过栈行货堆如山，大街市商店内百货绸缎。骡马帮分两路日夜不断，通西安达甘省北到潼关。龙驹寨自古来水陆方便，被誉为'小武汉'名不虚传。"

如今的船帮会馆，也目睹着时代的变化，沉思着历史的隐秘。龙驹寨也成了一座现代化城市了。新时代，新变迁，新气象，丹凤朝阳、龙驹雄风的歌声永远在这片土地上空飘荡。

龙驹寨的故事写一本书都写不完，它的历史人文、地理环境有独特之处，那些逝去的东西太珍贵了，能找到的只是凤毛麟角。

龙驹寨的地理成因是丹江的冲积，它的历史沿革，就是丹江水运空前繁盛的写照。回首龙驹寨的往昔，自然能得出因江而盛、因江而衰的结论。丹江影响了两岸，两岸衬托了丹江，那种关联，不得不使人将眼光由当下看得更远，现在的龙驹寨谋求发展，需要丹江，更需要广阔而多维度的视野。

竹林关

竹林关地处丹凤县城东南六十公里处的丹江边上，因竹子多而得名，是"一鸡鸣三县（山阳、商南、丹凤），两河（丹江河、银花河）注一关"的重镇。竹林关美丽的八景广为人知，"寺台朝日影曈昽，北岸青烟一望通；红岩落日舟三五，周公桃花古寨红；龙嘴分江清到海，狮子攫月怒生风；天姑雨浴巉岩秀，高唱东岗夜雪中"的诗句流传至今。当年这里是上接龙驹寨，下通荆紫关的水旱码头，属于中转站式的码头。从荆紫关上行的大船到这里歇脚后，换成小船。从竹林关到龙驹寨这段水路多弯道、多险滩，大船行不通，只好换成小船。真到了枯水时节，竹林关就是终点码头。

竹林关东西边是鹘岭。该岭沿山阳与丹凤交界处延伸，北到银花河畔，在丹凤境内有16公里，主脊平均海拔1000米，月亮台1483.6米，为最高。山顶上有桃花寨、二郎庙。考古发现6000多年前仰韶文化时期先民曾在此聚落。南北走向的是流岭。流岭（又称刘岭）在丹凤中部，从山阳与丹凤交界处入境，经寺坪东，到丹江与银花河交汇的龙嘴终点，北向支脉伸向丹江，形成流岭峡谷，南向支脉伸向银花河，在丹凤境内有50公里，平均海拔1200米，最高的天桥山海拔1770.2米。流岭奇秀，支脉商山为秦末四皓的隐居地。丹江河东南向流淌。这里是亚热带向温带气候过渡的地方，盛产小麦、水稻、柑橘，有"小江南"之誉。

竹林关镇子南有一座桃花寨。相传，清宣统皇帝出生那年，外地一妇女流落到此，嫁给桃花寨谷口的杨大平。一次，杨大平上山砍柴，不幸摔死。妇人一夜之间得道成仙，人们说她是桃花娘娘，看病很灵验。一位河南人孙子病了，一吃她的药就好了。当时有一个人在种地时说了她的坏话，嘴立马歪了，赶紧改口，嘴才恢复。后来，她到神其沟，让师傅给烧了个大缸，叫她家小叔子背回来，说她要坐大缸上五峰山。冬月初八零时，她让小叔子背上大缸上桃花山，到了灵官庙，就叫小叔子回去。她在山上换了鞋，然后坐大缸在青龙白虎护卫下，飞走了。她成神了，坐在缸里三年不吃不喝，给人看病很灵验。后来，人们在山上建了娘娘庙。每年三月庙会，香火很旺。如今县上在这里搞了个省内第一家国家级水保科技生态示范园，以原生态理念，使人与自然、水与人和谐相融，每年的桃花节也吸引游客蜂拥而至。

  竹林关是丹江水运商道一个重要的节点。西北的食盐、皮货、烟草、桐油、生漆、木耳、核桃、药材等货物从这里水运南下；南边的绸缎、布匹、青瓷、茶叶、糖、煤油、火柴以及日用百货经这个码头西北上。枯水时，竹林关就取代龙驹寨成为货物储存地和水转陆中心。龙驹寨马帮驮运食盐绕道去竹林关，上行时经石槽沟往返龙驹寨和湖北郧西之间。走在那条沟岔里，当年的古道已无踪影，一阵风吹过，仿佛还能听见那驼铃声随风飘荡着。

  水陆交通便利，人气也会旺，竹林关自然也成了人口的聚集地。明清时这里的关城东西长一百五十米，南北宽七十多米，如今，多次修复过的遗址还依稀可见。当时的关城东起东巷西，西至娘娘庙巷东，南到霍姓南墙根，北至城隍庙后墙。东关顺延到邢家村，西关到老爷庙魁星楼、刘家村的宽一丈左右的街道，长有三里，建筑大多有南国风韵。1954年丹江一场洪水淹没了关城，现在仅存城隍庙。

  当时的码头上船只如织，有外来的，也有本地的。民国初，当地的船户就有余德有、路继文、聂文有、程麻子等三十多家，有六十多只船。每天靠岸的船都在上百只，以货船为主。装货、卸货的叫脚子班，人数也在上百人，东西各设一个班，东边的班头叫张百林，西边的是马贤明。造船、修船厂到清末还有好几家。

  关城内外，店铺林立，多是服务性质的，现在叫作第三产业。城西有陶

丹江源

老商州

龙驹寨

月日潭

竹林关

关紫荆

姓骡马店，石槽沟口有骡马大店，一天有几十头骡马歇脚；城北的刘家客栈，东门外的朱家客栈，多是采购、批发商来住。有名的商号有山西商人开的镇全、涌泉、三合、万源长银钱铺；河南人开的双合隆、三和隆、和盛瑞、平心诚、赵聚山等绸缎庄、百货店；合盛堂、信记、赵记的中药铺；高文杰的糕点铺。当地人开的较大的有谦顺德、永兴正、德发义、魁盛福、魁盛公、天生福、天生祥、茂盛公、同德合、德丰恒、三义祥、三义鸿、复兴隆等店铺。斗行、油坊、染坊、烧锅（酿酒的）、肉架（屠宰的）、饭店也到处都有。资金周转方面就有万源长、永兴正、德记厚以及和记等商号，相当于今天的商业银行。当时还有自制的流通券——布票（布币），代替现金在市面流通。这种布票用长五寸、宽三寸的白布做成，顶上是商号名称，左上填骑缝，下附地址，右上填年月日及编号，中间下方有"凭票照付××钱××串"，加盖印章后涂上桐油，防水。民国三十年（1941），白青云（后任国民党军师长）把持当地，创办"商山中学"、造枪厂，又自造石印布币，面额为一元、五角、二角、一角，在当地流通。当时商业经济发达，仅税收机构就有常管、厘金（收厘助饷）、烟酒等专卡。

为了维护各自的利益，调解矛盾冲突，船、客都建有帮会。船帮和客帮最后一任经首分别是余德有、高文杰。最初船帮还在东门外建了"杨泗庙"。清光绪二十三年（1897），又在城南选址（银花河南岸），新建船帮会馆。新建的会馆有正殿、献殿、厢房、门额、乐楼等整套建筑。

每年农历六月六日为船帮庙会。庙会是船帮、客帮的一项盛大祭祀活动，也是集市交易最活跃的形式。在竹林关，还有正月初七的火神会，正月十五的游城隍，都要唱大戏三天四夜，人都拥疙瘩地去看。特别是农历三月十八娘娘庙会，二十日的财神会，二十一日的关帝会，二十二日的药王会，四会相连，要持续六七天。黑来白儿有戏，还有路灯会（灯展、提灯游行）。路灯会由白龙社、青龙社、黑龙社、黄龙社、关王社、三官社、张村社、阎洞社等八个社轮流承办，每个社一年。灯会的规模、花灯的奇巧在方圆几百里是独一无二的，素有"全架灯"之称。前来赶会的有商县、商南、山阳、洛南的客商，还有河南、湖北、四川、山西的客商。娘娘庙就像是会展中心一样，成了主会场。这里有"一柏担三庙"（娘娘庙前有一古柏，长在三个庙之间）、"斗大玉石匾"（外地客商献的石匾，上镌刻"慈航普度"悬于古柏上）一说，也足以说明当时的盛况。那些商业摊点，大都是庙会前出资划定的。有些摊位都是多年包定的，如娘娘庙前古柏树下，是河南商人孙某多年包占的，专门经营篦梳、钢针等妇女用的小商品。前来庙会助兴的戏班子多是当地的。民国时，城内有刘呆子（工旦角）领的汉剧（土二黄）班，演员多为聂、刘二姓，当时就有"聂刘一班戏"的说法。另外，还有刘长德带领的枪戏（武术、杂技）班，以"闯刀山"、吞剑闻名。毡辘河的花鼓、线胡、皮影也是名噪一时。

说竹林关是"鸡叫一声听三县"一点不假。清代以前，这里分别由商县、商洛县、丰阳县（今山阳县）所管。明洪武二十六年（1393）设巡检司，清咸丰十一年（1861）设置千总。竹林关是陕豫鄂的接合部，设关置卡是常态。它与山阳的漫川、淅川的荆紫关遥相呼应，水运上则是陕豫鄂三省船运的中转站，上行的下行的船只都要在这里停靠，或卸货，或换载，或歇息，船主照传统习惯要好好招待船工一顿，既是壮行、祝顺风，又是皆大欢喜。到了民国，这里由商县、商南、山阳共同管理。民国十三年（1924），商县划分七区，一百五十八保，竹林关属于三区，民国十六年（1927）调整后，竹林关乡、土门乡、石槽沟乡仍属三区，归山阳县管辖。民国二十二年，设联保、保、甲，竹林关归山阳县管，称联保，下辖竹林关、张塬、石槽沟、土门、古路河五保，东、西长岗岭、古路河、牌楼河属长岗联，归商县管辖。民国二十九年（1940）后半年，竹林关街驻着山阳县竹林关镇镇公所和商县长岗乡公所，老街娘娘庙两间房、石槽沟乡的阎家河下飘草沟、红岩子却属商南县管，这样，竹林关便成了"三管""三不管"的特殊地方了。这倒给当年红军活动创造了空间。1932年，徐向前率领红四方面军、贺龙率领红三军先后转战到竹林关，司令部就在船帮会馆。李先念中原突围时，也在这里建立过山商县和商山县。

2017年9月9日,我们冒雨到竹林关,拜访了八十四岁的常世堂老人。老人大高个儿,驼背,黑脸,高鼻梁,大眼睛,一脸的慈祥,说话却很有力量,中气十足。他祖上就在这里居住。常世堂年轻时也做过船工,现在常年守护着城隍庙。

老人说,竹林关水运从明清一直到20世纪70年代商南县白玉到这里的公路修通后才停。有趣的是,从竹林关到龙驹寨水路一百二十里,从竹林关到商南过风楼一百二十里,过风楼到荆紫关一百二十里,荆紫关到淅川县城一百二十里,淅川到老河口一百二十里。水路过去最繁忙了。平常一个船上有八九个船工,如果要运送重要货物也需要增加人力。逆水上行时,船老大在船后面撑篙把方向,两个力气大有眼色的船工在船头划桨,其他人在岸边拉纤。纤夫是最辛苦的,一年四季都在水里泡,冬天腿上的裂子都能放进一根指头,疼得人上茅房都蹲不下去。"文封宰相武封侯,拉船要饭尽了头"就是船工悲惨生活的真实写照。老人说着,自己站起来在桌边手扶着凳子,爬着演示拉纤的姿势。1949年后,他跟着程老大给竹林关供销社拉货,一天一个人一斤半粮,挣一块钱要给队上交两毛钱。船从龙驹寨到竹林关要过月日滩、湘子滩等十几个险滩,撑船手艺不行,弄不好连船带人都没了。过去银花河发大水,他亲眼看见龙嘴头子有一船人在大雨中喊救命,没人敢上前去救,结果眼睁睁地看那船被大浪卷走了。这条河上不知道吞没了多少船工呢。

从老人记事起,这里天天都有几十条船,有从老河口上来的,有从龙驹寨下来的。大船上都有十几个船工。山阳南边、商州、丹凤的货物靠人背骡驮到竹林关,在这里装船运到南边。竹林关的永兴正、万年长两家货号最大,做药材、核桃、桃仁生意。装核桃的木箱长九十公分、宽五十公分、高六十公分,一个能装八斗核桃。

往来的船工到竹林关都要美美吃上一顿。街上每天杀的几十头猪,四大架子肉,到天黑前都卖个精光。春上这儿的二花、核桃、山茱萸都是抢手货,丹凤的二花南方人最喜欢,香味重,是上等的茶。南方人用咱的桃仁炖肉,特别的香。还有,咱这儿的山茱萸药效成分比其他地方的要高。南来的北往的人多得很，哪儿的人都有，河南的、湖北的、甘肃的、山西的、湖南的，等等，在这里做生意，时间长了就在这里住下了。当地老户人有王、邢、刘、孙姓的，其他姓的大多是外来户。原来租住他家房子的李保元，就是湖北人，在这里跟人学打铁，现在也成竹林关人了，儿孙一大堆。

常世堂老人擦了擦口水，又笑着说："竹林关那时客店很多，天天都是满满的。客店多是两层土楼，一楼是饭店，二楼住客人。我十六七岁就担过脚，一次也担上百斤到龙驹寨。这儿饭店里卖的多是手擀面、烧馍、锅盔，还有卤猪头肉。旧社会这里的土匪也不少，财东白青云任团长，手下有上百杆枪。土匪抢人多利用过庙会'炸会'（诈会）时。'炸会'就是一个人手里举着一条鱼，在集市上乱喊叫让人来看，人群一拥挤，就趁势抢东西。水运忙得很很。当时也有船帮会馆，有戏楼和庙，光庙就有城隍庙、娘娘庙、老爷庙。修庙的大木料和一丈多长的石条都是从汉口船运上来的。提起庙会那才叫热闹哩。农历三月三是南丈沟祖师庙会，一天时间；三月初十是轱辘河庙会，也是一天；三月十八是娘娘庙会，是三天；老爷庙会也是三天。过庙会时也是做买卖的大好时机。一天到黑人就没消停过。连要钱的也成堆堆子了。"

竹林关的风俗也有讲究。旧时办喜事，要先送生辰八字，男女双方姓啥属啥时辰生，这些相合了才能定亲。"说媒三家好，定亲两家亲"，定亲时，男方要向未来的岳父母作揖，这叫"定准揖"，定了亲就办"过礼"，男方给女方送衣服等礼物，送结婚的日子。要是家境穷了，就是一张光席（芦苇编制）给儿子娶回媳妇。条件好的家，结婚日子定了，女方就办陪嫁，像桐木箱子、桌子、衣柜、被子、镜子、洗脸盆等。新娘不走路，用轿或斗子抬回来。新娘过了门，先要经过婆婆问询，比如，会不会纳鞋底子、做鞋、做衣服、做茶饭等。这些都过了关，媳妇就算正式过了门。过了门，一切都得听婆婆的。结婚当天要热闹一整天。有钱人家还要请戏班子唱一夜戏。客人打牌喝酒也常常到深更半夜。

给老人办后事也有规矩。人老了，先要请外家人（指男老人的舅家、女老人的娘家）。请外家人时，孝子戴白孝帽子，进门先给堂上磕三个头，通报老人去世的时间和下葬的时间。在安葬的前一天晚上，外家人带来祭礼，有纸糊的"金山""银山"，还有摆盒子的祭献品等。请戏班子唱一夜戏。把老人安葬后，招呼客人一般上四大碗（以肉为主），十三花（十三盘菜）等。

1977年常世堂老人的母亲过世，他家里穷，借了大姐两斗麦安葬母亲。还到肉店托熟人买了两斤半猪肉，做了三席菜，答谢众亲戚邻居。他上门一个一个去叫，没一个人来吃席，都说他家可怜成那样，咋吃得下去哩。常老人心里很难受，发誓要还这份人情。

1980年，他在竹林关办起了油条麻花店，靠诚实做生意，也挣了点钱，又跑到灵宝背矿，挣了几千块，回来盖了新房子。到母亲三周年时，他请来亲戚邻居，好好招待了一顿。每个席面上都是四个凉菜，四个热菜，一个果盘，压轴的是四大碗，有红烧肉、红烧肘子、蒸碗、红烧鱼。酒是河南庆丰酒，喝了三十多瓶。就这样，老人如愿以偿给母亲过了个排排场场的三年。也就是从他家开始，竹林关待客的老规矩恢复了过来。现在竹林关办红白喜事都照这规矩办，谁家少一样都怕被人笑话。

如今，老人已是儿孙满堂。大女儿和三女儿嫁在门跟前，二女儿嫁到河南了。两个儿子在西安做装修。孙子也上中学了。老人现在是竹林关道教协会负责人，市道教协会理事。他主持修建了玉皇庙、城隍庙，常年照看着城隍庙，开开心心做着善事、好事。

荆紫关

丹江出商洛,就到了河南淅川的荆紫关。汹涌的丹江与豫陕交界处对峙的两山形成关口,便是荆紫关。丹江在这里放缓脚步,冲积出上百平方公里的小平原。历史上秦楚"丹阳之战"就发生在这里,"朝秦暮楚"的典故也出自这里,"一脚踏三省"的白浪就在丹江河对岸,陕西、河南、湖北三省的"金三角"就是这个千年古镇。

历史上的丹江航运、商於古道,成就了荆紫关的商业。明清时期,这里就有七十多个姓氏,几百家商铺,"小上海"之称那时就被人叫出来了。民国时期修建的西荆公路,也是从西安到这里。"全境商务以荆紫关为贸易总汇"便是史上真实的记录。

荆紫关"明清一条街"两旁两千多间房舍楼阁,一千五百多间门面房,雕梁画栋,古香古色。房屋多是几进的院子,两边厢房对称,房门都是木板镶成的,家家屋檐边都有两米长的封火硬山墙。靠丹江边的多是吊脚楼,更有点江南的范儿。街道是青石板铺成的。规模宏大的山陕会馆、平浪宫等古建筑都在无言地诉说着昔日的辉煌。

浩浩汤汤的丹江,支撑了繁盛的航道,同时也滋养了这里人们的勤劳、明理、仁德、包容。

2017年11月25日,我们在暮色苍茫时分走进荆紫关古镇。街两边人散淡地坐着说笑,多是老人和女人。在南街街道北头,我们走进了蒋振毅老人家。随着女主人进到后院,房子有好几进子,从过道经过有卧室、客厅、厨房、库房，足有八九间，纵向排进去很深。外门是黑漆木板门，过道右侧有门有窗。老喻开玩笑说："真像一节火车呀。"还真有一节火车的长度呢。有一面墙上全是各类奖状，同学田述发笑着说："嘿，你这家还有个好读书郎哩。"老妇人说那是孙子的，现在都上高中了。在院子的尽头有一小片地，一位老人正在挖地，那便是老蒋。老人七十二岁，中等个子，说到房子，他也笑着说，来的人都说我家房子像火车。

问到为啥不翻修房子，老人有点无奈地说，开始是因界畔，后来政府又不让拆了。说到老人给留下这些家业，他好像有一肚子的委屈。他爷爷给国民党当过兵，是当地的大地主。他父亲早期参加革命，在西安做地下工作，先后解救过七个进步学生，送到延安——给学生化妆，把他们送到商南过风楼。被他父亲解救过的学生，后来都成了党的优秀干部，如王平、路维一等。他父亲曾经与商洛的陈永茂一块在荆紫关上过学，参加过攻打商南赵川的战斗。1949年后，他父亲主动把大部分房产交给国家，他们家还是被评为革命家庭。但他们家还被冤枉，到1980年才平反。他父亲曾经担任过淅川县政协委员。他外爷是陕西三原人，在西安曾经任过国民党某军司令，他舅舅曾经在淅川电报大楼工作，大楼台阶都是汉白玉，里面装得很豪华。他有两个儿子，老大在淅川县医院工作，老二在部队开车。老两口在家住得差点，但很安逸。

说到丹江行船，老人也有点激动地说，到1949年前夕，这里每天都有上百只货船，南来北往地运货物，形成了一个很大的交易市场，全国各地的客商都有。外地人到这里赚了钱，就在这里买下门面房住下来做生意。当时街上的船老大很多，这里一度号称"小重庆"。老妇人抢着说："天天能听到呼儿嗨哟的号子声，还有骡子马的噔噔声，热闹得很呀。下面的玉皇庙都是陕西人修的，漂亮得很很，还有戏楼，还有会馆，气派得很很哩。"

12月2日，我们再次来到荆紫关。先到古街一家便利店，主人叫李向阳，七十二岁，经营着两间门面。他们家是从河北迁来的，到他这里已经五代人。过去街道的热闹他还有印象。

从相关资料得知，公元前304年，楚王派太子荆镇守这里，这里便取名

"荆子口";西汉时这里的丹江河上有座铺草、垫土的木桥,人称"草桥关";南宋时,因这里荆花多,产荆籽多,改称"荆籽关";明代称"荆籽关口";清代为"荆子关";到民国初改为"荆紫关"。在这个镇子的月亮湾,有一处两山对峙的关口,关口外就是商洛到八百里秦川,关口内便是中原大地。古时候,汹涌的丹江和狭窄的商於古道在这里形成了"一夫当关,万夫莫开"的隘口,这也就是"关"的来历。

西周时丹江沿岸有六座古城,荆紫关就有两座,永安城和定阳城。前者在今荆紫关高中所在地,后者在吴村和麻坑村之间。荆紫关春秋时属下鄀国,周襄王十七年(前635),秦晋联军伐下鄀国,下鄀国降秦。在很长一段时间,荆子口成为秦楚必争之地,也就有了"朝秦暮楚"。战国前属楚国三户邑,战国后是秦国所在的商(陕西商州东南)、於(河南内乡东)之地。南北朝西魏时荆子口叫臼口,属析县。"丹水自商县东南流注,历少习,出武关,又东南流入臼口,历其戍下。……又东南……入析县。"(《水经注》)周幽王时,皇妃褒姒乱政,太子宜臼逐申国(今南阳),便有此名。唐朝属内乡县。684年,武则天巡察天下,途经荆紫关。安史之乱后,藩镇割据,阻断了淮河和汴河的漕运,官方只得开通丹江航运,转运江淮至关中的货物,丹江航运繁荣,荆紫关也就成了有名的商业古镇。宋朝属淅川。元朝归内乡。明朝到清道光十二年(1832),归淅川荆子里。民国初为西二区。民国二十年(1931)夏,镇上的山陕会馆被丹江洪水冲毁,一夜之间荆紫关集市变成白沙洲。

"明清一条街"古建筑群是1772年前后形成的,街全长五里,南北走向,由北街、中街、南街组成。先头是直街,街街相连,有斜弯,北街与中街之间形成个"辘轳拐"。街道两旁有许多房舍阁楼。

街宽丈余,街两边还有窄窄的水渠。一条街犹如一首诗,情趣盎然。就建筑而言,中街规格俱佳,北街次之,南街稍稍逊色。有钱商户多居住在北街和中街。南街多是普通老百姓,大多是回族人,回族的生活习惯依然坚持着。街面房的门板白天可以支撑摊铺。家家后面的院落大同小异。两侧都有对称的厢房,厢房多是后墙高,前墙低,一个坡面,入深浅,便于对称。

受戊戌变法废除科举制度的影响，荆紫关于1901年创办了荆紫关学堂。1925年，成立荆紫关高小。20世纪40年代，日本入侵中原，河南大学被迫撤离开封，于1944年6月辗转搬迁到荆紫关。荆紫关人民省吃俭用支持师生们的生活，而河大师生协助创办了七七中学，1956年，改名为淅川县第六初级中学，1969年改为荆紫关高中。2001年7月，河南大学九十华诞时，校方组织访问团沿当年流亡路线来到荆紫关。同年11月18日，荆紫关高中百年校庆，正式成为河南大学荆紫关附属高中。

除了"明清一条街"之外，现在保存尚完好的，还有平浪宫、山陕会馆等古建筑。

平浪宫 取"风平浪静"之意。建于清代，在荆紫关南街东侧。当年航运鼎盛时期，船商们组建帮会，筹建了平浪宫，是船工娱乐、集会之地。平浪宫坐东朝西，面对丹江，中轴线上现存大门楼、中宫、后宫及配房，钟、鼓楼各一个。房舍二十二间，为硬山式建筑，面积四百六十平方米。大门楼面阔三间，进深两间，灰色瓦顶，门楣上方镶嵌有大理石匾额，横书"平浪宫"三个大字。门南侧面题"风平"，北侧面题"浪静"。大门楼两侧面各开一边门，边门外侧是钟楼和鼓楼，四角攒尖顶，三重檐，木架构，灰色瓦，砖雕花脊，顶部有宝珠和塔刹，上书"风调雨顺"，额枋上的木雕花草精致优美。

山陕会馆 始建于清道光年间，位于荆紫关古街东侧。由山西和陕西两省商人集资修建，面积四千平方米，坐东面西，面临丹江。现有建筑六座，房屋二十九间，依次有大门楼、戏楼、过道楼、钟楼、春秋阁（中殿）、后殿、卷棚等。大门楼三间，门前青石阶，门两侧各伏一石狮子，门楣与檐间有两层石雕图案。戏楼三间，两层硬山式建筑，下为过道，上层中间为戏楼，北间乐队室，南间化妆室，楼前后檐有六组"唐僧取经"木雕画，惟妙惟肖。

禹皇宫 又叫湖广会馆，清代建筑，位于古街道东侧，坐东向西，专门为治水有功的禹王修建。现存前宫、中宫、后宫三部分，规模庞大。

万寿宫 又名江西馆。面对丹江，在街道东侧。现存宫室十二间，九百平方米，是江西商人集资修建的。分前宫、后宫和耳房，为硬山式建筑。

荆紫关府台衙门 在荆紫关古镇明清古街南段，永安城里。明成化十年（1474），荆紫关设有巡检司，营千总镇守。清时，设置副将都司。清嘉庆七年（1802），设协镇都督府（从二品，位高于淅川县衙）。清道光十二年（1832），南阳府水利同知迁往驻防，后又设立分防县丞，由一些特殊身份的政府官员来管理。当时在这里建了规格较高的衙门，有东西城楼、花城门、击鼓楼、奎星阁、大堂、二堂、审衙、兵营等多种建筑。占地面积百余亩的衙门，戒备森严，除了兵营的房舍建筑一般，其他各类建筑都是高墙阔背，檐顶豪华。现今其中的大门楼、审衙、厢房等建筑仍然保持完好。昔日古木森立，现在仅留一棵高三丈，三人合抱的古皂角树。府台衙门的外围是一条渠，而西周时期的古城永安城遗址也是临渠而建，城墙长约百丈，宽约丈条。

清真寺 建于明朝，由当地回族集资兴建。该寺系硬山式建筑，房顶盖灰板瓦，拱券门，后曾屡次修复，现基本保持原貌。门楼屋顶、屋脊具典型中式特色。内部装饰虽仍有异域风格，但更多的还是经典的中国图案，如"醉八仙""宝相花"等。

法海禅寺 位于荆紫关镇东北部猴山西南麓，原名莲花寺、大寺。据寺碑记载，该寺由西峰禅师创建于唐仪凤二年（677）。明朝中期由太虚禅师重修，明末清初两次遭劫。清顺治十六年（1659）和康熙五年（1666）又进行修葺。大雄宝殿及东西禅堂，也于乾隆和嘉庆年间进行修复。白衣阁东楼在咸丰九年（1859）、同治三年（1864）两次遭破坏，又两次进行整修。面积六千七百平方米，坐北面南。建筑均在中轴线上，依次有山门、大雄宝殿和后殿。现存建筑二十四间，其中山门三间，大雄宝殿五间，后殿五间，大雄宝殿东侧白衣阁东楼五间，后殿两侧有禅堂各三间，整个建筑错落有致，均为硬山式砖木结构，典雅古朴。大雄宝殿前门上有木雕透花，殿檐上残存有《牧牛图》《登山图》《下棋图》《捕鱼图》和《饮酒图》等。

青龙山罗汉洞 位于镇西北三公里的青龙山半山腰，洞窟嵌于层峦叠翠怪石突兀的半山悬崖。悬崖不高，十分陡峭。罗汉洞是纯天然的溶洞，口不大，状尖圆，刚入洞就能看见两座天然乳石形成的似罗汉的佛像矗立着，似两位守门人。罗汉洞奇、险、幽、深，洞洞相连，一洞一景。由钟乳石形成的石佛、石柱、照壁、穹顶，如墨画，似雕塑，栩栩如生，浑然天成。据说罗汉洞原有十二洞，这十二洞便是丹江河岸具有传奇色彩的金斗洞，总长约十里。由于洞内潮湿，地下水位上升，有六个洞被水淹了。现在这里开发了六个洞，每年大年初一，这里香火最旺。来自豫、鄂、陕三省的香客慕名前来祈福，山上山下，人流涌动，热闹非凡。

过去，荆紫关是河南、湖北、陕西三省周边百里内最繁华的集镇。据记载，从明万历年间到清末的三百多年里，附近的淅川支湾、西簧、大石桥、老城、西峡，陕西的商南、丹凤，湖北的郧县、刘洞等地居民的生活用品，大都是在这里购买的。这里天天都有集，不像其他地方逢集或是一四七，或是二五八，或是三六九。赶集人一般都在七八千，逢节和农闲时，更是上万。街上有茶馆、饭店、酒馆。

湘河镇跟荆紫关相邻，我想多知道一些荆紫关的历史，就托商南县湘河镇的朋友索要一点资料，最后得到两本书，一本是吴云贵著的《中国历史文化名镇·荆紫关》，一本是海燕出版社出版的《丹江的传说》（习诏搜集整理）。在《丹江的传说》中有一篇《荆紫关的传说》，说这里因丹江里产沙金，又叫金子关。有一个船老板和两个纤夫在丹江捡了不少金子。船老板贪财，哄骗两个纤夫将荆树籽儿和金子一起埋于地下，又插荆条以作记号。纤夫中的一个叫金大，去折荆条时被老荆树告知船老板是要谋财害命。金大拿着荆条回去，果见船老板已杀害了另一个纤夫金小。金大发狠要用荆条报仇，最后将船老板打死在江里了。后来这里荆树和蓝紫的荆花遍地，才有了荆紫关这名儿。这类传说没有啥奇特处，丹江里有沙金是事实，我小时候听老人说过在丹江河里淘金子的事。

荆紫关历来是兵家必争之地。春秋战国时期，秦国联合晋国攻下鄀国时，先拿下荆紫关，下鄀国灭亡后，荆紫关归入秦国。周赧王三年（前312），秦国与楚国进行战略交涉，秦使张仪欺哄楚王，说好的要给的秦六百里商於之地，到楚国却成了六里，楚王一气之下出兵讨伐秦国，在丹江河畔鏖战，楚军大败。秦统一后，秦始皇南巡，多次途经这里。

西汉末，王莽篡权，刘秀兄弟起兵南阳进行反击。邓晔、于匡响应，拿下县城和荆紫关，进军武关。刘秀与王莽曾在这一带对峙，这里好多地名与此有关。像汉王坪（刘秀住过的地方）、贺驾沟（刘秀获胜回营，部属在此迎接）、送驾沟（刘秀打败王莽后从这里起驾开往南阳）、马饮桥（刘秀在此饮马，后人在此架桥）。东晋穆帝永和十年（354），桓温率步兵四万从襄阳出发，入沟口（丹江口）沿丹江北上，征伐前秦。秦王苻坚调兵五万南下，双方在此开战。元朝在此设百户所，调军百余驻守。明成化年间，这里作为淅川县一个保，由县署设把总领兵百余驻守。因"界连三省，水陆并通，士民商贾杂处，诚要地也"，县巡检司就设在这里。天启三年（1623）三月，徐霞客游历至这里。崇祯年间，李自成义军转战于此，明军督师洪承畴派左良玉、汤九州率军五千人，驻守于此。崇祯六年（1633）十二月九日，李自成从商南入河南，攻克荆紫关，次日攻下淅川县城。崇祯九年（1636），李自成与各路义军会师淅川，荆紫关成了其活动基地。崇祯十一年（1638）二月，李部在川陕受挫，在荆紫关休养半年，重出淅川。清顺治二年（1645），李自成再次出武关，攻克荆紫关。

清朝时，这里商业日益繁荣，朝廷把这里视为重镇设置机构，派重臣驻守。清顺治年间，南阳总兵镇标右营淅川设把总一名，乾隆十八年（1753），镇标右营守备移驻荆紫关。嘉庆二年（1797），白莲教攻破荆紫关。嘉庆七年（1802），此地添设协镇，设副将统辖左右两营，添设协标左营中军都司，镇标右营守备改为协标右营守备，添设荆紫关右营左哨、存城千总二员，存城把总三员，左营分防西坪汛千总一员，穆家垭汛把总一员，南阳府同知由淅川县城移驻荆紫关。同时，设有南阳府同知署、副将署、左营都司署和城守营署。南阳府同知驻这里三十多年，期间荆紫关副将有十九任。道光十二年（1832），南阳府同知回移城内，南阳县丞移驻荆紫关，改为荆紫关分防县丞。荆紫关驻军两千人，南阳各县营官兵归荆紫关左营管辖。

清咸丰十一年（1861），捻军首领姜太林率部攻占荆紫关，清军副将调乡勇数万攻击，捻军不敌，撤出。同治元年（1862），太平军扶王陈德才、启王梁成富和马融等兵分两路，一路攻打淅川厅署，一路攻打荆紫关。清廷驻荆州将军多隆阿率大军围剿。同治二年（1863）十月，四川捻军首领蓝二顺率部与清军在荆紫关西坪大战，杀死把总沈福全，又与张宗禹部配合，攻击清军，后转战丹江东岸山地。

民国元年（1912），湖北国民革命军司令沈权率兵从郧西攻克荆紫关，赶走清官，废除清制，成立议事会。绿林武装王天纵等部被收编为巡防营，第十三营驻防荆紫关。民国二年（1913）七月，白朗义军经西坪攻破荆紫关，巡防营兵变加入义军。

1914年3月14日，白朗军五千多人攻占荆紫关，并打出"扶汉大都督"旗号，打富济贫，烧掉劣绅房舍。随后撤出，西进陕甘。受挫后，又返荆紫关，从西坪入鲁山。同年8月，淅川县佐设荆紫关，置荆紫关分县，加强三省边区行政管理，1930年撤销。

1927年，民国革命军冯玉祥部刘汝明军，及第二集团军南路军岳维峻部先后驻扎荆紫关，并在此招募兵员。

1933年，汉王坪人段抚摩受党组织派遣从北京回家乡，组建"中共豫鄂陕边荆紫关特委"。之后在三省边区建立的苏维埃红色政权有三十多个，形成了豫鄂陕边区革命根据地。

1935年6月，徐海东、程子华率领红二十五军从陕西省商南富水关奔袭敌人后方补给荆紫关。当地驻有国民党地方武装一个营。16日，红二十五军手枪团冒充国民党军第四十四师所部，急行军一百三十多里，到荆紫关，没费一枪一弹，越过敌人警戒线，直逼北关，一举拿下北寨门。

1938年6月，段抚摩配合冯鼎三，按照中共豫鄂陕工委指示，建立荆紫关民主政府，开辟陕南抗日根据地。1945年春，日军发动豫西南战役，企图深入陕西，国民党八十九军暂编六十二师鲍汝澧部奉命驻扎荆紫关，地方抗日武装积极配合。4月初，日军在上集、毛堂一线受阻，派轻骑兵沿丹江北上，抢占荆紫关外围屏障清风岭制高点。鲍汝澧派一个团与日军激战一天，最终夺回清风岭，扼制日军，荆紫关有惊无险。

1946年6月，人民解放军中原突围，实施战略转移，7月12日，主力部队进淅川，计划从荆紫关入陕，胡宗南部却布下重兵，解放军只好从荆紫关下游的娘娘洞处抢渡丹江。7月14日至15日，中原突围部队左、右两翼主力及后卫部队全部渡过丹江。作家冯牧也参加了这次战斗，他在《三五九旅长征记》中真实地描述了当时的情景：

> 宽而急的丹江在日夜奔流。荆紫关，犹如一张狰狞的巨口，矗立在群山之间。这里是入陕的门户，是古来著名的"一夫当关，万夫莫开"的天险。我们的队伍要生存，要到陕西去，纵然敌人在一切山口上都布下了陷阱，我们还是要冲过去。

1946年7月16日，毛泽东主席得知中原突围突破丹江后，立即以中央军委名义向中原军区和李先念发贺电："整个突围战役是胜利的，敌人毫无所得。你们这一行动已调动程潜、刘峙、胡宗南三部力量，给反动派以极大震动与困难。故你们的行动关系全局甚大。"9月19日，毛泽东以军委名义发电给李先念、任质斌及豫鄂陕军区政委汪锋，通报敌第十五师师部移驻荆紫关的消息，命令他们向汉中发展。1947年7月，刘邓大军挺进大别山，拉开了战略反攻的序幕。9月4日，党中央命令陈赓、谢富治指挥的晋冀鲁豫野战军第四、九纵队和第三十八军进军豫西。同时，要求四纵分两路进军，一路取捷径出陕东南，相机攻取洛南、商南、商县、荆紫关；一路出伏牛山，相机攻取卢氏、淅川、内乡。9月13日，毛泽东又以军委名义发电给陈赓、谢富治、韩钧，命令陈谢兵团相机攻占商南及荆紫关等地，迫使胡宗南分兵向陕南各县布防。9月15日，毛泽东又电陈、谢部，命令他们在卢氏待命的十二旅扫除卢氏附近的地方武装后，相机攻占荆紫关、商南、龙驹寨，然后转向西北，相机攻占商县、山阳，威胁西安侧翼。

1948年3月初，陈赓兵团四纵十二旅三十六团在地方人民武装配合下，周密部署进攻荆紫关。3月6日，解放军四个连从郧县南化塘轻装出发，绕道商南县汪家店，从月亮湾过丹江向东南直插荆紫关西北的菩萨堂，进而占领猴山制高点。7日，其他部队兵分三路，一路两个连从南化塘出发，经五股泉、白马营，首先占领荆紫关吴村冯家营，待攻荆紫关；一路一个加强排从郭沟和会沟之间穿插，夜渡丹江，占领荆紫关南部武当山高地，截断敌人后路；一路是团部，带领机炮连、警卫连和两个步兵连从南化塘出发，经鲍鱼岭、庙沟到陈家台子，正面攻击。3月8日拂晓，占领猴山高地的解放军战士迅速从后山压向荆紫关，分布在河西洋溪一带和武当山、吴村冯家营的部队同时向荆紫关发起进攻。这一仗俘获敌军九百多人，解放了荆紫关。

吴云贵先生认为猴山是荆紫关的龙脉，丹江则为荆紫关带来灵气。"可以说，如果没有丹江，可能就不会有荆紫关，丹江成就了荆紫关的辉煌。"这是真话，丹江与龙驹寨、竹林关、荆紫关就像鱼水关系，谁也离不开谁，它们的命运是息息相关、息息相通的。

船老大程端阳

龙驹寨是水旱码头，志书及相关资料中都有一大堆的史实能证明这一点。面对那些冷冰冰的文字，我沉思，我遐想，总想寻找一点鲜活的东西，哪怕见一面当年的艄公也行，可又一想，那些老人如果健在，也七老八十了，哪儿能找到呢？

2017年9月9日，天也下着雨，我突然想去找师范学校同学张洛宁老哥。他是龙驹寨人，对丹江船运应该知道不少。他在丹凤县中学教书，刚刚退休。儿子在贵阳工作，他和嫂子一块去照看孙子，也是才回来，家里就他一个人。我们一早就来到他家，他见到我们，特别热情，又说又笑的，跟一家人一样。说到丹江航运，他说他外爷就是个船老大，姓程，叫啥名字他不知道，人都叫他程老大。我急切地说："太好了，咱去拜见拜见老人吧。"老哥叹了一口气，深沉地说："外爷过世都三四十年了，我都没能去送行，哎，一辈子的遗憾呀！兄弟！"

上师范时，洛宁哥像亲兄长一样关心我，我们是几十年的老朋友了，几乎是无话不谈。外爷和母亲的事情，他却从来没给我提起过。只记得他告诉我，他母亲去世早，当时他才一岁多，啥也不记得。说到丹江水运，他这才一边给我们沏茶，一边一字一板、认认真真地说起藏在肚里的记忆。他说话声音大，偶尔也大声笑，看不出一点悲伤，其实我知道，他内心有着巨大的伤痛。

他外爷是竹林关人，外号叫程老大，在丹江河上生活了大半辈子，撑船上到县城龙驹寨，下到河南淅川的荆紫关。人是个大个子，四方脸，很魁梧，他妈脸也像他外爷（这是他看照片回忆的）。他只见过外爷一面，记忆最深的是外爷一只眼睛突出，很大，有点吓人。那大约是1964年，他有八岁大小，他外爷撑船到花庙前，把他叫到船上。船在河中间停着，是帆船。船整体是淡灰色的，里面用竹子铺了一层，外面用竹子弓成拱拱子。船是木头的，里面有小仓，从头到尾隔成格格子。他稀奇地在船里走来走去。他外爷问他吃饭呀不，他说吃呀。外爷就在船上把吃剩下的糁子稠糊汤，用韭菜炒了一碗调和饭，给他吃，把他吃得香得还想要，但没有了。外爷还带他到街上副食店给买了一毛钱的水果糖，是薄荷味的，吃到嘴里凉凉的，到现在他还能记得。

他外爷是程家的老大，他外婆是荆紫关人。1971年过世后，老人就安葬在荆紫关。外爷结婚后，外婆不到竹林关来住，在娘家那里弄了房子，后来他外爷到晚年就住到那里去了。

洛宁哥的母亲叫程志华。1950年跟他父亲结婚，婚后上卫校，毕业后分到洛南县医院工作。母亲有严重的心脏病，她也知道生育有危险，还是坚持生孩子，1956年生下他。他一出生，母亲就浑身浮肿，不能上班了，从洛南回到龙驹寨。他婆是个厉害人，婆媳关系不太好。他外爷外婆商量了，就把他母子二人用船接到竹林关去住。外爷家也很穷，连一床多余的被褥都没有，就只好用他婆经常说的那个"太平洋"牌单子包着被褥一块带走。到竹林关后，母亲的病情不见好转，他不到一岁半，母亲就去世了。听他母亲的同事说，他妈去世前把他叫到病床跟前，拿手狠狠掐他的胳膊，疼得他蛮叫唤。后来分析，是他妈在恨他，有了他才把他妈的命要了的。

母亲去世的消息传到龙驹寨，他爷是个倔强的人，非要叫把人抬回来不可。他爷恶狠狠地说："活着是我张家的人，死了是我张家的鬼。再难都要抬回来。"就这样，他外爷用自己的柏木棺材给自己女儿入了殓，雇人抬了九十多里路，抬回来。当时洛南县医院给的抚恤金全部花在路上了，他外爷也把用过的被褥单子全放在棺材上，没留半点东西。抬回来时那些东西也没有了。母亲回来后就停在后院里。听说棺材也没得及漆，安葬在鸡冠山根儿。那做棺材的柏木,是他外爷在跑水运时买的一棵大柏树锯下的。柏树锯成板子后能做两副棺材,都是八大块的(指棺材顶部、两边跟底座一共用八块柏木就够了)。说好给亲家公一副,他外爷自己留一副,他外爷的却让他妈先用了。一九七几年以后,他去荆紫关见到他舅,这才知道外爷去世后,是按回族的习惯安葬的,也就是不要棺材,用白布一裹,在地上竖挖个坑,再往边上一拐,用土或者砖头一封就行了。他爷那个八大块分成了两副,他爷他婆老了用了。现在留下的母亲的遗物只有她用过的砖头块一样厚的医学丛书,那上面还有父亲写的好好读书、激励进步的话。

本来婆媳不和,加上他妈又病逝在外爷家,这一下子两家关系就更僵了,从此就不再来往。他外爷还到街上来过几次,也没进门。后来他见到他西安的姨,才叫他大吃一惊,原来是他妈临死前说,叫给程家人说今后不要到张家去,坚决不要去。他姨当时就劝说道:"姐呀,咱还有个根哩呀。"他妈艰难地说,等娃长大了,他会知道的。后来他们也真这样做了,他舅从来没上过他家门,他姨想见见他,从他家门口来回走过多次,也没进过门,只想在外面碰着外甥哩。他婆给他爸说过:"哎,志清,我咋在门口瞅见洛宁他姨在门外头转过去了,没到屋里来么。"他婆说,他爸也没言传。这话是他听见的,记下了。后来他长大了,见到他姨,也说到这事儿。有一次,他外爷从竹林关上来,拿了个啥东西,也说不清了,到街里来卖,没卖出去,找到他爸,说:"志清啊,你要是要,就便宜一些,给你留下。"他爸手里也没钱。外爷无奈,又拿到街道转了一匝,不知道卖了没有,想必日子也是实在过不去了,才这样的。这是父亲告诉他的,也是他妈过世后的事情了。为了生计,他外爷在自己女婿面前竟然也放下了长辈的尊严。

他婆后来也想明白了,也后悔跟他妈没好好相处。他婆是1978年过世的,他婆是1896年生人,他爷是1893年生人。

他说,父亲曾经留下一张照片,他爸抱着他,边上是他妈,前面坐在椅子上的是他婆。他妈的脸浮肿着,他对母亲的印象只有照片上这一点点了。1978年,他都已经考上师范学校了,一个人坐下来时,还幻想着母亲在那儿活着。他做梦都想着她，想着舅舅家里的样子，对外爷也只剩下八岁上见的那一面的印象了。他说要了解更多，更详细，得到竹林关，到荆紫关去。说到竹林关，我们马上就行动了，冒雨驱车而行。在车上联系上镇上的张书记，他是个小兄弟，很熟悉镇上情况，周末了还在镇上值班防汛。他听说我要寻访老船工，也很高兴，立马发动村上干部找人去。高速路也就半个多小时就到竹林关了，刚听洛宁哥说的，当年水上航行可要走好几天哩。

雨还在下，出了竹林关高速收费站，路两边是翠绿的竹子，齐棱棱一排子，有胳膊粗的，也有筷子粗的。这里是丹江水运重要的中转站码头。如今丹江河上架起了水泥大桥，古渡口也找不到影子了。

绕过竹林，到河北岸的州河北村委会，镇村几个干部在，叫来的几个上了年纪的老人在说笑。下雨天，人都没事干，老人们就快快赶来了。有老船工冯进怀、白存善、王新明等人，几个老人耳笨了，腰驼了，脸黑了，精气神却很好。问到程老大，他们异口同声说："程端阳么，好人呀，有本事。"他们的口音让我反复问了几次，才听清叫程端阳。老人们提起船运的事儿，很有兴致。他们说的程端阳跟洛宁哥说的没差别，也是大个子，四方脸，眼睛大大的，对人很好。划船的助手有竹林关街道的余立寿、边玉柱，人也都不在了。那时船在五六丈长，能载几十人哩。

八十一岁的冯进怀老人大声说："1949年前这里有千百人，现在四五千人了。我是1961年跟上程端阳拉船的。程老大高个子，黑脸，大嗓门，为人豪气。人家可是大把式，给供销社运货哩，有五个船，人家是头儿。供销社的活儿，给人家一说，人家给安排，几个船，多少个人，清清如水。程老大老了后，拉到荆紫关埋了。他的船六丈长，船口一丈宽，船上有好几个舱装货，吃住都在船上。船是供销社买的，上面有九个人，六个拉纤的，两个划的，一个船老大，我算三把手。拉的有百货，有山货，当地的橡子、鸡蛋、栲树皮、木耳等，外地的盐、煤油、布匹。水大了，竹林关到龙驹寨往上逆水得走四五天，水小了，得走五六天。上水一船拉五六千斤，下水拉个上万斤。人都穿的龙须草鞋，要不就精脚，草鞋也就三两天就烂了。危险处多，有一次发洪水，没弄好，船给翻了，一船货冲光了——船工说话都不能说'翻'字。船上也有钢钎、镢头、绳索、棍、锨，遇到水浅，有沙石，就跳下水，挖，这就是扒洪。纤绳都是竹子编的，跟背篓袢一样，肩上草绳上用破布衲个布条条子，上面有个钩，专门套纤绳，纤绳也在四五丈长。我都拉了十来年船哩，到20世纪70年代初，拉坏了两个船，还请商南人给做了一个船，撑了三年。年轻时劲儿大，扛两百斤的包不值啥。船就停在城隍庙后，朝船上扛一百斤给两毛钱，连票带钱交给队上，才给记工分哩。一天十二分工，比种地多两分。干一个月活儿挣三十块，比乡干部工资都多。靠这瞎力气挣钱，也成了家，有三个儿子，两个女儿，七个重孙了。赶上了好政策，过得也高兴。"

七十五岁的白存善老人说："我是1960年跟着划船的，船是武关河口的杨毛子给做的，长五丈八。儿子跟他一块来的，娃也就七八岁，也算一份工。船用的是红椿木、桦栎木、柏木，做了两个月，给了三千五百块哩。我大四十岁就跟程老大撑船来，先拉纤，再当'拦头'的。我接我大手拉船，靠拉船养活一家子九口人哩。1959年我还把船撑到过商县南门口。后来我在地区运输公司干了两年。三年困难时期，回来开荒种地，这才有啥吃了。在船上时年轻，一百八九十斤的麻袋不费劲就扛走了。我给队上拉了五年船，一天到黑都在水里，衣服从来没干过。秋冬里，脱光衣服下水，把桐油朝肚子上一抹，就扑下去推船，脚上腿上全是裂子。有一次从州河里朝下放船时，到引石滩，水急，河陡，船翻了。船工的苦没法说。"

七十八岁的王新明老人跟七十四岁的冯东有也说："程老大弟兄五个，现在都不在了。程老大对人好没说的，就是脾气倔。他两个助手也不在了。那时程老大也在六十多哩。当时拉的竹纤很长，船上有锅灶，还有水瓢，用木头安个把把子。船里隔挡都留有水眼，拉船时，人在后面一压，水流到后面隔挡里，再舀干净，这才开始撑。"

竹林关镇上文化干部邢渭林，算是个"竹林关通"。他笑着说："我记得我两个舅爷也拉过船，一个还是二把手，是抱纤子的，甩纤绳，也叫抱整套的。水大了，人要跳下去剥船。程老大撑襟子大裆裤，粗布裤带，冬天头戴气死风帽子。"洛宁哥笑着说:"就是拿粗毛线织的帽子,顶上有疙瘩。"老邢接着说:"穿的是粗蓝布上衣,鞋是草鞋。冬天船工个个腿上都是裂了的口子,能放进去小拇指哩。可怜得太太呀。"

天暗下来,雨还在下,山上起了雾。我们又来到竹林关街道城隍庙,敲了半天门,才听到有人应声。门开了,是一位面目慈祥的老人,淡淡地笑着,说话很和善。老人正是老船工常世堂。老人说话不紧不慢,柔中有劲。说到程老大,他说:"竹林关先前的船老大是张凤友,1949年后就是程端阳了。我跟着他给竹林关供销社拉过货。供销社一天给一个人一斤半粮,我们挣一块钱给大队交两毛。从竹林关到龙驹寨,有十几个险滩,手艺不好,就会连人带货被洪水冲走。程老大手艺没麻达。"

12月2日是个冬日的晴天。我们一早出发去荆紫关,寻访程老大的后人。车子过了商南进入河南境内,正赶上大雾,高速路被管制,这一等就是两三个小时。等赶到荆紫关已经中午12点多了,简单用了餐,就给远在贵阳的洛宁哥打电话,他说他表弟叫程金福,并给了我表弟的电话。我联系表弟,他说在家等着。我们来到南街村口,打听船老大的孙子程金福的住处。一位中年男子,精瘦,很热心,骑着摩托车给我们引路,很快就到了程金福家。他坐在楼房门口跟邻居拉话,见到我们很热情。他四十九岁,儿子也成家了,有了孙子孙女,还有一个上六年级的小女儿。女儿很懂事,见家里来人了,问了好,就主动给我们用茶海烧水沏茶。她熟练地洗杯子烫茶壶洗茶,用细密的小筛网过茶,那麻利,那自如,一点不比茶庄女茶艺师差。她爸催她快给客人倒茶,她边忙活,边调皮地说:"你也太天真了吧,茶还没泡哩,咋倒哩?"不一会儿,茶泡好了,她给每人斟好一小杯,小心谨慎放到我们面前。我们边品茶,边说话,说到程老大,程金福说:"我人小,爷爷的事情不知道,我姐可能知道一些。"他又让小女儿骑自行车去接他大姐。

他姐来了,和我们说话时,他的两个孙子在屋里跑前跑后,喊喊叫叫,他掏出手机,说:"给,拿去打游戏去。"这才清静下来。

据他们回忆,爷爷程端阳是1972年去世的,好像有个哥哥。爷爷大高个儿，一只眼睛暴突出来，性格豪爽、热情，常不在家，偶尔回来一回，跟娃娃们很快就混熟了。他们家就住在丹江边。爷爷有两个大船，船上雇了六七个人拉纤，一年四季都在丹江上跑船。听父亲说，爷爷的两只船的收入能顶现在两辆车哩。爷爷上龙驹寨、下汉口运货。奶奶叫张静蓉，是荆紫关药王庙人。老人也很要强，爷爷老了撑不了船了，就把他从竹林关接到荆紫关。奶奶不愿意跟娘家人在一块住，单独在街道租房住，后来也盖了房。程金福家这三间两层楼房是2005年盖的，当时花了九万元。这二十多年来，他一直在西安打工，干建筑活。现在家里七口人，日子过得还行。

说话间，他还带我们上到二楼，一边平台晒着苞谷，靠西边露天阳台上栽了两小片蒜苗，嫩绿嫩绿。外面是一片麦地，麦苗青青。靠丹江河边河堤上是一排排白皮杨树，也有半搂粗。下面有一处，机械在取沙。这里的河道都在三四百米宽。

我站在那里眺望丹江，心里却想着曾经叱咤风云的程老大，大半辈子都在这条河上漂泊，人生的什么艰难没经历过，到了晚年，身在异乡，每每看到丹江，他一定会浮想联翩，想他的竹林关，想他的龙驹寨，还有他那些拉纤拦头的船工兄弟们。水运慢慢没落，这位彪悍的英雄瞅着丹江，心事重重，很是无助。岁月流逝，身心疲惫，只剩下一点点乡音和骨子里那缕缕乡愁，让他在回忆里送走不多的日子。

寻访归来，我的灵魂受到震撼。老喻也动情地说："程老大就是一部命运交响曲，是丹江上的交响曲，一部人生命运磨砺的长篇小说啊！"

我的心久久不能平静，时不时想道，程老大不就是几十年前看过的电影《没有航标的河流》里放排的盘老五吗？他的爱情也许就是在船靠岸歇息时，与那位到船上洗衣的姑娘，一次两次三次，含情脉脉，而擦出的爱的火花吧。我总是把老人定格在盘老五那个鲜活的形象上。几回回梦里，也仿佛见到了那个高大的、方脸、眼睛突出的汉子，撑着船在丹江上向我招手，向我微笑。

程端阳只是半个多世纪前丹江上千水手中的一个，是靠勇气和智慧讨生活的一个水边的百姓。我遇见洛宁哥，才捕捉到那些<u>丝丝缕缕</u>。若不是机缘巧合，这些事情也会随着丹江岸边时光的流逝，不为世人所知。那天，在洛宁哥家的客厅里，我们吃着本地产的一种紫色龙眼葡萄，个儿比拇指还大。洛宁哥关于程端阳的叙述，让我十分震惊，老觉得自己在生活的里边，其实却在生活的外边，之后才有了我们去竹林关，去荆紫关的那些行程。洛宁哥讲述的是一段亲情，我听到的却是一段关于丹江的历史，是很多靠丹江养育的劳动人民的历史。作为洛宁哥的外公，程端阳在自己的女儿去世之后，看过外孙一次。一个早春，丹江岸边泊着一条棚子船，程端阳买了一些糖果，并将小外孙领上那条船，就着韭菜，两个人共同吃了些玉米糁子做成的稠饭。这就是那个时代最朴素却又很昂贵、很真心、很豪华的亲情。我的眼睛湿润了。

后来在竹林关和荆紫关采访，程端阳的名头响当当。一个面对丹江高傲的水手，却在某些时候，放下自尊、身段，有求于自己的亲人，并且不被理解，不被支持，这就是生存和生活的严酷。我有时候想，他叫程端阳，也许他就是端阳节出生的人，一个生命与水、与香粽吻合的人，这也许注定了他与丹江的缘分，也许这就是一种与水一生不能割舍的关联。

阵痛

旱　灾

丹江沿岸旱灾比较频繁。志书记载，从公元前470年，也就是周代，到2014年的2484年间，此地共发生旱灾80多次，其中当年之内水灾旱灾交替出现的有20来次。

按年代分，旱灾在周代有1次，汉代1次，南北朝1次，唐代6次，五代1次，宋代5次，元代1次，明代12次，清代27次，民国9次，1949年后22次。明代以降，旱灾呈逐渐增加的趋势。

旱灾有春旱、夏旱、秋旱、冬春连旱，还有连续两年、三年干旱。史上记载有春旱14次，夏旱19次，秋旱12次，冬春连旱5次，连续两年干旱6次，连续三年干旱1次。明崇祯十一年至十三年（1638—1640），"商州俱旱三年，饥死无数，人相食"，出现了人吃人的可怕现象。

从《商洛市水利志》看，此地历史上各个时期都有不同程度的旱灾：

周元王六年（前470），丹水绝三日不流，这算奇迹——能行船的丹江断流；

光武帝建武二年（26），旱，大饥，一金易米五升；

北魏太和十七年（493），商县、洛南、山阳五（6）月丁丑（27）日，以旱撤膳，六（7）月乙丑（9）日诏免徐、南、豫、陕、岐、东徐、洛、豫等地军粮；

唐代，元和六年（811）、元和九年（814）、宝历二年（826）、太和三年（829）、开成二年（837）、开成三年（838）都有旱灾；五代时，清泰三年（936）有一次旱灾；北宋时期，在淳化四年（993），有一次旱灾；明代旱灾较多，洪武二年（1369）、洪武八年（1375）、洪武十七年（1384）都有旱灾，宣德二年（1427）、正统二年（1437）、成化十三年（1477）、万历十四年（1586）、崇祯四年（1631）和崇祯十一、十二、十三年也有旱灾；清代旱灾22次，顺治十四年（1657），"春大旱，斗米三钱，无麦"。

1955年4月上旬至6月上旬，丹江在商县和丹凤县城段断流；1957年8月至10月底，全商洛旱灾；1959年7月后，持续干旱67天；1960年夏季到秋季连续干旱上百天，丹凤水文站测得丹江最枯流量为0.04立方米/秒；1962年2月1日至4月5日连续干旱60多天；1972年7月8日至9月2日，又持续干旱50多天；1973年7月至8月全商洛干旱，丹凤最严重；1976、1977年持续干旱；1981、1982、1983年三年连旱，其中1982年10月到1983年，连续有110多天干旱；从1985年11月到1986年5月，连续干旱200多天，商县早玉米少播3.97万亩；1986年7月上旬至8月上旬又持续干旱，土壤含水率不到10%，全商洛有1399条河沟干涸，商南县鱼池无水，死鱼6000斤；1991年9月至11月，全商洛干旱，50万亩小麦未出苗；1995年3月至6月，降雨只有15.3到25.3毫米，加之气温偏高，13万亩秋苗枯死；1997年8月，降雨只有21毫米，比历年同期少70毫米，近一半以上水库干涸，河水断流；1999年11月至2000年5月，连旱200多天，流域面积在10平方公里以上河道断流295条，商南县魏家台群众吃水困难，买一桶水得花五到十块钱；2006年6月至8月，干旱三个月，降雨仅有8.3毫米，较常年少81%；2007年3月19日至5月21日，干旱62天；2013年8月至10月，夏秋连旱；2014年6月至8月上旬，严重夏伏旱，丹江径流量比历年同期偏枯七至九成，水库蓄水量较往年偏少五成，商南县河水库枯竭，县城4万多人有40多天吃水告急，县政府组织商业车队运水解困。

丹江河谷地段发生干旱次数多，强度较大。大旱多发生在春初至夏末、夏初至秋末或冬初至夏末。20世纪90年代以来，发生旱灾40多次，几乎一年两旱，干旱时间长，出现了春夏连旱、夏秋连旱、秋冬春连旱，甚至两三年连旱。

丹江谷地的水灾和旱灾，除了气候、地形等因素外，与20世纪50至70年代植被严重破坏有关，丹江上游水的涵养区没有发生效应。

水　灾

　　丹江给两岸群众带来的危害就是水灾，多发生在夏秋两季。丹江在秦岭腹地蜿蜒，处在北亚热带向暖温带气候过渡带，形成了垂直差异和季节变化明显的山地气候。丹江流域年降水基本都在706毫米到840毫米之间。由于山地起伏不同，区域暴雨较多，水灾也较多。丹江的多雨季节集中在每年的6、7、8、9月。有文字记载，西汉高后三年，也就是公元前185年，"丹江溢，淹没田禾"。从公元元年到1899年，丹江上的水灾有30多次；1900年到1949年水灾5次；1954年到1983年水灾7次；1984年到2016年水灾9次。水灾伴有雹灾主要发生在明清时期。明万历四十年（1612），"东乡雨雹，有五日未消者"；明天启四年，商州夜村雨雹"如石臼杵，民房悉碎，禾为泥"，冰雹有舂粮墩窝子用的棒棒头那么大，跟鸡蛋差不多大小，庄稼也打得稀巴烂，似泥浆。

　　历史上丹江的洪水曾三次冲淹商州城。一次是清咸丰二年（1852），秋季连阴雨，洪水从原来商县县城的小南门冲入，当时的大清观被冲倒，还有几百间民房也被冲倒；第二次是清光绪八年（1882），河水暴涨，从老城南门外的水门灌入，冲毁民房若干；第三次是1954年8月3日，丹江上游普降暴雨，洪水也是从水门涌入城里，冲毁民房120多间。

　　水灾造成伤亡最大的是民国二十年，丹江沿岸百多人死亡；经济损失最大的是1998年，造成经济损失2.5亿元；暴雨强度最大的是1998年7月9日，丹凤双槽乡6小时降雨1500毫米以上，是有史以来国内罕见的特大恶性暴雨。

　　在此摘录志书上几次有较大影响的水灾：

弘治四年（1491），五月初八晚大雨倾盆，草庙沟水涌数丈（在商州城北），崔花园、王垌底多毁，人畜伤亡。

顺治十五年（1658），四月大雨，三旬无麦，七月泉村雨雹，八月十四至九月晦，狂霖如注，伤禾稼庐舍。

康熙元年（1662），八月大雨弥月，城颓屋倾，濒河民舍崩没几尽。

同治十年（1871），八月雨十月止。

光绪十六年（1890），商县东乡武关、铁峪铺等三村堡被水冲压秋禾水旱地19顷75亩，漂溺瓦草房243间，溺死大小72口。

光绪二十四年（1898），商县秦川一带亦多被水冲损民房、地亩，并压毙赵永生一家7口。

民国二十年（1931），八月二十至二十四日，商县南东区洪水暴发，秋禾全被冲毁，房屋倒塌，死17人，城东里许，东店子村河堤冲崩。

1954年6月9日晚10时左右，商县马角山一带下暴雨伴冰雹，腰市街被冲淹；7月15日，黑龙口降暴雨，区木材站、街道均被淹没；8月3日，丹江柴湾水文站测得最大洪峰为1590立方米/秒，洪水冲毁县城水门东边城墙，涌入城里，毁房120多间；8月11日，全县又遭洪水袭击，倒塌房屋966间，受灾耕地3.53万亩，减收285万公斤，死亡41人，牲畜97头。

1957年7月16日，丹江涨洪水，佘河堤决口，城南6.9公里一湾稻地全被淹没。

1970年7月28日，丹江程家坡水文站测得最大洪峰为1520立方米/秒，从洪门河到二龙山十多公里的丹江两岸平地全被洪水淹没。

1975年，二龙山库区上游和商南赵川降雨较历年增加30%。二龙山水库调蓄首次溢洪下泄，流量400立方米/秒，冲毁下游新修河堤和耕地。

1983年汛期降雨75.3天，占汛期天数的41%，年降雨量1010毫米，比正常年份多44%。大的水灾四次：6月18日至26日，降雨70毫米，超往年同期两倍多，造成小麦发芽霉变，占夏粮的三分之一；7月19日至21日，普降大雨和暴雨；7月29日至31日，又降暴雨，雨量200毫米，灾情扩大；10月3日进入秋淋期，降雨10天，丹江河流洪峰超过历史最大流量，受灾惨重。

1984年5月6日、10日、11日，商南梁家坟、丹凤竹林关等地有冰雹伴暴雨大风，成熟小麦受损，房屋及牲畜遭危害。7月17日夜11时左右，商县板桥、北宽坪、丹凤县城、留仙坪，日均雨量在100到120毫米，商县夜村会峪改河造田工程被冲毁，夜村镇杨塬村312国道和北宽坪公路交会处一户人家被水冲走。9月13日下午5时至8时又降冰雹，商南两岔乡，丹凤梨园岔乡、马家坪，湖北、河南交界处，百公里以内都受袭击，有雹块重达1.2公斤。

1987年6月4日至5日，丹凤峦庄、武关及商南腰庄，18小时雨量143—220毫米，最大强度为一小时58毫米，丹江支流银花河、武关河洪峰分别达到2970立方米/秒、2450立方米/秒，属于两百年一遇的大洪水。银花河从源头到丹江入口处的竹林关90多公里沿岸平地几乎全被冲光。

1988年8月13日晚至14日凌晨，秦岭主脊一带降特大暴雨，八小时最大降雨量440.2毫米，一夜间山洪暴发。麻街水文站测得洪峰645立方米/秒，是建站以来最大值。14日3时，二龙山水库下泄流量也是建库以来最大流量，为437立方米/秒。

1998年7月9日晚至10日上午8时，丹凤县双槽乡和商南县清油河一带普降特大暴雨。丹凤县双槽乡宽坪村暴雨历时6小时40分钟，降雨量1300毫米，是世界内陆降雨之最。资峪河双槽沟9日11时30分到10日1时30分的洪峰流量为1770立方米/秒。

1998年8月25日至26日，丹江流域又有一场特大暴雨，最大雨量在商南的青山，为398.9毫米。

2003年8月28日8时至30日14时，商州等地下大暴雨，商州农作物绝收5.12万亩，水毁耕地1.32万亩，倒房3257间，水毁河堤222.6公里、渠道34.4公里、公路399公里。

2007年7月28日至30日，丹凤、商南等地普降特大暴雨，强度大、范围广、时间长。丹凤县铁峪铺化庙子村是暴雨中心，降雨量493毫米；商南县城是另一个暴雨中心，6小时降雨161毫米。

2010年7月，全商洛市多地暴雨。商南县富水镇7月3日0时至1时降雨68.3毫米，丹凤铁峪铺降雨246毫米。7月24日8时40分，武关河洪峰流量2000立方米/秒，百年一遇。丹江等河流水位都超过警戒线。商南县试马水库、县河水库溢洪。这次水灾，仅丹凤县就有21个乡镇168个村1482个村民小组，5.7万户21万人受灾，其中竹林关、月日乡等15个乡镇最严重。全县当时因灾死亡9人，失踪25人，倒房11 473间，22 095间房成为危房，农作物受灾18万亩，水毁5万亩，绝收8万亩，粮食损失1.7万吨。因灾死亡猪1.5万头，牛210头，羊2000头，鸡30万只。沪陕高速、312国道中断。直接经济损失11.85亿元。

移民的乡愁

二龙山水库移民大多数安置在商州区东部丹江河岸的三个乡十二个村四十三个村民小组，还有少数投亲靠友，搬到关中和铜川等地。当时，为了做好移民安置工作，原商县人民政府专门成立了县移民搬迁安置办公室，专门负责这一项工作。搬迁最早的在1972年左右，最迟的是1976年左右。四十多年过去了，那些搬迁户生活得咋样了？

2018年11月24日一早，我们迎着初冬的朝阳出门。在车上小贾联系了他哥，他哥是村干部，我们要见的徐马娃，就在他哥老家老山沟。老山沟就在商州和丹凤交界处。

老徐的新楼房就在老山沟口移民新村，门前就是原来的312国道，国道现在改到丹江南边，涧下就是丹江。楼房后面靠着姜岭。楼房是三间三层，门口有不少水泥制的花盆，有斗大，是老徐自己做的。他让我们进屋坐，客厅堆放了不少家用电器，儿子专门维修家电，现在不修了，在棣花街上做花木生意。老徐做的花盆一些拿到儿子的店里，一些留在家里，也有人上门订购。老徐用手掀了掀头上的人造革黑皮帽子，说："生意还行，能挣点油盐钱。"

老徐七十七岁，长脸，胡子拉碴的。他原来在板桥乡白岭村，住在水库东边的徐家洼。1974年水库蓄水后，队里的地淹得没多少了，公社和村上动员村民搬迁，老徐一看地没了，吃啥呀？一咬牙，就搬。1976年他们一家五口连人带家具被一辆大卡车拉到了老山沟口。移民干部叫来四轮拖拉机，把老家拆下的椽、瓦，能用的石头，还有一副石磨子，一个石碌碡都装上了车。单是搬东西,拖拉机就跑了三趟。

能搬走的都搬走了,只有涧底下那棵柿子树,老徐像摸儿子的头一样,在树干上摸来摸去,默默掉眼泪。柿树不大,可是救了一家子人的命,他母亲用柿子做炒面、柿饼、柿皮子来充饥,有时吃几个柿子就能顶一顿饭。他小时候,夏天在树下乘凉,听老人讲古经,秋里爬上树摘蛋柿。到了腊月初八,还要给柿子树喂腊八粥,叫柿树来年多结些柿子。见他舍不得,移民干部说,那就干脆砍了拉下去烧柴。老徐有点生气地摇摇头,说:"那连自家的娃一样,我咋能下得了手哩么。"

到了老山沟,先住在村干部朱恩娃给腾的三间土房里。老山沟一组离312国道近,平地少,人都住在东西两面坡上。老徐最后把桩基选在一组的西坡塬上,上工偷闲一下,拾掇材料,前前后后忙活了一年半,盖起了四间土木结构的瓦房。

村上也按政策规定,给分了九分自留地,两分饲料地。他和老婆起早贪黑,白天在生产队上工,夜里忙家里的活。老徐是全劳力,一天十分工,老婆一天八分工。这里坡地土厚,能长红薯。红薯也成了主粮,秋冬里生的吃、蒸的吃,再切成红薯片子,给春上青黄不接时煮锅吃。苞谷和小麦不多。人多劳少,队上分的粮也将将就就。一年养一头猪,年底卖了,给队上交缺粮款。老徐勤快,也能吃苦,没人教也自己琢磨着学会了木匠、杀猪匠手艺,还在家里做豆腐,偷着卖。

老徐见这里人种地不讲究,只会栽红薯,他让队上学他们老家种法,种行行田套种,一行种早苞谷,一行栽红薯,这样通风透光,能多打粮食,小队干部听了他的话,当年他们一队里每人分到两百多斤苞谷,其他小队连一百斤都不到。后来全大队都套种了。

修水库时,老徐在工地上也干了两年,主要是抬石头,用架子车拉水泥浆。一天一个工,挣一块钱。水库工程完了后,他一个人拉着架子车,到金陵寺的熊耳山煤矿给水库管理处拉煤,一天跑一趟,能挣五块钱。路上遇到人家了,借人家的锅,把自家带的苞谷糁子熬成糊汤吃,要是叫主家给做,一人掏一毛五分钱,酸菜、柴火就不给钱。

老徐淡淡一笑,说:"人不管到哪达,心要好哩,待人要真,这里人厚道不欺生,还帮忙干这干那,住得安心着哩。"到老山沟,他又添了一个女儿,一个儿子。四个女儿三个都嫁在本村,她们的光景也好着哩。

离开老家这么多年,他说老梦着老家的人和事,每年清明节都要回去上坟,老家亲戚邻居有啥红白喜事也要回去,人走了,情分不能走呀。老徐说:"老家还有个兄弟,也六十多了,比我大些的人,差不多都走了,见一面少一面了。一年总要抽空回去两三回,看看老家地方,心里也瓷实些。"

从老徐家沿312国道西行,就到了李家河滩村。小贾他哥骑摩托先到了,我们从路边一条小路上到斜坡上,来到移民户段思善家。

老段家涧边上的柿子树,叶子落光了,树干漆黑,上面有蛇皮般的皲裂片片,枝头上挂满了红彤彤的柿子,还有一两个喜鹊在啄着吃,见我们走过来,"喳喳喳"叫着飞走了。老段的三儿子段立永,一瘸一跛地给我们拿板凳,他说腿骨折了,他大到地里挖药去了,让他小儿子去叫了。

我们坐在院子晒暖暖,院子里摊满了柴胡秆秆子。跟立永说话间,他妻子背着一背篓苞谷秆回来了。她放下背篓,赶忙给倒茶水,拿橘子叫吃。也有一袋烟工夫,老段背着半背篓柴胡,手里拿着牙子镢,一摇一摇到了院子。他个子不高,圆脸,胡子也不多,脸上挂着笑容,戴着一顶黑呢子帽子。他一手拿着烟,一手拿着打火机,一字一板说起话来,说话思路很清晰。

他也七十六七了,原来住在麻街乡丹阳村,家里一人有一亩多地,日子过得不比人差。1968年,在朋友的帮忙下,一家子搬到岐山县五丈原大队住了一年多时间,那里的人对他一家也很好。一次,见大队里批斗人,他说了一句"林彪咋看都像个奸贼"。这话被一位知青听到,为了表现自己,就到公社告发了。他被叫去谈话,死活不承认,当晚,他就吓得跑回来丹阳村了,后来,又叫本家人把一家人接了回来。他在小队里当会计,还偷偷跑出去打工,挣了一千两百块,在那时可是不小一笔钱。

水库开工后,他在工地上干了三年多。砌练子、回填这些技术活,也不太累，只是在清底子时，用笼担担石渣和泥浆，一个晚上，他一个人就担了一百多回，累得腰都直不起来。

村上确定要搬迁的有八十多口人，他家也在内。当时，家里九口人，他父母、他两口子、一个妹子、四个娃。县移民办最初定的让他搬到会峪村。他偷偷去看了，那地方不咋样，就要求搬到孝义乡的李河滩村。这个村子在丹江北岸，312国道边上，村上有坡地，还有水田。1975年6月，老段一家人搬到这里，队里给分了一亩二分自留地，还有二分饲料地。他还养了三四头牛，十几只羊，母牛年年都下牛娃子。羊在外面跑，当地人嫌羊膻味大，在背地里骂骂咧咧，他家就没再养了。1977年，他小儿子得了骨髓炎，断断续续住院，把钱花光了。1985年到1995年，十年里，老两口子到西安收破烂，挣了钱，先后给三个儿子成了家，都单另过了。女儿考上卫校，在城里一家卫生院工作。

他也是年年清明节回老家去祭坟，也不忘老家人，行门入户没断过。

我们又赶到李家河滩对面，丹江河南的夜村镇孝义吕涧村，这里当年从二龙山水库搬下来了八户。刘刚军，六十四岁，人邋遢，说话有点吐字不清，像是得过脑梗一样。他原来住在板桥乡岭底大队上街生产队，1973年搬到吕涧村的。那时，他一家八口人，自己两口子、父母、兄弟、妹子。他们一家人就不想搬，村里该搬的都搬走后，他家的房子也拆了，就住在村里别人的一间房子里，后来一看实在不搬不行了才搬的。这里也是按每人八厘自留地给他分了六分四厘，两分饲料地。家里劳力少，也没工分，队里分的粮不够吃，就用麸皮、高粱、柿子等做炒面填肚子。刚到这儿，也经常受人欺负，他兄弟刘家军被人打过好几次，最重的一次把腿都打坏了。队里出面调解，对方只给认了药费。他弟一直没成家，和他一家在一块儿过活。他儿子刘俞辉，三十一岁了，娃也灵性，就是爱钻牛角。高考差了几分，没考上大学，又去当兵，身体好好的，也没当成，这一下受了刺激，成了精神病了，经常打他爸，送到精神病院也没治好，这一下子把家里钱花光了。女子嫁到关中去了，老婆又死了，这一家就散伙了。见到刘刚军时，他和兄弟两个正在给妹子家帮忙盖房扎根子。他妹子也叹息道:"哎,咋办呀么,那娃前几天在街上犯病又打人了,现在在精神病院,没钱,也没人敢去看,这日子不敢叫人想。"

这天下午,我们来到沙河子镇李堡子村。沙河子街西头就是李堡子村移民新村,四五排新楼房,整整齐齐。我们在村部门口见到一位六十来岁的男人,他带我们在居住点靠近后沙坡的民房门口喊了几声,门开着,不见人,他说这就是王继成家。我们又到新村找到老王的女婿,他胖胖的,谢了顶,到他岳父家里拿了凳子,让我们坐,他给找人去。

老王干瘦,头有点尖,七十三岁,原来住在麻街乡高潮村十组,他们是第一期移民。那时候,地区领导在村上讲,脱皮掉肉都得搬,搬了对后人有好处。驻队工作组天天上门催,说6月发洪水前必须全部搬完。那年6月就发了一场大水,把队里河边的大石头河堤冲毁了,吓得人心惶惶。1972年,他成家后和妻子两口子搬下来。村里给分了八分四厘自留地,两分饲料地。刚来时,村里给了一间房,1973年大女儿出生,没啥吃,娃饿得哭哩,给周围人要来火罐柿子喂着吃,日子巴作得很。

老王说:"十个指头都不一般齐哩么,村里评贫困户,说我家有水库移民补助,就不给评,咱也想得开。共产党为人把啥心都操了,咱还有啥怨的哩,知足了,知足了。"

他大女儿嫁在本村,在市炼锌厂工作,女婿当兵退伍后安排在金堆城钼业公司,儿子在江苏打工。他把母亲一直伺候到一百零二岁,老人才无病而终,村子人都说他是大孝子。老家高潮村的祖坟和他伯的坟当时没来得及迁,都泡在水库的水里了,想回老家祭祖,也没处祭,这一直是老王的一块心病。

库区人的难

二龙山水库库区，在七百七十五米高程以上居住的群众不属于搬迁户，算是留守了，还有当时是搬迁户，又不想离开本土的，也从丹江河边搬到半山腰住了。这里有七个自然村，好几千口人。2015年，高潮村、铺上村、丹阳村、红湾村合并成湖新村，有两千两百人，分住在水库南北两岸。因建水库，许多通组路都是断头路，人们出行极为不便。

那是2018年5月的一个周末，天下着小雨，老马兄约上了高潮村原支书王锅代到我办公室。老王五十九岁，个子不高，黑红脸庞，说起水库，他有一肚子的话要说。

一切都与水库有关，二龙山水库改变了他的命运，改变了这里人的生活。

没修水库前，高潮村可是个"白菜心"，平地多，水田多，当时的商洛军分区基地就在高潮村。村里有卡车、马车，有水磨，家家户户有李梅园，有菜园，整天都进城卖菜，种的萝卜、白菜、西红柿都是城里人最喜欢的。家家手里都不缺零花钱。高潮村人也爱看戏，爱唱戏，唱现代秦腔《智取威虎山》中杨子荣的王万荣，常常被外村人当成从县剧团借来的演员。老王十几岁时，跟上父亲到城里卖石头，一架子车四块，一天能跑四回。

学大寨那会儿，群众坚持"两个六点半（早上六点半上工，晚上六点半收工），中间一顿饭"，村里红旗招展，场面宏大，梯田修得好，也修得多，成了全县的典型。村里人手头活泛了，白天在生产队上工，晚上跑到县城看戏。

无论文化还是经济，这个村那时候在全县不是数一，也数二。

1970年兴修水库，老王当时还在上学，父亲参加了修水库，一天很少回家。老人在工地上舍不得吃的杠子馍（半斤面蒸的馍），拿回来给娃们分着吃。水库上是人海战术，人工抬沙石，一天三班倒。山上到处都是工棚，满山遍野都是人。

高潮村人支持国家建设，也没怨言，可出路成了老大难。水库蓄水后，高潮村的平地几乎淹完了。一、二、三、四、六、十组的人都搬迁走了，下来有二三百户。老五组三十多亩、六组三十多亩旱涝保收田，一厘都没有了。全村只剩下山坡地。

1974年红湾西坪组人要过水库种地。当时没有船，人们就用椽扎成排摆渡，结果有一次人没坐平衡，翻下去了，三个人都没命了，三个都是精杠杠男劳呀。1978年，村上一个小伙子才十八岁，摆渡时也掉到水里没了。老王他堂弟上学回来下去游泳，就再没上来。七几年，有人到城里去交猪，也是把猪五花大绑捆在船上，一阵风掀起一股子浪，把船打斜了，十几头猪掉到水库里。主人想着会把猪淹死，没想到猪在水里游得比人还欢。猪四散游，几个会水的去撵，等人凫着到跟前，猪一拧身子又游远了，好像故意逗人玩一样。就这样在水里折腾了半天，一头也没抓住，人累得都差点溺水，猪们却自己游到岸边了。村上六组的王再娃生病了，一伙人紧紧火火撑船到水库大坝跟前，人就没气了。原高潮村的老支书王重珍，2005年修水库边上的路时，不小心从崖上摔下去殉职了。说起这些事儿，老王干瘦的眼眶湿润了。

从2006年老王当上村支书后，他带领群众办农家乐，还以个人名义多次跑省上，到市里，到区上，想法解决库区群众出行难的问题。2007年，他经过多次踏勘、调查，写了《关于二龙山水库修建跨库大桥，解决库区群众出行难的报告》，送到市上，市水务局又打报告到省水利厅、省移民办。省上派专家现场测量，制定了三套方案，他还把效果图装进玻璃框让群众看，群众高兴得都掉眼泪了。当时，省上说从应急资金里先给解决六百万，但比设计资金还差一半。老王为修桥，路没少跑，脸没少看。直到2014年，因南水北调水源保护，桥的事儿放下了，老王还是不甘心，拿上报告四处找人。老王伤心地说："一辈子从来没为自家的事求过人，就是为村里人出行，把人脸看尽了。我想，就是一座桥，还是库区一座景观桥，咋就这么难呢？"

老马这时故意岔开话题，说人都说"高潮"这名字好么，也有不少笑话。老王笑笑说，当时公共汽车从这里过，司机问一个群众："到高潮了没？"那人说："没哩，才到铺上。"车走了一会儿，又问，那人说："才到中流。"再走了一会儿，问："这回该到高潮了吧？"那人急急地喊："哎，哎，高潮都过去了么！"说得大家都笑了。村子为啥叫这个名字？老王说那叫得早了，他爷在世时都说不清。老马说，可能跟丹江有关，丹江水到这儿浪大、浪高了吧。

为了保护水源，环保部门让水库周边的农家乐全部关门了，还要求不要用或者尽量少用农药和化肥。老王说，要么全部搬迁安置，像西安市对黑河水库库区群众一样；要么把库区群众安排好，让他们当好环保员、流沙治理员、卫生监督员、护林员等等，政府拿点钱，群众既保护了水源，又有收入。成天在水上漂不是个事儿么。现在村上的光棍就有五六十个，没有路，哪个姑娘愿意到这儿来么。

老王说："拜托你好好写写，我个人啥都不求，但人要有良心哩么，保护水，还要考虑库区人的难处咋样解决哩么。"

记忆

马炉有个刘西有

马炉是月日乡的一个村子，一个在中国地图上都找不到一个点的贫困村。"炉岔沟，麻石头，十料庄稼九不收，天一旱连根烂，天一涝水冲掉"就是村子过去的真实写照。在20世纪50年代，这里出了个"十二把镢头闹革命"的刘西有。那时整个商洛专区的口号是"学大寨，赶马炉"。

刘西有已经离开三十六年了，他的那种"愚公移山"的精神依然鲜活地存在于这片大地上。

2017年9月下旬一个晴朗的秋日，我们慕名来到马炉村，重走刘西有的路，寻找他留在这里的真实的生活细节。

从月竹路（月日到竹林关）保仓村进沟拐几个弯，小河上有座小桥，走过去是段土路，正在拓宽。一中年男子在核桃树根旁挖土，他说是给树施肥。他原来也在马炉村，现在划到北楼村了。说到刘西有，他说："那可是再好不过的人呀。"

洛宁哥也陪我们，他说当年刘西有从北京开会回来骑的马在丹凤中学操场拴着，他上学见过，只是没见到人。有一年春上他们驴友走马炉，看到油菜花都是一层层的，路边地里种着中药材，叫天南星。

车子拐了几个弯，我们见到涧下河对面地里有两个老汉，正在割豆子，豆叶还是绿绿的，豆子还没熟咋就收了？

我们从分岔路口下去，过了小桥，到了两个老汉的地里。这里叫周家沟口。胖胖的老人说地征了，办了养鱼场，养啥子红嘴鱼（虹鳟鱼）。问到刘西有，两位老人放下手里的活，点上一根烟，竖起大拇指，笑着说："那可是大大的好人呀，自力更生、艰苦奋斗精神好得太太。这一沟的平地都是人家在世时给修的。你看山上那个洞子，就是当时想把这一座山搬平留下的。"两位老人一个瘦高个儿，一个胖身材，都是六十九岁，共和国同龄人。胖老人说："刘西有手里修的地多，像康沟，还有阳坪、庙头、李家庄、炉岔，十四个组都有。""就是枣树沟没修。"瘦高个儿说道。"咋没修，枣树沟从沟口修到后沟，长子峪还修来。"胖老人抢白道。胖老人咂了一口烟，说："刘西有比我们大二十四岁，是马莲台上人。1949年解放，1951年我们这儿就成立互助组，就是现在说的十二把镢头闹革命，之后是初级社、高级社。"瘦高个儿说："当时打镢头没有铁，就跑到赵川担生铁，炼了好打。"胖老人还说了一段顺口溜："到赵川把矿担，换回生铁另打算，有了铁没有炭，问题照样没法办，下苦功多流汗，打成镢头把事干。"一只蜜蜂飞到面前"嗡嗡"叫，老人猛吐了一口烟，吹跑了蜜蜂，说："过去可怜，富人看不起，一解放，先从他马家台搞互助组，三家五家一联合，今儿给你做一天活，明儿给我做。1951年土改插标牌，第二年转初级社，有人还反对哩，1955年转高级社，还有人不愿意。组织起来了就修地，光康沟就修了七次，水冲一次修一次。刘西有是想让大伙富起来，你看这满山架岭的枣皮子树（山茱萸）都是他给栽的。开始没有树苗，他从余家山摘回山茱萸，在牛粪里捂，第二年长出来，就叫他哥刘西山在林场种。他哥后来还到甘肃去，教人下山茱萸肉苗子。"老喻问："有效益没有？""那还用说，全县栽都从这儿推开的，刚开始苗子一分钱，后来涨到五分钱。1960年左右就栽树了，当时收入归集体，大家都得利。我记得我沟里没有，人家李家庄有，就去那里采摘，捏出的皮子交队上，也一直是大队核算，这个小队粮不够，从另个小队调。"胖老人说道。小贾又问："刘西有做事公道着哩吧？"瘦高个儿说："公平么，真正是拒腐蚀永不沾。"胖老人说："上县上开会做啥都是担粮去，交完公粮再去开会，工夫一点都不耽搁。走到哪个小队开会都在地头上。行走不离三件宝：毛主席语录、工具米面、拾粪笼。走到哪儿，粪拾到哪儿，是真共产党。比如说在你屋里把饭一吃，把米面给邻居家留着,他走后,再叫转交给主家,一顿饭半斤苞谷糁子。当时干部下来吃饭给补助四两粮票一毛钱。"老喻问:"人品上服众哩吧?"胖老人说:"那人真正叫让你敬重。个子有一米八,行走时头上包个白手巾。他要是活到现在,马炉都富得流油哩。他有两个娃,都是抱下的,女子搬到长安去了,儿子在县新华书店上班。"

这时一个中年男子骑摩托从地边路上过,老人说那是村主任,他笑笑的,叫我们到村部喝水,我们也向他招招手致谢。胖老人说,刘西有的儿子小时候得了小儿麻痹,上学走路脚一甩一甩的,上坡得把住其他娃的腰。他们家里有三间房,弟兄三个一人一间。老大死得早,刘西有是老二,老三也死了。他的房是老房,现在都倒了,儿子也没重盖。刘西有五十多岁就病逝了。胖老人(他叫王兴娃)幽默地说:"小娃的娃,长不大。"说得大家哈哈笑了。这时来了一个人,在地里烧香磕头,燃放鞭炮,王老说那是老板,在敬土地爷。我们也祝福老板发大财。老板说:"到这里想沾刘西有名人的光。自己发展,百姓致富么。"

马炉的沟沟岔岔都是梯田,地塄上、路边全是山茱萸,绿叶红果,很好看。整个山间弥漫着一股山茱萸的药味,想来这里的人和牲畜也不会得啥病的。

村部周围的民房正在改造,听他们说,开发商要在这里搞旅游项目。

上到橦沟口,就到了马炉水库。水库是1974年12月12日动工的,能蓄水二十多万立方,大坝有三十九米多高,是双曲拱坝,这类坝体在我们这里也不多见。

站在坝上,我们仿佛看到了当年热火朝天的劳动场面,看到了刘西有高大的身影担着担子穿行。库里的水蓝莹莹的,两面山上长满了山茱萸、松树,还有木瓜,那呆头呆脑的木瓜煞是可爱。木瓜熟了放香,还能用来催熟柿子。一笼子生柿子放上一个木瓜,不几天就红了软了,能吃了,香香的。

沿水库右侧进沟,就是马莲台,又叫马家台,平台子上现在只有一户人家。刘西有家的房子正好在这一户边上,倒后再没修,老桩基上长了一堆杂草灌木，人都没法进去。这家姓李，只有老两口在家。老李是个退休干部，他说："过去马家台住了十几户哩，那边三家姓刘，也就是刘西有弟兄三个。人都走了，只剩我老两口了。清明了都回来祭个坟，过年也不回来。"说到刘西有，他感慨地说："那人是个大好人，我这儿的地都是人家给修的，康沟就修了七次，修一次，水冲一回，再修，才成的。你看那些练，都是他带人垒的。到哪儿都是自己带米面。"说到邻居一事，他说："我伯的女儿，我的一个姐跟了刘西有，他还是我姐夫哩。'文革'时他哥他弟都批斗他，大字报把门口都贴满了。人让我大说刘西有的瞎处，但叫人捏造总不行么。"老李叫李锁成，七十岁。他接着说："刘西有一回来就拿个铲铲拾粪，看不出是干部。他见不得懒人，一见就要批评。我三大娃子也是我一个哥，我三大死了，用的都是人家的寿木，他却听瞎人戳戳，说刘西有的坏话，说咋样压迫他。有一回学习毛主席著作，还没学哩就批判人哩，他就说旧社会三座大山把他压得抬不起头，现在叫刘西有把他压得抬不起头。我那时人小，咋样也想不通。后来说批判错了，他又去批判工作组，真是墙头草，两边倒了。"老李家的房子有九道檩，1992年给大娃子结婚时盖的，房子入深丈六，开间大。堂屋里木板柜上放了一排青色陶罐，当地人叫旺旺子，放米面不生虫。

老李说过去这里有不少马莲花，才叫马莲台。这儿叫马炉是因为互助组先在马莲台成立，后来传到了炉岔。老李指着对面最高的山说，那是挂石山，有很大的石头在半空悬着。河没名字，山的名字还很有诗意。

要离开马炉村了，天变了，慢慢飘起了雨花。我们面对着刘西有的老宅基深深三鞠躬，也算是对刘西有老人寄予无限哀思。

返回县城的一路上，我们都是围绕着刘西有的话题说事，也不约而同说要见见他的儿子刘丹影。丹影和我们都是文学爱好者，也熟悉。

后来在县城边一个小酒馆和丹影一块儿小酌，在他身上隐隐能感觉到一种品格的魅力。他说他曾经写过一篇《劳模父亲刘西有》，回头发我邮箱。他家房后面的岭叫槲树垭。1962年的一天，父亲驾着他送《人民日报》女记者金凤翻过槲树垭采访并返回的。父亲告诉他，金凤说："老刘呀，你好好干,后继有人,马炉有希望了。"还和他们合了影。最可惜的是记者照的那张合影,父亲没有留下。丹影端起酒杯敬大家,脸上笑出小酒窝,说:"有多少次多少人都在问我,恨不恨生身父亲?我说不恨,人家认为不正常,其实我内心一直在怨恨。上有老大,下有老三,为啥要送我,还叫我落下小儿麻痹症。至少三十岁前,我血管里流的是怨恨的血。后来阅历深了,才真心感恩两个父亲,作家父亲生了我文化的基因,劳模父亲教会了我做事做人。"他的儿女都工作了,二老也西去,现在啥心都不操了。看着他笑嘻嘻的样子,我们很敬佩。

晚上回到家里,打开电脑,丹影文章里的描述让我的灵魂又受到了一次洗礼。

刘西有,1925年生人。从小就失去父亲,给地主放牛。大哥被抓壮丁,三弟被狼叼去,家里仅剩下他、二弟和母亲。为了养家糊口,十二岁上就上黄龙山放牛,每天天不亮就被赶起来担水扫地,还经常挨打受饿。干的是苦活,吃的是瞎瞎饭。一年熬到头,只有三十晚上才能偷着回家团聚。

1950年2月的一天,刘西有从区上开会回来,就把七户邻居叫来,给他们传达中央"穷则思变,要干要革命"的精神,反反复复做思想工作,在村里成立了八个光棍组成的商洛山第一个变工队。没有工具,他和伙伴步行到百里外的赵川背铁矿,在那里,以换工的方式干了二十多天,换回八十七斤生铁。又同样以换工方式,叫人把毛铁打成了十二把一尺长的虎牙镢头。从此,开始用十二把镢头闹革命。1951年春,经过一年的摸爬滚打和锻炼,变工队转成了互助组。有人要退社,背地里骂他,他依然上门苦口婆心说服。经过努力,他带领大家斗地主分田地,开始在自己的田地里劳动生产了。1954年冬,互助组已有十五户,成为初级社,在乱石堆里修地造田。同时,对全村山水田林路进行了全面规划,修地造田,植树造林。奋战一年,粮食产量就翻了一番。1956年,高级社创建好,为1958年人民公社的成立打下了基础。

人民公社成立后,他把康沟作为闸沟造田的首期工程,集中全大队劳力,在光石板上垒石坝,拿背篓背土垫地修梯田,拱涵洞,上面种地,下面过水。先后修石坎梯田和沟台地上千亩，战胜了多次洪水灾害，夺取了大丰收，让马炉人第一次吃饱了饭，人经几辈子没吃上白面的康沟人也开始吃麦面了。这一奇迹震动了上级，省上和商洛地区多次派人调研，对马炉的愚公移山精神给予高度肯定。1958年，中央在北京召开各行各业群英会，刘西有作为劳模受到毛主席接见，周总理还为马炉大队签发了国务院奖状。刘西有成了全陕西出名的劳动模范，"十二把镢头闹革命"成了他艰苦奋斗的象征。

20世纪60年代初，他就着手封山育林，让高山戴帽，荒山变绿，建有党员林、青年林、三八林，十年时间叫70%的荒山全部变绿。

1971年春，他又一次提出"经济林缠腰"的构想。得到大家的赞同后，他到余家山老表家。这里他太熟悉不过了，小时候又想去又怕去，想的是去了，在姨家能吃上白馍，怕的是，那捏不完的枣皮子——从秋里要捏到第二年春上。这次去征得他姨父同意，挖了三十多株山茱萸苗子，回来分给十三个生产队栽种。那些积极栽种的，不几年山茱萸玛瑙般挂满树，而那些应付的，树全死了。

试种成功，他高兴得几夜都睡不着。传说中山茱萸只有鸟吃了，再拉出来才能发芽，他又把山茱萸籽拌到牛粪里，放在火炕上催芽，出苗后移栽，一年就能长半人高，还早一年挂果。这样，他就成立了全公社第一个药场。同时，还栽种了丹参、当归、党参、生地等中草药，供给大队医疗站。几年间繁殖的山茱萸树不光满足了全大队，还卖给临近乡镇以及外县。十多年的艰苦努力，叫一个穷乡僻壤变成了鸟语花香的"世外桃源"。1981年，马炉山茱萸大丰收，一斤卖到七十多元，全大队90%以上家庭收入超过万元。刘西有给马炉人造了一个实实在在的绿色银行。

他的事迹被《人民日报》记者金凤采访，1962年到1963年在《人民日报》上以《当代愚公》连续报道，马炉成了西北农业战线的一面红旗。诗人魏钢焰在《宝地、宝人、宝事》中收入了《旗手刘西有》。

他夜以继日地苦干实干，患上了多种疾病。一次，他胃疼得在地上打滚，当时在这里下乡的公社书记刘西领听说蓖麻油能治胃疼，瞒着刘西有在邻村买了五斤蓖麻油，给他治病。刘西有知道后没领情，还和书记狠狠吵了一架——他知道马炉在艰苦创业。刘书记只好把油退掉。

1964年冬季，刘西有利用上县里开会的机会，为给农田基建抬石头买铁丝。他把大队的钱包在用猪尿泡做的钱夹的一端，另一端装自己的钱。等铁丝称好，这才展开猪尿泡钱夹寻队上的钱，营业员好奇地问："为啥把钱放在两处？"他认真地说："要公私分明，不能把公钱跟私钱搅到一起。"营业员笑着摇头说："简直比《创业史》中买稻种的梁生宝还梁生宝。"他不管啥生宝，背上铁丝走人。过后，这位营业员得知穿草鞋、裹缠子的老粗就是刘西有，不禁肃然起敬，逢人便说刘西有买铁丝的故事。

1965年春，马炉的马莲台生产队来了一位买牛客。队里有一头暴躁的老犍牛，谁也降服不了，只有刘西有能行，就把这头牛卖给那人。第二天一早，刘西有和那人一块把牛拉到县城一家旅社，便回村子了。可到了半夜，那牛却跑回了马莲台。社员都说牛回来就算了，队上白赚了。他却坚决要把牛送回去，就这样跑了四十多里路，把牛交给那人。

1981年初夏，刘西有肝病到了晚期，地委书记来探望他，问还有啥要求。儿子高考希望不大，又是残疾，多么希望父亲能向组织申请一份工作给他，好坏有一碗饭吃就行。刘西有坚决反对，他说组织很照顾自己了，再不能给组织添麻烦，儿子急哭了，妻子也劝说，他才勉强答应。可在弥留之际，他见到领导时，只艰难地说："我一个大老粗农民，党给了我这么高荣誉，感谢组织，没——啥——要求！"

刘西有是丹凤出席过党的九大、十大、十一大的唯一的农民劳模代表。

丹影的文章读得我激动不已。凌晨时分，我又忍不住给鱼在洋兄拨通电话，把他从梦中惊醒，要看他当年写的报告文学《大于生命的承诺》（这篇文章曾被全国多家报纸杂志转载，还差点改编成电视剧）。老鱼有点生气地说："深更半夜给你哪儿找去？"我说："不行，我睡不着，必须读，老兄帮帮忙。"他挂断电话，我以为他又睡去了，又要给他拨时，短信来了：旧文发你，我睡呀！

文章从手机微信发过来,从"吵架吵出的承诺"到"骨肉在寒风中分离"再到"风风雨雨父子情",最后是"永不失效的承诺",读得我泪流满面,一沓餐巾纸都擦完了。

1958年,上级号召大办食堂,刘西有不含糊,挪出自己的上屋办集体食堂。上面嫌规模小,三天两头催他放大胆子弄。他思前想后,自己又不是个张罗鬼,几百号人在一块放开吃,有多少粮也不够。1959年自然灾害,食堂也开不下去了,因办大食堂被停职的刘西有心想:多亏自己想得多,没饿死人。但在纠正共产风、寻找顶着浮夸风的基层干部时,他却又成了典型。

建国十年大庆,省上要写一本《农村干部教材》,屈超耘被分到月日乡马炉写刘西有。在马炉十多天,屈超耘跑遍了所有生产队,从心眼里佩服老刘。不久,两人就成了好朋友。老屈去马炉的次数多了,一去就吃住在刘西有家。1960年春一天早上,他听见院子里有人吵架,骂得很难听。原来是老刘抱养的儿子三岁了,又被人家抢抱走。刘西有妻子鼻涕一把眼泪一把哭吼着,老刘灰着脸耷拉着脑袋闷抽着烟。老屈冲出屋子大吼一声:"不准骂人!"又怒气冲冲地一拍桌子说:"狗日的,欺负人也不能这样,娃是个啥,我老婆生了给你!"

这一承诺衍生出一段漫长凄美的人生故事。老屈回去费了九牛二虎之力做通了妻子的工作,一时半会儿却又联系不上刘西有。产假满了,妻子要带儿子到蒲峪小学上班,老屈怕妻子变心,一连给刘西有去了三封信,偏偏等不来老刘的回信。原来老刘去延安参观学习去了,打发兄弟去商县,还没上班车哩,钱被小偷偷去了,也没有去成。老屈只好告诉妻子,再等一天,明天再不来,你就带娃上班去。妻子走了,老刘才终于来了,气得老屈直埋怨,老刘憨憨的只是笑,老屈给写了纸条让撵去。老刘撵上老屈的妻子,可人家变卦了,不认账。老刘当着老屈的面哭着说,我咋这样命苦嘛,眼看好事只差一拃,又弄成了个肥皂泡泡。老屈又找亲戚、找同学朋友写信给妻子做思想工作,又通过蒲峪管区书记给做工作。1962年1月21日,在寒风凛冽中,老屈与儿子骨肉分离了。让老屈和妻子一辈子不能原谅的是,丹影在深山里得了小儿麻痹症,没得到有效治疗，落下个残疾！刘西有也难受得直怨恨自己没用处。

这一部普通老百姓之间的感情传奇，要是真的拍成电影，保准能打动所有人。一诺千金，这一诺真是大于生命，重于万金。这背后是伟大的人格在支撑着，丹影可真幸福，有两个平凡而伟大的父亲。

在洋兄的文章我读了两遍，几乎是和泪高声朗诵的，还吵醒了熟睡的妻子，但我真被这份神圣伟大的承诺震撼折服。

让南茶北移的张淑珍老人

张淑珍老人把茶树引进到这里并栽种成功，让老百姓靠着茶叶致富——她五十多年只做这一件事，一生也做成了这件事。《商南县志·名人记略》中有她的事迹，还被拍成电影《北纬三十三度》在全国放映。她是党的十三、十四届全国党代表，国务院有突出贡献专家。我过去见过老人多次，她总是那么慈祥，那么低调。

老人1937年生于河南省太康县，一岁丧父，母亲带着她兄妹五个逃荒要饭，在黄河泛滥区颠沛流离。1957年，她从开封女子中学考入西北农学院林学系。班上有三十六名同学，来自九个省，其中包括后来成为她丈夫的焦永水。在大学期间，她一直担任团支部宣传委员，焦永水任团支书记。她在学校也参与了反右斗争，还下渭河淘沙炼钢，上毛乌素种草治沙。1961年毕业，她与恋人主动要求到最艰苦的地方。

一辆大卡车拉着一群西农毕业生到商洛，他们俩和两位同学坐着拖拉机颠簸到商南县。老人曾风趣地说："工作后好几年这里才通班车，其实也就是一辆大卡车，到西安得走两天。记得有一年冬天，车上特别拥挤，大家脚被冷风吹麻木了，有个人脚冻得实在受不了了，蹲下去用手揉，揉了半天，才发现是别人的脚。"

那时候，商南群众很苦焦，真是"住的茅草房，穿的破衣裳，晚上溜光炕，柜里没有粮"。到商南那年，她到原两岔河公社油坪沟大队搞多种经营调查，住在一位刘大娘家，只能吃上酸洋芋浆巴糊汤，酸得她直掉泪，酸菜也是少盐缺油。大娘不忍心让她受罪，便拿出两个鸡蛋，想去换点油盐，她制止了。自己才吃了月把，老人却常年这样吃，她心里很疼，决心要用自己学的知识改变贫困。

1962年春节，当时担任县委副书记的老红军梅光华到县农林中心站看望农技干部。书记对她说："我在安康打游击时，看到山坡上有很多茶树，群众年年采茶卖钱。咱商南能不能种？你要是种，我全力支持。"于是，她在二道河苗圃搞引进树种试验，十七亩地，她留出一亩地做实验，引进南北各地树种，选育出适合当地生长的树种。试验一年，杨树活了，桉树、茶树死了。再栽，桉树还是死了，茶树却活了。茶树露出嫩芽，她兴奋不已，像照看自己孩子一样精心呵护。后来，她把育好的茶树苗移栽到山坡上，可没活。1964年，她再次移栽七百株茶树苗，还是不成活。在苗圃，她住干打垒，在茶山，她睡窝棚，观察笔记写了有二百多万字。

1970年，陕西省在南郑县召开茶叶生产现场会，她把这个问题带到会上研讨。有专家认为与商南境内土壤的石灰质问题有关，这一下子打开了她的思路。返回后，她立即对土壤做化验分析，发现土壤的石灰质含量过高，需要弱化钙含量，她反复试验，理出了"避钙就酸"的思路。接着，把移栽改为直播，在距县城五公里的茶坊种下五十公斤茶籽，获得成功。这里成了商南县第一座茶场，后来成为知青点，改名"知青茶场"，五百多亩荒山全部开垦成茶园。群众也照着她教的办法做，再也没出现过茶树死亡的现象。据史料记载，茶叶只能生长在北纬33度以南，她的反复实践，使北纬33度44分的商南也长出了茶叶，将茶叶种植向北推进了三百多公里，改写了茶叶栽培学传统理论。也就在这一年，她从苗圃试验地的茶树上采了三斤八两茶叶，用她做饭的铁锅炒制后分成三十八包，分给有关人员品尝。喝惯陈茶的人说："啥商南茶，一股子青草味。"县上领导却肯定地说："那是清香味！"这就更加坚定了她南茶北移的决心。1972年，全国茶叶会议在湖南省桃江县召开，她把那里的经验汇报给县领导，又组织四十多人前去取经，当年就在县内新植茶树两千多亩。1975年，县茶叶站向国家交售茶叶二百五十公斤。商南终于有了自己的茶叶。

1977年，她担任课题组长，对茶坊、十里铺、王家楼等三个茶场进行茶叶丰产园技术试验，总结出利用水源、分期合理施肥、松土保墒、填入草肥、疏花疏果、合理采摘等丰产措施，使茶叶亩产提高了五倍，达到二百七十多公斤。1979年，家庭联产承包责任制后，一些地方把茶园划成小块，分给各家各户，一些农民就毁茶种粮，像水沟公社，两千五百多亩茶园分到户后，毁茶园成风。她十分着急，立即给县上写报告，县委当即做出"凡种茶的地块，都归集体所有"的决定，这才保住了商南茶。

20世纪80年代初，商南县各乡村茶场三千多亩，加上四千多亩的茶园，都进入丰产期。但有茶叶并不等于有效益，当时的茶叶销售依然走的是计划经济的老路子，国家统一定价，供销社统一经营。1984年11月，她到商洛地区办事，遇到地区供销社的同志对她抱怨，供销社收购的一万多斤茶叶，连一斤都没卖出去，希望商南茶叶站收回。她便以半价收回，经过复制加工、分级包装，试着推销，两周时间全部销完，还净挣了五千元。她得到启示，想成立茶叶销售公司。也就在这一年，国家实行新的茶叶销售政策，放开了茶叶经营权。1985年春，供销社不收茶叶了，茶场经营者急了，找到她，她便召集三十六个茶场负责人开会，提出组建联营公司，走产、供、销一体化的路子，自主经营，自负盈亏。大家纷纷响应，几个月后便成立了商南县茶叶联营公司，她任总经理。当年销售茶叶一万多公斤，实现营业额十一万元，创利润两万元。1995年，联营公司的茶场面积由六千亩发展到四万七千亩，茶叶产量由一万斤增加到四十多万斤，产值达到两千多万元。她的这种"公司+农户"模式，在全国都是首创。

她还总是想办法帮助贫困的茶农。黑漆河村何桂英承包了八十亩荒山栽茶树，但丈夫去世后，家里负担重，想转让茶园。她便帮着建起了茶叶加工厂，派技术员指导何桂英制茶。靠卖茶叶，何桂英还清了外债，盖起了楼房。吕雪银承包茶园后，她手把手教，让吕雪银也靠茶叶致富，盖了楼房，三个孩子上学费用也不用愁了。

吕雪银还被评为省级农村优秀乡土人才。吕雪银感激地说："没有茶叶，养活不了一家人，也当不上乡土专家。"试马镇大坪村茶农熊开华，1984年承包了一百多亩荒坡，种植茶叶，办起了加工厂。茶叶是随采随加工，加工厂年加工毛尖茶两千多斤，炒青四千多斤，年收入十几万。富水街村有三个种茶大户，每户有近百亩茶园。有十亩以上茶园的三十四户，每户年净收入一两万。有十亩以下的上百户。富水街人都是因茶而富。

她从绿茶入手，抽调技术人员，深入所有茶场，手把手教农民采、揉、炒茶技术。杀青是关键，而杀青就要控制好锅的温度。每到一处，她都会用手测锅温，做示范。一个春季下来，她手上被烫了一串串泡泡，磨成厚厚一层茧。

商南茶要形成茶产业，走向大市场，就要有自己的品牌。这一点她很清楚。在大范围传授制茶技艺、培养茶师的同时，她开始研制高档名茶。经过多次反复试验，她成功生产出"商南泉茗"，1986年荣获陕西省科技进步二等奖，1992年，荣获全国"陆羽杯"奖，成为西部名茶。2002年，联营公司的商南"双山"牌，被认定为陕西省"著名商标"。同年，商南县被农业部批准为无公害茶叶基地。2003年，她从浙江引进白茶，经过五年多培育研制，成为茶中精品。2004年她又向半发酵系列名茶铁观音、乌龙茶进军，冒雪栽茶苗，手都生了冻疮。为研制出优质的乌龙茶，她盛夏顶着高温，上山采鲜叶。2009年国庆期间，"商南泉茗"走进美国白宫，作为礼品赠送国际友人。在她的努力下，后来又相继开发出了商南炒青、珍眉、富硒等多个品种。

她记忆最深的有两个日子，一个是1979年入党的日子，一个是丈夫去世的日子。入党宣誓那一刻，她更加坚定了把一切献给党的信念。中年丧夫，没有打垮她，发展茶业使百姓致富的信心更加强烈。自己的辛苦，她从来不给人提。1989年，她查出患了癌症，淡定地做了手术。1991年4月初，从西安二次化疗回来的第二天，她就由人搀扶着去十里铺、茶坊茶园，察看春茶采制情况。茶农看着她头发脱光的样子，伤心地掉下眼泪，她反而去安慰他们。

夏秋茶咋样才能给茶农增收？她又倾心引进、研制茯茶。经过七年的辛苦钻研，2010年，茯茶上市，后远销上海、广东等地。2014年，七十七岁高龄的她，依然长途赶往河南信阳考察，途中不慎摔了一跤，腰部骨折，手术后也顾不上休养，一心投入商南红茶研制。如今，中国茶叶家族中的青、绿、红、白、黑、黄六个茶品种，全部试制成功。

现在，商南茶业成了当地农民致富的主导产业。茶叶已经遍布全县十个镇、一百一十六个行政村，试制出三十多个品种，全县从事茶叶种植的人在五万以上，茶农年人均收入五千多元。

她种茶、制茶、赏茶、泡茶、品茶，以茶为媒。每有客人来到，她都是亲自动手，烧水温杯泡茶，以茶礼为上。1998年，她在茶叶联营公司举办了以茶会友的节庆活动，邀请社会各界人士品茶赏菊话发展，开启了以茶传道的茶事活动。2000年5月，经她建议，商南县举办了商南首届茶叶节，吸引境内外上万人。2003年，她在公司建起了茶艺馆，组建了商洛第一支茶艺表演队，她引导培训，先后带出了十多名茶道、茶艺人才。之后，许多公司、行业、乡镇、茶场相继组建了茶艺表演队，传播茶道茶艺茶文化。在她的带动下，商南县把茶产业和旅游有机结合起来，于2004年、2006年、2009年成功举办了三届旅游茶叶节，成了商洛市的节庆活动。茶坊茶场投资建成了集茶园观光、休闲度假、文化娱乐为一体的茶坊泉茗度假区，形成了茶文化休闲区、茶园生态观光区、登山健身区、采茶制茶区、茶主题广场区等五大功能区，已经成为游客的好去处。

县上还先后成立了茶叶技术协会、茶叶产业发展局、茶叶技术指导站、茶叶研究所，策划筹建了茶博物馆、仙茗茶街、泉茗茶庄等十大建设工程。

她爱茶到了痴迷程度，只要喝过的好茶，都想试试制作。2015年，她听说欧洲人喜欢喝台湾的东方美人茶，就引进这种制茶工艺试制。这种茶纯天然、原生态，所用茶叶必须经过绿蝉叮咬，茶青上才能保持蠕虫唾液和茶叶酵素混合的特殊香味。为了制作东方美人茶，她四处寻找，采摘绿蝉叮咬过的虫茶叶，最终喝上了自己制作的东方美人茶。

2017年8月，她从茶叶联营公司退休，卸下了担任二十多年的总经理。可她兴茶富民痴心不改，又申请成立了商南茶叶研究所，担任名誉所长。如今八十二岁的老人依然不停地上茶山、进茶场，指导新建的中小茶叶公司，用白茶的夏叶、秋叶制作散茶、饼茶，使白茶一季采摘变成两季，经济效益大大增加。老人不断研究茶叶栽培管理的新技术，研究推广新产品，默默地为商南茶的发展做着贡献。从1982年到2017年的三十五年间，她获得各种荣誉、奖励一百三十多项，其中省部级以上的六十多项。

2017年12月16日，我们通过朋友和老人的子女联系，约好下午5点在县城一个小区拜访老人。

老人八十多岁了，感冒初愈，还有点咳嗽，精神还好，说话不紧不慢，一口商南腔，没有半点河南味，目光里透着慈爱、坚毅。她让儿子给我们泡最好的茶，还不停地让我们吃茶几上的猕猴桃。老人笑着说："这洋桃是王超种的，商南的新品种，好吃着哩，都尝尝。"老人咳了一声，又笑了笑，说："老了，零件都不行了，不扛病了，年轻时感冒没当回事，现在就不行了，打了三天针，才好点了。这人呀，到一定年纪就不行了。七十五岁以前，啥都不怕，啥都能干，七十五岁以后，是一年不如一年了。"

老人说："1961年来时，商南县城像一个小村子，狭小，贫穷。党培养一个大学生多不容易，来了，就得做点事儿。我想这个地方是南北气候交会地带，把北边的树种，南边的树种都引进来试试，来丰富商南的林业资源。先搞油桐，发展得很快，群众都说么，'家有油桐，不再受穷'。茶叶最初也是作为一种树种引进的，没想到现在成了一大产业了。当时跑到安康、汉中跟老师学土壤问题，请教西北土壤研究所的专家，加上县上领导的支持，1970年才开山试种出茶来。

"1973年我到湖南桃江茶场考察，当时那里只有零星的机械设备。1975年到福建考察时，见到人家自制的滚筒式加工设备，回来后在家里用牙膏皮粘了个模型，让县机械厂加工出来，这才有了机械化生产。"

我们本来只想见见老人，没想到老人说起茶叶的事儿眼睛都放亮，越说越有劲。我们心疼她的身体，但老人又接着说："我们这一代人，从中学到大学，学得最多的就是为人民服务，做毛主席的好战士、做好接班人。当时连唱的歌词，都是要为祖国去战斗，打起背包走天下，哪儿需要哪安家。想想，党让老百姓政治上解放了，经济上如何解放，我们就有责任么。"

1982年，她到富水动员群众种茶，手把手教群众。1983年，她牵头成立了商南茶叶站，为茶农提供技术、资金、生活服务。1984年，她和茶叶站第一次经销茶叶，挣了五千元，还给国家交税五百元，干部职工受到极大鼓舞。但受当时体制和思想观念影响，生产的茶叶还不能直接卖。到1985年，国务院出台了74号文件，取消供销社专营，3月份，她成立了茶叶联营公司，请省上专家对茶叶进行验收，将供销社积压的茶叶降价销售，解决了库存积压。

她坚持发展茶业四十多年，使茶叶产业成了商南县重要的富民产业。现在全县有二十四万亩茶叶。下一步，老人将利用县茶叶研究所的新技术，发展无性茶叶，这茶叶质量更好些。

老人又笑着说："商南茶比别处茶叶味道浓点。茶叶能北移，也是气候变暖老天爷帮忙么，只不过商南搞得早点，现在白茶、红茶、黄茶、铁观音都有了。王超在试马镇建的万亩茶园，种的黄茶、白茶都成功了。商南有大小茶场不下两百家哩。种茶、采茶、加工茶、卖茶，每个环节农民都能挣到钱的。"

老人又咳嗽了一阵，说："光叫我说了，也不知道你们来的目的。"

说到新时代，老人也感慨不少。她说，那时的理想教育，是从马克思列宁主义、毛泽东思想，到后来改革开放学习邓小平理论，对自己影响太深了。大学毕业响应祖国号召，到最艰苦的地方去。想想，马蜂蜇了人，自己就死了，那是在维护群体利益，连昆虫都这样，何况人类哩。民族要兴旺，除了科技，还要有思想，有精神。老一辈打下江山，我们就要让人民富起来，强起来。

一个多小时里，老人始终透着母亲般的慈祥，她的一句句大白话也深深印在我的脑海。我在心里为老人默默祝福。

红色给了丹江什么

封地沟

20世纪50年代前期,丹凤、商州是一个县,叫商县。在《续修商县志稿》里专门记载有丹江南北两岸的重要支流,北岸二十五条,南岸十二条,每条支流的发源地、流经地、在哪儿流入丹江的,都记录得很清楚,在南岸支流中还记录了大峪水。"上流有东大峪、西大峪之分,俱发源于流岭北麓,二水北流三十五里,至散岔相会,又北流经大峪寺,至王家村入丹江。"

大峪沟口有商山敬老院,徐升莲是院长,全国劳模。江泽民同志1995年来商洛时专门视察了敬老院,对徐院长的工作给予了充分肯定。

8月19日上午,我们进大峪沟,想见见徐院长。那天她正好不在,我们就直接进山找封地沟。一次小聚,德文兄得知我准备写丹江,告诉我一定要去看看封地沟,那可是豫鄂陕边区党委的"产床"。我们边走边打问,终于看到河上的封地沟桥了。过桥沿水泥路慢坡而上,走了一段路,见路边一座小庙,里面敬的啥神没注意,墙上有汪锋、巩德芳、任质斌的照片,还有一位老人的照片,不知道是谁。河对个房里走来一位高个子老人,叫贾有性。他给我们介绍了几张历史照片,说那个照片是看庙老人的,老人把照片贴在墙上,真不知道天高地厚。问当年李先念住过的地方,他笑着说:"再朝上走一截。我这儿可是红色的地方呀!"

当年召开豫鄂陕边区成立大会院子的路边,有个黑色水泥牌子,有一米长，上面写着：中共豫鄂陕委员会扩大会议旧址纪念碑。过个小桥到院子，有核桃树、柿子树把院子罩着。西边的厦房就是当年李先念住过的地方，门锁着，门口有一副石磨子。过了一会儿，从房后面出来一位中年男人，手里拿了一把镰，他就是李安富，五十七岁。说到李先念在这里的情况，他先是满腹牢骚，说："再别提了，说翻修房哩，人家只给用了些料，还偷工减料了，糊弄了一下就不管了。"他挥动着手里的镰刀，又接着说："李先念在这里住了七天，豫鄂陕成立是在场里开的会。是会大，不是咱这地方大，当时来的有房司令、谢司令，三个省的司令都来了。现在叫修碑子哩，花了五百块，一分钱都没给。这房后面都裂开了大缝子了。房是我哥的，七十多了，人都糊里糊涂了，病儿痛儿的，啥都说不清了。"说着他开了房子门，屋里的介绍红色历史的牌子也乱扔着。又来了个中年妇女，可能是他妻子，也是埋怨个不停点。女的听说是记者来了，把豫鄂陕成立的牌子拿出来挂在门口，让照相。她说："你来了好，其他人来，门都不给他开。"安富把屋里的牌子翻起来让我们看，牌子上有文字简介，有照片。他说："1946年那一天，正好是我哥过周岁哩，我爷的老表呀亲戚都吃席来了，还有巩家湾的，背枪的不少哩，我爷是甲长，坐了十来席人。李先念来组织的会。娃过岁哩，国民党人也没注意么。"问到地方武装后来寻事儿来没有，安富说："寻来么。我爷能说会道的。他主要给共产党干事，国民党来了就是应付差事哩：就这么大个地方，兵、粮都给了，能有多少兵，有多少粮么，说得国民党人也没法了。后来叫我爷到棣花当乡长哩，他嫌川道人难说话，怕麻烦，就没去。我爷小名叫啥来，叫——叫高娃。"我们在简介牌子上看到了他爷的名字，叫李明章。安富说到他爷的过去，灰蒙的眼睛立马闪出亮光来。

离开封地沟，我心里有点凉，这么重要的红色资源咋就没好好挖掘呢？连那么点小事都叫这家人埋怨，真是想不明白呀。

李安富说的那些只是个大轮廓，回来我又查阅了党史资料，在刘少鸿先生与别人合写的《封地沟忆事》一文里，才真正了解了那段历史。少鸿兄过去研究过党史，他说的都是有根有据的。

1946年，李先念和郑位三率领中原部队主力突围到陕南，在封地沟亲自主持召开了豫鄂陕边区党委成立大会。豫鄂陕边区有五个分区，建立了二十四个县级政权。也是在20世纪80年代初，少鸿兄他们一行采访了李安富的父亲李冬生。他们当时走迷路了，还是当年的民兵连长给引的路。

李冬生说的是给大儿子安民过十天的那一天来，请汪锋他们吃的饭。看来安富记的过岁是有误的。

李先念到封地沟来过三次。第一次住了一个晚上就走了，没几天又来了，后来去了寺坪的白桑园。汪锋来后，巩德芳派李冬生送信到白桑园，向李先念汇报工作。第三次来住在李冬生厦房里，直到巩德芳请客后的第二天和汪锋一块走的。

一些老年群众依然记得的是，开会在高娃子门口场上来。巩德芳"请客"是他们借的桌椅板凳和碗筷，四周墙上贴有红红绿绿的"布告"（其实是标语）。坐了十六七席，用的是高脚方桌。请客吃的鸡、大肉、米等，都是游击队从川道秘密送来的。菜是请两岭子村的牛三岗做的"十三花"（十三种菜）。大家等李先念到了才开的席。

"德芳的话"在高娃子老人心目中就是"圣旨"。德芳向他借房子，他二话没说把全家人搬出来，房子腾给边区政府。老人曾经告诉他们："担不尽的心啊！我记得很清，那时我替德芳办事，扳着指头数天天，汪锋来停了三天李先念来，李先念来后的第十天德芳请客，请客第二天李先念就走了。"

准确地说，是1946年9月24日成立了豫鄂陕边区党委。李先念司令员宣布各军分区的地境和干部配备。会后，相继开辟了西至长安子午镇，南到两郧（郧西、郧阳）白河，北至渭（南）华（县），东到卢氏、淅川的豫鄂陕边区。

封地沟，一个在中国地图上都找不到的地方，狭小偏僻，可那默默流淌的溪水曾经养育过我军的千军万马，那间破小的厦房曾经牵动着中华民族的前途和命运。

封地沟沟口狭窄，有三道石门封着，沟内却宽阔。三道石门各有状态，一道门关着，二道门掩着，三道门开着。那关着的门是为了隐藏我党革命的秘密,那开着的门就是党和人民的鱼水深情啊。

"露水县"

会峪河是丹江北边的一条支流,在它的源头蟒岭的五峰山下,是北宽坪村的唐渠。在那里靠南面山腰的李家四合院里,诞生了商洛县——1946年8月成立的,到1947年3月,只有半年多时间,我们戏称它为"露水县",意指时间短。但它却是中原局和边区党委领导机关的指挥中心,也是李先念等中央领导同志活动的地方。短短几个月,他们成立了二十三支队,人员由四五百人发展到一千两百多人。7月22日下午,我们赶到北宽坪街西边的唐渠。这儿离街道二三里地,现在已经成了红色旅游基地。我们来到东边半山腰一个农家院门口,靠西的楼门关着,里面有电视响声,叫开门,屋里只有一个少女,说是中学生,家里大人都不在。院子有上房三间,东西两边各有两间厦房,西边塌了一半。上房地势高,下几阶台阶才到土院子。上房对面也是两间小房,里面电视响着。小贾来过多次,他给我们指了上房中间那个土炕和那个有夹缝的墙,那儿就是商洛县的"产床"。对那普普通通的土炕和墙缝子,我们肃然起敬,在院子留恋,转着,看着。女孩说她伯都搬到街上住了,她爸是弟兄三个中的老二。问其他啥,娃也说不清,只是笑笑说:"反正老来人哩,还说要买这院子哩,也不见动静。"这家姓李,过去是地主,也是这家少爷,那女孩的爷爷,为商洛县成立做了个冒险的事。

回来后,我从研究党史的朋友那里获得不少商洛县的有关信息。当时成立的商洛县委、县民主政府,管辖丹江以北的北山、川道,东边到丹凤的庾家河,西边到商州区的麻街、腰市,北边到洛南的马河、四皓,方圆二百多里地。商洛县成立一个半月,就建立了一、二、三区五个乡,我们老家苗沟村就属于第三区。县区乡干部动员群众,对国民党实行"四抗"(抗粮、抗款、抗丁、抗麸皮草料);采取打借条,"吃大户"(向地主借粮、钱),让敌保人员把粮、钱交过来,武装拦截国民党的货车等方式,为我军筹粮筹款。10月,只用了十五天就筹到小麦、大米一百三十多石，棉花一千四百多斤，老布三百匹，鞋一千六百多双。还在多处设了粮台、仓库，由专人管理，在我老家苗沟也有。入冬后，区乡又发动群众烧草灰，染粗布，缝棉袄。

我在陕西党史丛书《中原解放军北路突围与豫鄂陕革命根据地》里看到了文范老人的回忆。1946年7月中旬，他们从山阳县天竺山过来。成立商洛县以后，刘丹东任县委书记，他任县长，任务是扩大武装，征粮征款，走到哪儿宣传到哪儿。一天，深山一位小伙子来要参军，问他为啥，他说："没屋，没娃，啥也不怕。"组织就接受了他。他们在留仙坪、龙王庙打了几个小仗，在北宽坪一仗中俘虏了一个保安团大队。入冬以后，国民党把山里人赶到川道，不让回去，部队在山里没住处，没饭吃，也没有盐。他和书记刘丹东就分头行动。敌人派一个师追赶，他们白天藏在树林里，晚上才下到沟里。群众真好呀，到后山掰苞谷，用水一泡，在拐磨子上磨，做糊糊吃。敌人找不到他们，就把给做饭的群众吊在树上打，群众说："人来过，走了，去哪儿，我不晓得呀。"敌人用烧房子相逼，群众仍一口咬定不晓得，结果房子被烧了，敌人无奈也走了。

第一游击大队队长张俊芝，当时有胆有识，只身一人去和北乡的大匪霸周寿娃谈判，最后达成协议，开通了商洛到关中一条秘密交通线。1946年11月，汪锋同志率领一个营护送中央候补委员陈少敏去陕北时，就是周寿娃安排一个连负责接送的。刘丹东是1947年3月在留仙坪秋树坪的小磨沟被敌人包围牺牲的，亲属在搬他的遗体时，发现二十八岁的刘丹东口袋里只有一把麻籽。原来，好几天了，他一直没见五谷，就靠麻籽充饥。国民党对根据地进行"清剿"，队伍处境极其困难，奉命转移，商洛县也就不存在了。

商洛县的二十三支队先后袭击了商洛镇公所，处决了伪保长，突袭了板桥乡公所，缴获枪支一百二十多支。又在棣花的天桥沟设埋伏，击溃了国民党军队一个连。还夜袭了沙河子井养儒自卫队和国民党正规军。

老喻后来根据商洛县的历史构思了小说《卷丹》。他写到李家少爷做了一件在刀尖上跳舞的事情，安顿几个陌生人在家里墙壁夹缝里住着。是呀，这里是半山腰，树林茂密，后面有险山峻岭，可离镇街太近了，镇上还住着好几百来"清剿"的国民党军队。少爷为了这些陌生人的安全，经常袖着手在街上转悠，和烟馆、赌馆老板开玩笑，跟那些青楼女子说调皮话，还会装作好奇，去摸摸民团士兵的枪管子，脸在笑，心却几乎要从嗓子眼蹦出来了。

商洛县这个寿命短暂的"露水县"，散发出的瞬间光芒依然照着后人，后人说起那少爷都会跷起大拇指。

庾家河

丹凤县北部蟒岭山脉里有个小镇，就是庾家河，现在叫庾岭镇。这里是武关河的上游。提起商洛的红色记忆，不能不说起庾家河，红二十五军入陕第一站就在这里举行了最有意义的一次会议。

2017年10月14日，天下着雨，整个蟒岭笼罩在云雾里，我们邀上刘少鸿先生一同去庾家河。他是党史专家，也专门写过红二十五军方面的文章。车行到庾家河岭上，看见一面正在雕塑的红旗碑子上写着"红二十五方面军"的字样，他愤愤地说："弄错了，弄错了，是红二十五军，哪里是红二十五方面军呢。这是徐海东带的童子军么，这些娃娃的父母大多是红四方面的。"我立马给县上领导打电话。少鸿兄还告诉我们，红二十五军是在庾家河站住脚，才慢慢发展起来的，在我们商洛壮大后，到陕北帮助了中央红军。这才有了毛泽东对徐海东的评价，说他是"对中国革命有大功的人"。

庾家河街街中间有三间土房，木板门上面也是木板，两边各有一个木窗，木板上挂着牌子，上面写着"中共鄂豫皖省委第十八次常委会议遗址"。木板门从里面关着，少鸿兄喊了几声，没有应答——他在党史办工作时来过，也跟主人杨青山熟悉。我们只好先上到东边山腰。这里就是当年红军与国民党作战的七里荫山岭。上面有个亭子，琉璃瓦盖的，亭子里立了一块碑，碑上刻着"庾家河战斗纪念碑"字样。亭子东边台阶下是一片墓园，就是红军墓：一块平地上，中间一个大圆土包子，前面一个水泥牌子，上面没写字，其他十几个小墓堆前的水泥牌子上也没写名和姓。想必牺牲的红军也没记下姓名。我们冒雨给烈士们默哀后，下山。

这次终于叫开了门，见到了杨青山老师，他中等个子，黑胖圆脸，上身穿一件棕红色T恤。他是教音乐的老师，已经退休。他说话声音很洪亮，对我们也热情，主要是和少鸿兄熟悉。他给我们仔细介绍了临街房里展出的红军用过的实物和一些文件、照片，其中就有徐海东子女与杨老师父亲的合影、程子华儿孙们来庾家河的照片。墙上的展板上有当年作战的照片，有文字简介，一目了然。后面院子一间小屋，就是当年开会的地方，墙上挂着名家和前辈后人留下的书法作品。参观完，我们到后院东边小楼房一楼杨老师的房间坐。他忙活着，又是倒水，又是砸核桃，还拿出自己院子枣树上结的枣叫我们吃。说起那段历史，他滔滔不绝，还拿出他写的文章给我们看，把他作词、谱曲的《党旗永远记录着您》《热泪涔涔忆吴焕先》《红军神吴焕先》等歌曲唱给我们听，我们也被他的一片深情所打动了。

庾家河过去属于洛南县，大黄柏岔、小黄柏岔两岔交会处就是庾家河街。街东的河从庾岭流出，河东边是七里荫岭，紧挨着八里长的卢道梁。这里也是黄河与长江的分水岭，上岭顺沟东去就是河南的卢氏了，这条沟就叫七里荫，七里荫岭正好是街上的一道天然屏障。街中间的药铺叫"春永茂"，主人就是杨春荣。站在药铺外，东边西边北边都能看见。1934年12月8日，红二十五军在中共鄂豫皖省委书记徐宝珊率领下，从河南的罗山县何家冲到这里。群众听说队伍来了，吓得躲到山上去了，杨春荣却刚从洛南县城进药回来，没法跑。国民党镇政府镇长带着小老婆和护兵来叫他，仓皇中印章丢在药铺了。他也没跑远，躲在离药铺不到三十米的自家"风门山"观察动静。1928年渭华起义时，他见过刘志丹带领的起义队伍，给他留下了很好的印象。他对老百姓自己的队伍有好感。后来红军在街上喊话，"红军是穷人的队伍"，破除了红军是"血脸红头发，两尺长的手"的怪物的流言。他让老婆先下山。知道了红军的真实身份，村民们也陆续下山回家了。杨春荣走得急，没顾上锁门，红军也没有私自进门。后来红军首长才住到药铺里。

杨青山老师还说到一件有趣的事情。在郭述申写的《寄语商山忆英烈》一文中，也记述了这件事：当天晚上身穿棉袍、头戴皮帽的杨春荣，被红军当成"大土豪"抓起来了。许多人来到药铺求情，说"药铺的杨掌柜是个大善人，好得很"。军政委吴焕先听说后，呵呵笑道："开上个中药铺子，就是救死扶伤的慈善事业，我们住在人家屋里，还把掌柜的扣留起来，实在不够意思，赶快把人放了，莫把个'善人'当成大土豪！"还做了一番解释表示歉意。这事儿让杨春荣对红军有了新的认识，主动拿出几斗苞谷资助红军，也让群众分清了谁好谁坏。军政治部主任郑位三连夜起草了《什么是红军》，油印成传单在街头张贴。杨春荣也对前来看病的买药的群众说，红军帽子上的红五星就是晚上天上的星星，领子上的两块红布叫红领章，一边是太阳，一边是月亮，照着人们翻身求解放。上街赶集的人都来听讲红军的事儿，就这样，一传十，十传百，群众知道了红军是自家的队伍，也亲人般相待。

1934年12月10日中午，徐宝珊在春永茂药铺上房主持召开第十八次常委会议，吴焕先、程子华、徐海东、郑位三、戴季英、郭述申等领导同志参加，大家围着木炭火盆坐着，做出了建立鄂豫陕革命根据地的重大决策。

突然，后山一阵枪声，会议停止了。原来是卢氏朱阳关一带堵截红军入陕的国民党第六十师第360团入陕南了。经过近一个月的行军作战，红军战士十分疲劳，山上的排哨疏忽，致使360团先头部队占据了东山垭口有利地形。程子华、吴焕先、徐海东各自带领一个团向敌军反攻。这次战斗是红二十五军长征以来最残酷的一次，从军长到炊事员，一起上阵，就连七名女护士也投入战斗中去了。徐海东被一颗子弹从左眼下打入，从右后颈穿出，血流不止。杨春荣用他舅舅传下的秘方——去腐生肌散为徐海东治疗。程子华的双手也被子弹击中，他也想法给医治。军长、副军长严重受伤，二十几岁的政委吴焕先挺身而出，带领指战员与敌人殊死搏斗。红二十五军弹药不足，组织了一个小分队抢敌人的仓库。杨春荣的老婆王菊花自告奋勇带上妹妹，手提着麻花、咸鸭蛋、红鸡蛋、苞谷糖，装扮成赶集的，机智地把带的食品让哨兵吃，小分队这才有机会下手，顺利抢回子弹和炮弹，还有一皮箱银圆。

经过二十九个小时的反复激战，红二十五军打得敌军在黄昏时分溃退。这次战斗，敌人死伤七百多人，红军伤亡也不少。

杨青山心疼地说："当时受伤的红军抬到药铺，街上都血流成河了。抬回来的，我爷爷一看牺牲了，就让抬出去，受伤的马上治疗。我爷也是可怜人，从小丧父，母亲又改嫁，十岁上从留仙坪到这里，投奔他舅舅董浩善，在药铺当学徒。从挖药、收药、卖药、煎药到使用碾槽、舂锤、小称，再到看病号脉，还从舅舅那里学到了家传秘方。"为了尽快治好徐海东的伤，杨春荣跟一位农民朋友和一名红军战士，冒死去洛南县城买药，把带药的人用绳子从城墙吊下去，其他人大摇大摆从城门出来了。这里还有一口青龙泉，泉水清甜。他每天从青龙泉里打水给徐海东清洗伤口。

战斗结束后，吴焕先决定率领红二十五军转战到距这里四十多里的深山蔡川休整，徐海东和其他伤员留下继续养伤。杨春荣想着法子应对地方政府的盘查。吴焕先的忧愁，杨春荣理解。他坦然地说，你赶快带着部队走吧，后边的事我来处理。吴焕先这才深情地握了杨春荣的手，带部队离开了。

杨春荣安顿好伤员，跟舅舅和农民李万有商量，在七里荫的一个小山包，叫南古洞山的地方建坟墓，安葬烈士。

他们很快在阵地上找回五十多具遗体，将这些遗体清洗干净，穿上红军服装，这才掩埋。后来，庾家河人把这里叫红军墓山，也叫红军山。每到清明节，群众都会主动上山扫墓。这里还流传着一首民歌："哪条山沟不长树，哪棵树上不扎根，红军百姓鱼和水，红军墓前情意深。"

杨青山是一位普普通通的人民教师，他从祖辈身上继承的品德，以及所作所为让我们肃然起敬。他退休了，依然义务守护着这个红色的旧址，义务给前来瞻仰的人们讲解庾家河的历史。

离开庾家河，我们沿河而下去峦庄。这一路两边漫山红叶层林尽染，热烈着，鲜艳着。那一片片红叶仿佛是一个个年轻的生命在雨中跳动着。它们见证了那一群年轻的生命的伟大，尘封着那段红色的记忆。每年秋天，它们用殷红的形象告诉人们，红色的历史是永远不能忘记的。

丹江边上的棣花

一

我是苗沟村瓦房人，这里距棣花街道十五里，因此我们也叫北山里人。棣花街人给牛割草，要跑到瓦房前后山上，砍柴却得跑到我们上面的闰沟，或是许庄。冬里天不亮，就能听到河边走路声、说话声还有咳嗽声，到了后半晌太阳已经落到半山腰了，这些人才背着高高一背篓梢子柴，缓缓朝回走。

棣花街逢古历的三六九是集，那可是我小时候最大的盼望。偶尔缠着母亲带我去赶集，一个来回走得我只想打瞌睡。母亲有时一个人去，背着萝卜、洋芋，哄着说回来给买水果糖，买烧饼，天黑前，我们就早早在涧塄边等着。后来不知啥时候，上面定的在摞摞石上边修水库，村里人也去修了，赶集到那一块路就不好走了。

这儿是我们苗沟大队第一小队，有十几户人家，都姓陈，和沟口陈家沟是一个陈，都算是本家。修水库时棣花、茶房的民工不是住在这些人家里，就是在山腰沟畔，搭起油毛毡棚住。从修坝的那儿朝东，翻过山就是韩河，我外爷外婆就在韩河石洼里住。上小学那会儿，每到麦子泛黄，我就操心着外婆门前那几树杏，一到周六放学，就快快跑着去。一次，咋突然发现好多人挖山上的土，抬大石头，一下子吓得我不敢跑了，乖乖地等着姐姐和弟弟。后来才知道要在这里修水库。到外婆家翻的那座山山腰，修了弯弯曲曲的架子车路，架子车从东南的土地岭上拉土垫坝。空中还有高线运输，一箱一箱土，在"呼呼"声中从山顶沿钢绳滑到坝上。那时的我也就七八岁的样子。

贾平凹参加修苗沟水库是我认识他以后听他说的,也听村里人说过,更准确地说,是从他写的那本《我是农民》中知道的。

1970年,他暗恋的女人上苗沟水库工地,他却因父亲的问题,没当成民兵,自然也就修不成水库了。那时的他,多么渴望去修水库,多么渴望天天见到那个她呀。他的堂弟从工地上回来取粮,给他讲了工地上是咋样的热闹,工地上人手不够,特别需要写字写文章的宣传员。他一听,越发坐不住了,就自己装了一口袋苞谷糁,撵着去了。到苗沟水库工地上,见了负责人,先吃了三碗糊汤面,再去掮了一下午石头,三方任务,只扛了不到三分之一。他堂弟给指挥部人说了,先把他留下,他就住在有四十多人的工棚里。晚上工棚里可热闹了,有拉二胡像杀公鸡一样的,有叽叽喳喳说话的,还有打扑克的,反正是干啥的都有。让他惊奇的是,在一个工友枕头边看到了书,没封面,没底子,后来才知道是孙犁的《白洋淀纪事》。让他害怕的是,他竟然在被窝里发现了一条蛇。指挥部领导为了考他,给了一小桶红油漆,还用绳子把他吊在半崖上,让他写大大的标语,像"农业学大寨""水利是农业的命脉"等。他的大字写得很有劲,领导也赏识,就留下了他,后来还让他办起了《工地战报》,用16开双道林纸,手刻蜡版,两面油印。他一个人是主编、撰稿人、排版人、刻印工、发行员,还是高音喇叭上的广播员。在水库工地上,他还写了不少诗,投给《陕西日报》,自然泥牛入海。

战报办得很好,他这个"东街贾家的娃"在民工连也出了名。到年底,全县三个大的水库工地评比,苗沟水库的战报受到了表扬。在河滩召开现场会时,县革委会主任专门点名要认识他。也正是这位主任改变了他的命运,推荐他到西北大学中文系念书的。在工地上,他后来还兼任伙食管理员,买菜、做饭、打饭。这些事,他在书里写得让人读了想笑,笑时心里却会泛起淡淡的酸楚。

在水库工地,基本上一个月才能回一趟家,回去就要背一背篓柴火。当时民工灶上烧柴,都是每天轮流到我们村上面的山上去砍,一人背一百三四十斤。到我们村上了，先卸一半，放到熟人的院子里，等给灶上交了那一半，天黑了再把另一半背回家。贾是把柴放在指挥部的后檐下，一个月后回去时捎带上。

十八九岁的小伙子，除了暗恋，除了办战报，除了管伙食，他闲时一定也跑遍了水库工地周边的沟沟岔岔，在苗沟河边也不知流连忘返多少次。那时他放飞的青春梦想也是一溜一溜的，也许不一定是当作家，成名人，只想着招工，只想着进城，只想着天天能吃上白馍。

贾平凹现在成了大名人，苗沟水库也沾光了，连苗沟人见人也会自豪地说上两句硬气话，"咱这水库老贾还来修过哩""平凹可是从咱苗沟水库上去上的大学"。

有一次中央电视台到苗沟水库上拍他的片子，贾老师很有兴致地介绍，这儿是他们当年的工棚处，那儿是女工的工棚处。他跑过不少次去见那暗恋的人，也畅快地说她怎样叫他日思夜想，夜不能寐。

最近听老家堂弟说，县里要把苗沟水库作为棣花古镇的一个点开发来旅游，也是冲着贾平凹来的。看来他还真是跟苗沟有缘了。

二

棣花是贾平凹先生的故乡，也是他文学创作的根据地。毫不夸张地说，棣花的旮旮旯旯都被他写尽了。他说他是商洛的一根草一块红薯，真是这样的，无论在他写农村的长篇小说还是散文里面都能找到棣花人和事和物的影子。现在的宋金街、清风街都是依照小说打造的人文景点，每到周末有上万人在这里徜徉。来人大多是读了贾平凹作品而来的，想看那个丑石，想见《秦腔》里的白雪，还有他的老宅子。

我写丹江，棣花也是个绕不过去的重要节点。我曾和平凹先生开玩笑说："今后再不准你写棣花了，留点小缝缝，让我们这些蹩脚的小文学爱好者也能扑腾两下么。"他只是笑笑，说："棣花咋样也写不完，看你咋看哩么。"

丹江流出商州，在棣花街西的雷家坡红石崖嘴向西南一拐，沿南岭脚下奔腾。这一拐就拐出来棣花街前面那一湾稻地。这上千亩地可是棣花的"白菜心",也是棣花人给外人排阔天天吃大米的本钱。我只有从稻田的淤泥里捞出一星半点棣花故事,算是给平凹文学画蛇添个足,让世人贻笑好了。

  2017年闰六月十四中午,我们从两岔口的青岗坪下来,到棣花街道。天热得狗卧在街边树下吐着长舌头。我和栽娃兄约好,叫他约上几个年长的,晚上七点半左右在他家院子坐,谝一谝棣花街前坪里稻地的事情。栽娃是平凹的弟弟,周末了从县城回来开门让游客到家里参观,顺便也把他哥——平凹老师签名的书卖一点。他在支铁办工作,也退休了,又被返聘了。老喻和小贾嚷嚷着要到我老家看看。我们就从312国道边铁路下边进陈家沟,到爷庙槲树下就是朝南流的苗沟河,我给他们介绍骆驼项、摞摞石、三道河、千尺幢、天潭。好多原生态的好看地方,都被苗沟水库淹没了,就像三峡大坝里的一些故事一样。在水库管理处驻地下面有一处分洪小拦坝,东西干渠的水从这儿分流,东干渠浇原茶房乡几个村的地,西干渠浇棣花几个村的地。那时渠里水满满的,清清的,还有鱼哩。我还给他们指了平凹先生修水库时住过的地方,现在只是个土台台子了。老喻说:"找找看先生在这儿还遗有啥灵感了没有,先生一定也是吃了苗沟水才得了灵性的吧。"

  村小学下面转弯处的叫花崖下,本家的几个堂兄、堂弟在修堤练,装载机在河里捞石头、清淤泥。我给大伙一一发了纸烟。老喻又在河里发现一块好石头,我叮嘱堂弟放工时叫装载机给弄到家门口。

  他们看到我的老房子,也同意我的想法:收拾收拾,原样子不能动,这老房子还是个念想么。我们又去看了堂兄盖的节能现代式的小洋楼,是英国专家设计的。县上领导也来看过这里,准备搞原生态民居。堂兄让我也把老房子推倒重建,我一直没同意。

  晚上7:40,我们赶到栽娃兄的院子,他早早准备了几个凉菜,叫来了李百善等几个老年人。我们就在院子靠西厦房门口那棵梨树下的石桌子边坐下,喝酒吃菜说话。这时游客还很多,有的还围上来听我们说笑。栽娃兄敬了一杯酒后,说:"我原先在村里待来,还当过五队的队长。前河里陈家沟、许家沟、西山塬都有地哩，是按出劳力多少占股来分的，修练时，出多少劳，分多少地么。1949年后生产大队有十六个生产小队，街道里人多出劳力多，地就多么。"

说到棣花的千亩稻地，百善很激动。他就是平凹先生小说《秦腔》里百善的生活原型，是棣花社区贾塬五组人。他说，2003年，这一湾地全部起旱了，种苞谷，出力小。现在出去打工的人多了，种地划不来了。挖稻地，那狗日的怕怕呀，疙瘩干了打不开，然然了（太湿了）成一摊摊子了。他1964年就是五队的会计，后来当了村支书、大队会计。百善自己端起一杯酒喝了，又抄了一口黄瓜，然后笑着说："从雷家坡到贾塬，分队以后，靠现在污水站那里，是我跟丁子修的地（丁子也是棣花的能人）。群众自发修，弄成股股子，比方你没钱，劳力可美，把地方一划，还是记工的办法。四十八人四十八股，分四块子，一二三四块，五百多亩。合作社时组织修过一道，'文革'结束后又修了一道子，就成一千多亩了。"

人多地少，矛盾大，吃饭都成问题。百善说的四十八股，是20世纪40年代，棣花、贾塬、许家沟、陈家沟以家族和居住地人为单位，在自愿基础上组成的四十八股，按股出劳修地。当时，平凹的爷爷也是承头人之一，召集各村入股代表商量，拿出分地计划。

百善抽了一口烟，喝了一杯酒，说："早先人老实，后来变能了，画工分哩，有把十分的画成十六分的。平凹《古炉》书中就写着哩。"栽娃笑着说："那就是我一伙弄的。那时向河滩要地，叫河道让路，挖坟修地，修河堤么，大石头要叫你抬着上练哩么，上练要劳力大哩，知道这几个娃日鬼哩么。"百善说："一帮子年轻人偷工减料哩么，抬不动，把石头可朝开打么。当时十六抬、四十八人抬的都有。"栽娃说："那抬不动么，有缝缝子了，就想打开抬。"百善咂了一口烟，说："从南沟、苗沟都是人朝回抬哩么，没车拉。我当支书修下湾地时，苗沟水库上的拖拉机给拉来。"栽娃说："都是人抬哩，小的人掮哩，沙拿担子担哩么。"百善说："拉到二郎庙前场子上，又得靠人抬么。"

那天晚上是阴历十四，月亮圆又亮。村上的卫东来了，让喝酒，说不敢喝,百善说:"叔给我娃端一杯,别给叔伤脸噢。"卫东接住,喝了。

说到修河堤,百善更来劲了。修地关键是修河堤,不然,一场洪水冲得啥都没有了。百善说:"修地就要打木桩修石鳖子(石摆子),组织一帮子八到十个人用石锤打。有的跟夯一样拉着打,能快些。用石锤打,一口气顶多能打二十下,石锤五十多斤重哩。"栽娃说:"打木头要用石锤,铁锤打就把木头打裂了。"百善说:"丈二长的橡,把细头削尖尖的,用铁箍子一套才打哩。这样橡就炸不了。橡不打到底,沙一拉就翻坝了。橡最好要用柏木。"卫东说:"我在商镇见丹江河里用的是杨木。"百善:"那不行,得用柏木、松木,再泡都不涅(腐朽、腐烂)。"栽娃说:"就是的,泡一百年都不涅。只有出水面的那些肯涅。"百善说:"过去老人也很能哩,修这鳖子,洪水来了就被顶到河对面去了,对面人也得再斜个角度修一个,才能挡住水的。"

修堤时,先要挑地基,把水改到边上,把大石头砌在基里。为减轻河堤防洪的压力,在河堤靠水面处,每隔六七十米就得修个石摆子。石摆子因外形像河里的鳖,棣花人才叫石鳖子,还叫石牛。修鳖子时,在河堤边先挑出二十多平方米的大坑,在大坑临河道的半圆边打半圈木桩,木桩在水面只露出一米左右,形成半圆的木栅栏,将石头填进去。打木桩选的都是精壮劳力。打的时候,大石锤打在木桩上的声音很大,加上人抢锤的吼叫声,真是声震天际了。在河堤边,隔上六七十米就是一伙光身子的小伙抢锤打桩,那场面很热闹。

修石鳖子的石头有两人抬、四人抬、八人抬、十六人抬、二十四人抬、三十二人抬、四十八人抬的,最多的有六十四人抬的。

后来,我们在二郎庙西边又见到百善,他跑过来见我们,撇下卖食品饮料的摊子也不管了。他给我们在烟盒上画了抬石头的架子,又在地上用树棍画着边讲边画,还边做着示范,我们这才弄清咋样绑哩,哪儿是大梁,哪儿是牛子。

抬石头用的主杠粗得像檩像担子,也叫龙杠,分杠子也有老碗粗,分到每一组两个人抬的杠子也有胳膊粗。抬大石头时,有专人承头,负责分工,杠子支好,绑牛子。一切都好了,听承头的指挥,一步一步移动,把大石头抬着放到迎水面。石头一般三四百斤，最大的有四五千斤重。最大的石头也是石鳖子的镇水石。修成这样的鳖子，再大的水冲来，都会安安稳稳的。

垫地除了人从外面担土，多是等涨水时，把洪水改进去，靠涌哩。卫东抄了一口菜，边吃边说："上学时到河滩拾那饼饼子馍，就是洪水涌过，结的泥片片子，跟饼子一样，拾了往地里撂。"栽娃说："下一场雨，涨一次水，都要涌半拃哩。远处涌得少，到冬季里了，把厚处的朝薄处担哩。"

说到修地的艰难，棣花有一句顺口溜，"棣花人吃大米，把锣敲烂"。每次修河堤开工，承头的提着铜锣，从村东敲到村西，召集大伙出工，倒不是人不愿意去，是实在累得不行，睡在炕上不想起来。锣一响，醒了，锣一停，又睡着了。百善说："那是把人都累日塌了么。"

从1954年以后，棣花、贾塬、西街、雷家坡四个村先后用了六七年时间，从雷家坡涧下的丹江河北岸向东一直到贾塬，修了十几里长的河堤，这才有了上千亩的稻地。

有了稻地，按说是高兴的事儿，为插秧争水却成了问题。棣花人为抢水，几十年间打打闹闹没断过。西街在丹江渠首，贾塬在渠尾，两个村发生过的大大小小的打架斗殴，也说不清了，哪一次都是双方都有人头破血流的。百善说："棣花人爱打架都是这样形成的，弄稻地时，年年打架，锨一拉就开始了。"栽娃说："有的都打过成百回哩。"贾崇涛昂起脖子灌了两盅酒，说："军宽他兄弟为浇地，叫人拿锨把耳朵都铲掉了么，浑身都是血。"百善说："不是腿打坏就是胳膊坏，为这浇地整夜整夜不睡觉。"栽娃说："像这有几天不下雨，丹江河里人就挽蛋子（人多拥挤）哩，练子上到处都捅得窟窿眼睛的，你前脚水搬到地里，才去看水呀，后脚就有人偷着搬走了。"百善说："你稍稍把水憋住，扭过身就有人把水拨跑了。"雷家坡的雷勋宽为浇地跟人打起来，两个都不怕死的人打得不可开交，要不是有人挡架，早都出人命了。

刘高兴说，他有五六分稻地，自己好爱跟人谝闲传。一次，他在浇地，把水放到地里，就跟村里一个娃谝去了。没想到，这娃他大趁机把水放到他地里去了。第二天，一看地还是干干，刘高兴被老婆狠狠骂了一顿。没办法了，就自己打了一口井，抽水浇地。从20世纪60年代到80年代，棣花十六个生产队都有引水员，配合大队引水员引水，保证了棣花一湾稻地的用水。

百善那时是小伙子，担任贾塬村支书，打桩、抬石头、担土，啥活他都抢在前面。地修了，他靠自己挣的工分，分到一亩多地。夏季又跑到南沟割草，用草沤肥上地。一年光稻子就打二百多斤。一斤稻子能碾七两米。一斤米那时卖四五毛钱。

棣花大米多，让其他地方人都眼馋，可这里小麦、苞谷少。棣花人又把大米拿到集上粜了，再去买小麦、苞谷。有的干脆背上大米到南北二山去换。百善说："拿米换苞谷、洋芋，南边最远跑到山阳的火神庙，北边到苗沟、条子沟、留仙坪。一斤米换五斤洋芋。"栽娃说："没其他啥，给娃喝米汤，娃都不想喝了么。1972年还是七几年来，我拿了十几斤米，到甘河沟换了五十斤洋芋，来回走了几十里山路，总算给娃换了别样吃的，把人累得几天腿疼得都挪不动。"栽娃又敬了大家一杯酒，说："现在没地了，千亩荷花池，游的人多得太太么。"

提到棣花街用电的事儿，百善略带自豪地说："西街头水发电是六几年来，那电不要钱，是王启民给弄的，一直用到西北电管站的电来，到1976年前后了。"栽娃说："全县用电最早的要数我们棣花了。"

为了解棣花用电的细节，在夏日雨后天晴的一个上午，我和小贾拜见了八十二岁的王启民老人。老人精神矍铄，笑容可掬。他是蓝田葛牌人，从西安电力学校毕业分配到地区水电局。1961年，他被下派到棣花驻村，看到家家户户还在点煤油灯，加工粮食还用石磨子，便给局领导建议用丹江水建一座水电站。领导同意了，并让他负责技术问题。他学的是电力，没学过水电，局里派他到上海水电设计院学习了半年。回来后他亲自踏勘选址，自己设计、建设水电站。他首先解决水源问题，发动农民义务投工修引水渠，地址选在西街涧底下。他设计的是四米水头，三十千瓦发电能力，用水轮机齿轮带动发电。那时钢筋少，他选了两名手艺好的木匠，用铁桨木做水轮螺旋桨。老人喝了一口水，笑着说，棣花能人多，木匠技艺高，木制螺旋桨做得很精细。他们用了三年时间就在西街临河道拐弯处建起了水电站。有了电,家家晚上屋里都亮堂堂的。晚上10点以后,启用动力电给群众加工稻子、小麦、苞谷等粮食。他还幽默地说,修电站还给他修来了媳妇,老伴就是街里人。棣花人用上电灯了,吸引了周边十里八乡的人来看稀奇。

那晚百善还说:"那时给娃说媳妇都要看家里有电哩没有。磨粮食也方便,也便宜,一百斤粮食才收一块钱加工费。"贾卫东说,这电用到1976年国家火电送到了,才停了。贾崇涛说,棣花人用上电了,让人开了眼,生活变了,到现在都忘不了。

夜已经很深了,月亮在头顶上亮着,游客还有,我们继续在栽娃院子梨树下喝酒说话,笑声很响。这梨树是栽娃母亲栽的,也有四五十年了,树身老碗粗,树皮黝黑皲裂,梨却香甜爽脆,我吃过好几次。

棣花因贾平凹出了名,棣花也是过去商於古道一个驿站,县里在这里打造了商於古道上一条亮丽的风景线。千亩稻田成了千亩荷塘,荷叶田田,荷花片片,还有村姑在湖上荡着小船,唱着山歌,有"小江南"的气息。平凹的老屋改造后,也成了一个旅游点,二郎庙、魁星楼、宋金街、清风街、法性寺等,都是厚重的人文历史和现代气息的结合处,游人看得都不愿离开。

对旅游,百善还有他的看法,他说:"没弄好么,《秦腔》中的生活原型恁多,只弄了个刘高兴,太单薄了么。应以文化为底子,以平凹为主线,他走到哪达旅游就跟到哪达,这才像回事儿哩么,像苗沟水库就没开发么。"栽娃说:"还有棣花的社火,那可是在全县出了名的,像外地一样一天在固定时间给游人表演一次,这是多好的事儿呀。"卫东也说:"百善叔现在开的石磨坊,磨的麦面都成牌子了,省城里的人都争着来买哩。百善叔也是《秦腔》书里的原型,也能搞个旅游点的。"崇涛说:"你没看高兴那狗日的最沾光了,平凹叔写他时,还在西安拉煤拾破烂哩,谁能想到,他现在靠卖书、卖字、卖文化,大把大把收钱哩么。"

我说1989年前谢有顺先生来,只看了平凹先生的老院子,一看楼门正对着南沟后面的笔架山,就笑着说:"文曲星就在这里了,几百年只能出这一个了。"

刘高兴跟我也很熟,瘦高个儿,嘴能说,是平凹先生的同学,平凹先生的好多故事都是从他那儿听来的,他也正是平凹先生长篇小说《高兴》中的刘高兴的生活原型,原名刘书征,因《高兴》书和电影,也出了名,曾被贵州电视台用飞机接去谈农民工的话题。棣花搞旅游,他回来把院子一收拾,把他和平凹先生小时候的事儿写了一本书《我和平凹》,还让我给校对过。他还能写毛笔字,自己定制了一个大案子,铺上毛毡,就摆在东厦房里。平凹先生写的"哥俩好"放大贴在墙上,还有不少名家和他的合影也在墙上贴着。院子里葫芦架上的葫芦长得很旺,一树木梨也结满了果子,房檐下挂着一串串深紫色的莲蓬。他坐在案子后面,游客来了,就挥笔龙飞凤舞起来,不是"高兴人生",就是"人生高兴"或是"健康高兴""高兴健康"。一个斗方五十元,一本书五十元,一天下来少也在好几百元,拿文化赚钱轻松,还高雅。他还在门口加盖了一层楼,可以住宿,还有餐厅,真成了全方位的吃住一条龙服务。

棣花后塬去西山塬路口有个钟楼亭子,我小时候跟母亲赶集,总想去看看,母亲说那是庙里的神物,不让随便看,记得钟有大环锅那么大,里面待几个人都行。听人说修苗沟水库时,撞钟叫人上工,十几里外人都能听见。那钟原来在法性寺,是唐代铸造的。后来亭子倒了,县文物部门把钟拉走了,现在保存在县上。

贾塬后面的山叫牛头岭,样子像牛头,山上多是坟墓,一些坡地原来种红薯,很好吃,现在都退耕栽满了核桃。铁路就从山半腰穿过。翻过小垭垭是土塬子,专家多次来看过地形,想在这里建飞机场哩。现在也全是核桃树,有几千亩,都已经挂果了。

每遇丹江发洪水,都是棣花街人捞柴火的好时机。文友朝宏的父亲刘老伯,八十六岁了,老人在"商洛棣花古镇乡土文化研究院"公众号上发表了《丹江河里捞大柴》,说是五几年的夏天,贾塬他姨父来给他家帮忙干农活,他在家刮洋芋皮,有人喊:"河里发大水了,捞柴走——",他就跑到门前涧底下河边石板头上,等冲来的柴火,他姨父也拿着捞斗子来了。一眼没看,他姨父掉到水里了，他就扑过去拉，俩人一块被水冲走了。好在他会凫水，可他一个小娃拉不动大人，被冲了两三丈，下面捞柴的伸捞斗子过来让他们抓住了，那人把他俩拉出一节，差点被带到水里，那人就放手了，他们也快到河练跟前，就游出来了。还有一次，在秋里，他在院子破柴火，听有人喊救命，他甩下斧头，跑出去，从三四丈高的涧塄上扑下去，连衣裳都没脱，下到洪水里救了母女二人。过后，那人拿了七尺白洋布来谢恩。像这样捞柴被冲走的事儿，过去年年都有，现在洪水少了，人们做饭多是烧煤和天然气了，再没有捞柴一说了。

武关不只是一个关

一

"重关天塞控神州"的武关,在古代是十分重要的关口。战国时秦出武关取十五城,楚怀王被滞于此,秦始皇东巡经过武关,刘邦入武关定关中,唐郭子仪在武关使吐蕃夜遁,黄巢出武关转战中原,李自成出武关进军北京,1932年贺龙率红军与敌刘振华部在武关激战,这里真可谓"武关一掌闭秦中,襄郧江淮路不通"。

也是那个下午,从武关河黑龙湾到武关街,我们在仔细努力地寻找武关历史的蛛丝马迹。

从老312国道而下,沿武关街东边一条路南行,边上涧下就是武关河,有几个村妇在河边洗衣。一处高二十多米的土墙杵在那里,这就是武关城墙遗址。墙下面立有一小块牌子,黑色,上面写着"武关遗址",是省级重点文物保护单位。城墙是用土夯成的,经过岁月冲刷,孤独地站在民居边上。我们爬上去,上面有一棵柿子树,一棵槐树,有半个足球场大小的平地,也被农户种上了麦子。站在颓废的城墙上,我仿佛听到了秦楚交战的厮杀声。

往前走过几户人家,门都上了锁。在街道东口修有纪念墙,上面写着"武关"两个遒劲的大字,墙上写着历代吟咏武关的诗句。像唐杜牧的《题武关》:"碧溪留我武关东,一笑怀王迹自穷。郑袖娇娆酣似醉,屈原憔悴去如蓬。山墙谷堑依然在,弱吐强吞尽已空。今日圣神家四海,戍旗长卷夕阳中。"字写得很一般,诗人对怀王昏庸、听信郑袖、拒纳屈原忠言的感慨,却溢满墙头。墙下面坐了几个中老年妇女,有的在纳鞋垫,有的在织毛衣。问她们武关的历史,都说不清楚。又走到河边涧上一个小院子,见一中年妇女和几个孩子,说是在镇上上学,大人陪读租房住的。一位中年男子笑笑说:"要问武关的历史,去找路吉祥老人去,他啥都知道的。"

我们又返回街道,路是水泥铺过的,从两边的木板门依稀能感受到当年集市的繁华,有的屋子也改造成小楼房了。问路老的家,一位中年妇女主动带我们去。穿过几个小巷子,到了一个古老的小院子,门口蹲着两个小石狮子,院里是石子铺成的路,台阶都是一两米长的石条,磨得很光滑。屋里有个女中学生,也是租房住的。那位中年妇女跑去找老人,老人回来了,笑笑的给我们打招呼让座。老人已经八十七岁了,走路还很麻利,只是耳朵有点笨。老人1950年参加工作,教了几年书,组织调他到公社当文书,后来在武关公社当了党支部书记、团书记。1950年他参加了武关青年林造林,因为是造林积极分子,还参加了国庆典礼,受到时任团中央书记胡耀邦、原林业部长惠中全接见,还游览了颐和园、十三陵、景山公园。1954年入的党,担任过二十多年村干部。老人写着一手好毛笔字,逢年过节到周围的商南、丹凤一些地方写中堂、对联。老人觉得现在政策好得很,一月高龄补贴、教师补助、养老保险就能领三百多元。说到武关,老人得意地说,武关有名得很呀,过去三面有城墙,北边靠的是少习山,共产党、国民党的队伍都在这里住过。

他说他小时候,武关河的水可不小呀,能行船。街上有路、段、田、黄、范几大姓,田家最兴盛,有老院、东院、西院。他住的房就是土改时政府给分的田家大户的三间老屋子。

中华人民共和国刚成立那些年,他靠卖苦力挣钱养家糊口,麦忙干一天工给两升麦子,秋里干一天给两升苞米。老人有三个儿子,三个女儿,家里吃饭的人多,做活的人少,他当时一月工资二十多块钱,没法养活,1962年就从公社回家种地了。现在儿女的娃都成家了。大儿子入伍,在沈阳退休,二儿子在家务农,三儿子当教师,三个女儿都出嫁,在门跟前,也经常回来看他。老伴去世二十多年了。一说三儿子,还是我大学同学,现在就在丹凤中学教书,也好多年不见了。

老人还告诉我们,国道边上住的退休教师田爵勋可是个"武关通"。黄昏时分,我们告别路老,来到312国道打听田老师,一个胖男人指着一个走过来的人说,就是那个瘦高个儿么。见到田老师,说明来意,他高兴地带我们去他家。在他家院子,他老伴又是倒水,又是搬凳子,他拿出自己出的《守望武关》一书,我们每人买了一本。田老师对武关历史文化很有研究。他津津有味地给我们讲,武关又叫少习关,传说姬发,也就是后来的周武王,年少时在这里习武。这里有着三千多年的历史,曾经是秦楚的咽喉,在战国时被魏国所占领。汉刘邦与项羽约定,先入咸阳者为王。刘邦从武关入咸阳时,听从张良之计用大量金银买通武关守关,直捣咸阳,得天下。翻秦岭有七十二道峪,往东南到鄂豫只有武关一条道。春秋时秦打通商於道,也叫秦驰道。秦始皇经武关南巡。唐代李西华修商山道,动用民工二十多万。明代商州知州习元洪,又修商山道,直通南阳、武汉。

民国四年,武关桥西村郭庄沟梁治信老人过九十大寿,有人送了"东海元老"大匾祝寿。郭庄沟四面环山,山清水秀,梁家大院下的涧溪边有一棵大杨树,三个人也搂不严,树龄也有二三百年,枝叶繁茂。梁治信为人豪爽,热心社会事业,曾在荆紫关烧酒发了财,在他家大院下建了九十九级台阶,方便百姓,巧合的是,老人也正好活了九十九岁。

随后,我们专程去了一次郭庄沟。这里山窄河陡水急,有十几个老人妇女在修路。一位老人说,每年一发洪水路就冲成石头浪,脱贫攻坚应该先修路呀。小贾记下村上组长的电话,说我们想办法给找人帮帮忙。问到梁治信,大家齐声说,是他们这儿的大好人,祖祖辈辈都忘不了。到了梁治信老人的故居,房子早都没了,九十九级台阶已荡然无存。只有那棵古杨树,和树下那丛竹子还郁郁葱葱着。下慢坡路边有一株野生麦冬,小贾爬到涧塄上刨。麦冬叶子细细的,根茎像小红薯,只是青白色的,生着吃也有点甜味,能治便秘、失眠，还能降血糖。

田老师还给我们说了习姓的渊源，武关是习姓人先祖的生活地。习姓起源于少习。春秋曾有古习国，是个小国，后迁徙到安徽的安庆、江西的吉安、河南的邓州等地，邓州还建有"习祠"。清光绪二年（1876），河南大旱，一部分习姓人从"习营村"沿商於古道西行，到关中富平。这几年，习姓人也陆续来武关祭祖，有福建的、安徽的、河南的。

天黑了，我们才返回，田老师的《守望武关》是武关行的最大收获。

二

在武关城门内门额上，书写有"古少习关"。武关街上的退休教师田爵勋老人，对这一段历史做过研究。他翻阅过顾祖禹的《读史方舆纪要》。此书我未曾见过，跟老师一比，自觉浅薄。武关，春秋以前称古少习关，秦代改叫武关。相传，秦国的少年王子在此习武，后继位一统天下。武关街后面那座山，因此得名少习山。《左传·哀公四年》记载："司马起丰、析与狄戎，以临上雒。左师军于菟和，右师军于仓野，使谓阴地之命大夫士蔑曰'晋、楚有盟，好恶同之。若将不废，寡君只愿也。不然，将通于少习以听命'。士蔑请诸赵孟。"杜预（西晋）给《左传》作注，首先提出"少习，商县武关也"。唐的《括地志》也说："武关在商州商洛县东九十里，春秋时少习也。"元初学者胡三省在《资治通鉴》注中也提道："武关，《左传》之少习。"明代学人南镗《重修武关碑记》中写道："武关去省城五百里，春秋时少习，战国时改为武关。"清人王旭在《商洛行程记》中道："二十三日雨止，晓行资峪、桃花、铁峪三铺。登武关，望少习山，山势嶙峋绵亘。资洛，昔名菟和。"战国时，秦楚争霸，秦占据少习关，将此作为三秦要塞，改为武关。

刘邦、项羽争雄，取道武关，《左传》《史记》等多有记载。田老师说，《诗经》里的《伐檀》是魏风，当在此地。当年商於古道过此，有路必有车，古人造车多用檀木。《读史方舆纪要》记："秦岭盛产檀。"商於古道，商朝末西周时开,春秋时打通,是古时湖南、湖北、河南入陕的必经之道。秦始皇三次南下,也走的是这条道。史料记载得很详细。

说到他们田姓,他有点兴奋,说是明代天启或万历年间从西安迁到华州,再由华州迁到商州的北田村,之后迁到武关的曾家沟,到商南,逐步发展起来的,总字号称"紫荆堂"——西汉时有一家三兄弟,在门前栽了紫荆树,表示永不分家。老三媳妇觉着不分家他们吃亏了,便偷偷用烫菜的开水浇树,树就死了。三兄弟回来见树死了,便抱头痛哭,结果三人的眼泪竟然把树浇活了,因此紫荆花就是兄弟花,树便是兄弟树。商州有个紫荆村,跟这里说的"紫荆堂"有无关系,说不清楚。

田老师的曾祖父田子瑞,是清廪贡生,地方绅首,管武关迎官接照之事。他有房数十间,上房、庭房、楼台亭榭,还建有七间豪华的"迎官接照厅",一年光地租就收数十石。他还办有商行,总字号为"兴隆贞",在商南、荆紫关、龙驹寨、商州都有分号。武关道上商贾云集,遇到连阴雨,河水暴涨,他便从荆紫关请来船老板,在武关西河上设摆渡口。

1988年8月发了场大水,武关村民贾存山在西河水磨湾河滩捞柴时,在原渡口下五百米处发现一个铁尖,挖了一尺左右,见是个铁钩,又挖,才挖出有五个钩爪、一端有铁环一边有铁链的船锚,六十多斤重,这就是当年田子瑞老人请来船老板的物证。船老板叫贾有福,河南荆紫关人,民国十二年(1923)被请来在河西开设渡口,摆渡过往客商。夫妻二人靠田子瑞送给的五斗课土地和摆渡收入过日子。还真巧,这个贾存山就是当年船老板的孙子。

船三丈多长,五尺多宽,是从荆紫关沿丹江靠纤夫拉上来,经商南的毕家湾入武关河到这里的。船老板只收过往客人费用,本地人一年只给点粮食。十几年下来,船老板靠撑船摆渡买了十多亩水旱地,养了十几头牛,生儿育女,光景过得也滋润。民国二十七年,秋季洪涝,冲毁了武关大桥,船也被冲走了。船老板自己做了一条小船摆渡。小船坏了,他儿子贾小谋在河上涉水拉活,为群众提供方便。

三

商洛最适宜长核桃。从古到今,种核桃是当地老百姓的一大习惯,田间地头、沟畔涧边随处可见。大面积在地里栽种核桃是20世纪50年代的事儿。1958年,毛主席指示:"陕西商洛专区每户种一升核桃,这个经验值得各地研究。"商洛核桃因此而得名。"每户种一升核桃",全国人民都知道说的是商洛,却少有人知道这个经验出自丹凤的武关,连商洛人知道的也不多,至少没见田老师之前,我是不知道的。

1950年,当地开展大生产运动,武关村、南坪村农民开挖武关南面的蚕扒坡、大凹、小凹荒地几百亩种粮。1951年,李朝良组织南坪村村民成立了农业生产互助组,他任组长,于1953年建成了"八一"初级农业生产合作社。他发动群众,让每一户种上一升核桃,就在新开的地里栽种,实行林粮间作。1956年,他建成丹凤县第一个专业林场,也就是"八一"林场。

他自己刻苦钻研,挖鱼鳞坑,松土施肥,防虫浇水,剪枝嫁接,后来还被聘为陕西省农民林业科学研究员。

不到几年,武关就成了"核桃坡、核桃凹、核桃岭、核桃沟、核桃碥、核桃路,漫山遍野的核桃树,果实累累碰人头"的核桃乡了。1957年9月20日,商洛地委召开了地委扩大会,总结了武关大种核桃、林粮间作、保持水土的经验,做出了"每户种一升核桃"的决定。这就一下子在全地区掀起了高潮。就在这一年,"八一"林场的核桃大丰收。李朝良兴奋得几天几夜都睡不着,他要把这喜讯报告给毛主席。他精心挑选了七十三个核桃,用枣红布袋装好,邮寄给毛主席他老人家。当年,中央办公厅给回赠了一套四本《毛泽东选集》。

"每户种一升核桃"的经验被省委报到中央后,毛主席很重视。在1958年1月的中央南宁会议上,毛主席听到这个消息,又想到群众给他寄的核桃,高兴地对时任陕西省委第一书记张德生说:"你们商洛的核桃好啊!""我吃了他们的核桃，送给他们一套《毛泽东选集》，这算公平交易吧，我可没有白吃哟。"这次会后，毛主席将商洛种核桃的经验写进了《工作方法六十条（草案）》中。

1958年9月，国家林业部组织全国十六个省市代表在武关公社"八一"林场召开了全国林业现场会，落实毛主席的指示，在桥西营造了纪念林，在林地勒碑纪念。

1958年12月，李朝良到北京参加全国农业会议，武关"八一"人民公社被评为全国农业先进单位，国务院颁发了奖状。第二年，李朝良、路吉祥还到十年国庆大典观礼。

1962年5月20日，《人民日报》以《踏实的步伐》全面报道了商洛每户种一升核桃的经验。

1967年到1972年之间，林场面积达到五百多亩，核桃产量七千三百公斤。后来又开挖毛沟洞荒地三百多亩，林场的总面积达到了八百多亩，核桃年产量达到一万六千公斤。1970年11月，田爵有、董学有、金玉霞带着商洛核桃参加了广交会对内经验交流会，"八一"林场被评为先进单位，是全省第二家获奖的。这时候的武关真成了"锦旗奖状墙上挂，大小会上领导夸。广交会上有展出，武关核桃传天下"。

2017年11月4日一早，我们又赶到武关，先参观了十六省市核桃现场会纪念碑，心里想象1958年的全国林业现场会，那场面一定是热火朝天了。在纪念碑前，我们照了相，又去找田爵勋老师。他也风趣地说，毛主席在收到商洛七十三个核桃的当晚，心情高兴，挥笔写下了李涉《再宿武关》这首诗："远别秦城万里游，乱山高下出商州。关门不锁寒溪水，一夜潺湲送客愁。"李涉被贬，在这里熬煎得睡不着，而毛主席收到群众寄来的核桃是高兴得睡不着呀。

李朝良已经去世多年，田老师带我们去见了他的儿子。从312国道东行，在距武关街五六百米处的武关河上有一座钢丝桥。走过摇摆的桥，来到南坪村，我们找到了李朝良的儿子。他家盖了一座三层楼房，他人敦敦胖胖的，招呼我们到家里。他是1950年生人，大种核桃那年，才六七岁，啥也不知道，只记得核桃苗子是从山东拉回来的，给武关街道人也栽了。他是从武关水管站退休的。问到奖章和那套《毛泽东选集》，他也遗憾地说："哎，都不知道丢到哪里去了。"他父亲有一米七八，为人实在，从不贪财，人心眼好，家里只剩下他的一张黑白照片了，在田爵勋的《守望武关》一书中收录，叫"核桃丰收的喜悦——场长李朝良"，照片中他高兴地两手张开布袋，一个青年正往布袋里倒核桃。他头上缠着白羊肚手巾，身穿黑棉袄，脸上的皱纹褶子，就像核桃壳。看着老人乐呵呵的样子，一个不发工资，不记工分，一心只想着林场种核桃的老人的形象立马在眼前高大如铁塔。

治理

水 库

商洛境内修水库都是1949年以后的事，丹江上最早的是商州王山底水库，1958年修建的，在丹江的一个小支流上。直接在丹江上修建的只有上游的二龙山水库和正在修建的、在下游商南段的莲花台水电站，其余都在丹江支流，或在支流的支流上。建成的中型水库只有二龙山水库和丹江一级支流老君河上的鱼岭水库；建成的小（一）型水库七座，小（二）型水库十四座，都在丹江的支流上。这些水库当时最大的功能就是防洪、供水、发电、灌溉、养殖等，现如今，只以防洪和供水为主了，其他功能渐渐消退。

二龙山水库

仙娥湖因仙娥溪得名，在商州城西四公里处。20世纪70年代初，当时的商县革委会研究决定修建"两库一路"，就是二龙山水库、南秦水库和麻街岭公路改道。要修二龙山水库，原来的长坪公路就在库区，必须改道山上。当响亮的口号"截流丹江，锁住二龙"一发出，这里就成了热火朝天的万人大会战战场，也就意味着一些自然的、人文的东西即将销声匿迹了。

丹江过麻街，拐入二龙山峪谷，与板桥河汇合，峡谷逼仄成仙娥溪。这里，唐代时建有仙娥驿，商州八景之一的仙娥峭壁就在驿后。自明以降，这里都曾被载入志书。唐代诗人白居易路过此地，留下"商山无数峰，最爱仙娥好"的诗句，可想而知，仙娥的美名是历史上就有的。现在，许多历史遗址和人文景观，都被淹没在水下，比如民国时修成的西荆公路。移民把故乡背着离开。深入湖底淹没的，已成腐朽，永恒的记忆却鲜活着，那一段段史话掌故，依然在民间流传，像丹江流水般不息。

仙娥峭壁 清康熙《续修商志》载，从说法洞逆丹江行，两岸都是山，南边山上怪石嶙峋，在碧岭仓岑中突兀起仙娥峰，刀削一般，因而以陡峭险峻出名，上面"丹青斑驳，莓藓明灭"，像一幅美丽的山水画，"白乐天入商，独爱此山，而纪之以诗"。也正是唐人把这峰下的水叫仙娥溪的。明代王如宗有诗："仙姬何日去山衙？削壁空留人望赊。幛幔千寻晴带雨，芙蓉十里夜开花。云飞毛女芳邻近，月挂峨眉胜侣遐。万古诗人经此地，溪边谁不欲停车。"这就是古人对仙娥峭壁真实的描写，真能让人乐不思蜀——仙娥曾路过这里，被美妙的山水拽住脚步，留下了不少佳话。就在仙娥峰下的河中间，有几块白石头，其中有一块长方白石，六七米长，高出水面两米多，样子就像一张床，每年发再大的洪水都没淹过，人们称它龙床。相传，仙娥曾在上面睡过，床上还留有仙娥化妆用过的脂粉盒，石床边还有木鞋的鞋窝。公元822年7月，白居易赴任杭州刺史，第三次路过商州，留下的诗歌《仙娥峰下作》里"青岩屏峭壁，白石床铺绡"的"白石床"就是这块巨石。又过了七八年，他还在惦念这里的清泉白石，又写下了"我有商州君未见，清泉白石在胸中"的诗句。就在仙娥在白石床上歇息的那天晚上，月光皎洁，她忍不住跳入水中沐浴，当地的土地神在半山腰偷看，仙娥从水里发现了他的影子，顺手一指，山门合上了，把看傻眼的土地神的头卡住了。现在游人乘船旅游，还能清晰地看到半山腰石缝里一个"白胡子老人头"，很逼真。

仙娥驿 唐人在仙娥峰下溪水西北边设有驿站，几间房舍、几匹骡马、几个驿卒，还有一个九品官驿丞。这里是南来北往达官贵人邮传、食宿、歇脚的地方，很热闹，仅唐代就有十多个诗文大家曾在此歇息，留有不少诗文。像唐人赵碬的《仙娥驿》一诗写道："翠泾衣襟山满楼，竹间溪水绕床流。行人亦羡邮亭吏，生向此中今白头。"据说白居易那首《仙娥峰下作》就写成于这个驿馆。仙娥驿直到清代末才废了。

溪岸桃花　在仙娥溪的南岸，绕西山一湾，有五六里长一片桃林。清《商州志》有记载，这是商州八景十观中的一观，"时当梅芳告歇，杏锦初收，一片红霞，艳鲜鲜而夺目；半川赤蕊，香馥馥以袭人"。郡人常在花开时节，携家眷，邀友人，置办酒食，享受自然，忘而不归。唐代李白、白居易，宋人王禹偁、裴大亮也在此泛舟流连，留有诗作佳句。清顺治八年（1651），商州抚治道许宸一到任，正赶上桃花盛开之际，前去观赏，陶醉花海，即赋诗一首："小桥流水绿杨湾，翡翠浮岚山外山。胜地翻难成好句，归来魂绕赤霞间。"（《西郊看桃花归署作》）志书里，有清代人柴懋耀诗，"年年溪口人如织，争道仙源路已通"，游人之多，景色之美，全在诗里。

说法洞及铺舍　在水库坝体南端内侧脚下，距原河床两三米处的山根，凿有一个石洞，洞口高两米，洞深一米多，可容纳十多个人。洞体迎着河水流下的方向，洞前河床平坦，水流经洞口时，悄无声息，是修行的好地方。相传，西来祖师曾在这里讲经说法，因而此洞才叫"说法洞"。明以降，官道在十里和二十里处设一个"铺舍"，在州城设总铺。城西从旧城到此正好十里，也设有一处，就叫说法洞铺舍。再向西十里，还有胭脂关铺舍。铺内设有铺司一人主持，铺兵若干，主要是传递公文及官物，迎送来往官员。铺舍有伙房，供来往人员吃饭歇息。

丹水河桥　民国二十三年（1934），从西安到河南荆紫关的西荆公路（后来延伸到界牌，又叫西界公路）修建，路在这里横跨丹江（实际上是支流板桥河），需要修一座桥。民国二十四年（1935）8月到11月，"丹水河桥"建成，桥体是钢筋混凝土建造，半穿孔式结构，桥长五十米，宽五米，有五孔。桥东头北端有近两米高的方柱形水泥纪念碑，桥两端铸有"丹水河桥"字样，当时人叫它洋灰桥、洋桥。抗日战争时，运输兵员、武器、物资，这座桥发挥了很大作用，现在已被淹没在水库里。

1970年10月4日，原商县县委常委会研究决定，成立二龙山水库党核心小组，准备兴修水库。商洛市水务局原总工王永平老人说，他是1970年12月到水库工地的。当时导流渠已经修好，到1971年4月，也就是汛期到来前，已完成了清基任务，开始回填。冬里民工把河里的冰用铁锨扎个窟窿，捞沙，担沙，担沙的笼子边上全是冰溜子。他们把混凝土倒到地上，用钢钎子锤。北宽坪区一个营的人在筛沙子，砸石子，民工一笼一笼担。后来学习外地经验，实行定额管理，功效有了很大提高。周自力老人在《商州文史资料》上撰文介绍说，大坝施工期间，商洛地区、商县革委会统一领导，按民兵组织建制，上劳的是大荆、黑龙口、板桥、黑山等区的民兵，按团、营、连、排、班组成施工队伍，区、公社、大队派一名党政领导担任政委、教导员、指导员，区、社的武装部长担任团长、营长，大队民兵干部任连长，一切行动军事化。那时，一天上劳不下三千人，最多时一次达万人，采取定额包干的办法，也就是包任务、包质量、包工期、包材料、包报酬，每人每个工日补助半斤粮。水库受益区每人每个工日补助四毛钱，非受益区每人每个工日补助八毛钱。民工住的房，都是湿土打的墙，墙上都掉水珠。房上面苫的是稻草，有的是牛毛毡。

水库大坝是浆砌石重力坝，坝高63.7米，坝顶高程771.7米，坝顶长152米，坝体腹腔在海拔725米和745米高程分筑两级廊道，坝右海拔730米和740米高处分别埋设直径0.3米的钢筋混凝土管道。水库以闸门控制，出水进入西灌渠，为排沙及调节水位，在靠近溢流坝右设有泄水底孔，进口高程723.5米，断面2×2.8米。设置有钢制的平板闸门，用125吨启闭机启闭，最大泄水量133立方米/秒。坝左岸凿有152米长的发电引水隧洞，直径4米，用混凝土衬砌。

水库工程完成土方39.4万立方米，石方25.43万立方米，其中浆砌石17.14万立方米，混凝土4.47万立方米，实际用工日5 169 168个，水泥40 518吨，钢材867.8吨，木材2867立方米，枢纽工程投资17 131 649元。

水库高程776米以下为淹没区，也是移民区。淹没区多是以中山、低山为主的土石山区。移民涉及丹江沿岸原肖塬乡、麻街乡和板桥河沿岸的水道河乡，970户，4530人，房屋3511间，土地225.7公顷，公路改线27.5公里。

流域内铁炉子以上，河床狭窄，谷坡陡峭；铁炉子以下，河谷逐渐开阔。库区高程1200米到1800米，是低中山针阔叶混交林带，植被较好；高程

1200米以下是栓皮栎木林、山杨林、油松林、白皮松林、华山松林、锐齿槲栎林、青杠林、毛栗林等群系以及林下灌木和草本植物。

二龙山水库有发电、防洪、养鱼、灌溉、旅游等功能。

防洪。控制流域965平方公里，占全商州境内丹江流域总面积的43%。商洛的防洪标准提高到千年一遇的洪水洪峰削减66%，百年一遇的削减达72%，二十年一遇的削减达到78.9%，有效保护了水库下游的良田、村庄安全，将原丹江河道缩窄，增加河滩地12 000亩（商州8000亩，丹凤4000亩）。

灌溉。1977年建成西渠，长9.2公里，扩大有效灌溉面积3800亩。电站退水注入东渠，增加有效灌溉面积1200亩。1994年，东渠与军民渠连接，扩大有效灌溉面积2000亩。

同时，改善了丹江沿岸4.2万亩农田用水条件。

发电。装备三台3750千瓦电机。1985年发电1601万度，达历史最高水平。年平均发电800万度。

养殖。库区以养鱼为主，养鱼水面3000亩，平均年产鱼30吨，1984年产量为60吨。1989年到1990年，网箱养鱼成功，亩产高达40吨。

旅游。仙娥湖湖面呈Y形，湖周围山崖峻峭，湖东岸有一湾桃林。湖中有岛，岛上有树木，岛四个角上四座山，伸向湖心岛，山势起伏如龙，从空中看，整体恰似四龙戏珠。当地曾想将此地打造成类似深圳东部华侨城一样的景点，也做过创意规划。

因要保证"一江清水送津京"，加之保障市区生活用水，水库的其他功能大大削减。我们要先保护，后开发，那些被水库淹没的景点，要想复活，只有再另外复制了，只是再咋样搞，也找不到李白、白居易的脚印，西来祖师说法的气场，还有他们曾经呼吸的空气、曾经喝过的水了。

鱼岭水库

老君河，传说是因老子骑青牛经过这里而得名。这条河发源于蟒岭西南的土地岭，从北向南流过七十多里地，在商镇的古城村入丹江。古城村也就是秦孝公给卫鞅的封地，这里出土的文物大都保存在陕西省博物馆里。老君河也是丹江一条较大的支流。

在老君河上游东西河交汇处的鱼岭村，建有一座水库，库坝正好在鱼岭上。

我十五岁上丹凤师范学校，就在老君殿金盆那里。学校后面的土塬上有一条一米宽一米多深的水渠，经常是满满一渠水。下午吃过饭，同学们夹着书本，上到渠边核桃树下，看着渠水西流，俯视金盆的农庄田野，想想心事，再看几页书。到了春夏秋季，我们脱掉鞋，把脚放在渠水里，凉飕飕的，偶尔会有小鱼吻一下，痒痒的，可舒服了。这渠就是鱼岭水库的西干渠，水就是水库里的水，能浇商镇街周围的不少耕地。

上师范第二年的五四青年节，学校组织我们春游。一伙同学从老君殿走到鱼岭水库，有一二十里路。我们还在水库坝上野餐了，一人一个大杠子蒸馍，吃得美，也看得美，完了才走回来的。鱼岭水库给了我们很好的记忆，只是老师让写游记，我绞尽脑汁，咋样也写不出来。那时候，读书少，也不爱写作文，一遇到作文课，常常是熬煎得几夜都睡不着。现在，那一水库的水和绿莹莹的一渠水，却时常在我梦里出现。

2017年9月2日，也是个阴雨天，我们来到鱼岭水库，库里的水不多，只有半库。坝东面天然的黑石岩上砌了不高的石头做坝。坝中间是一座小山包，山不高，上有土房，有亭子。我们从库西公路上到坝西，在管理处楼房靠东的墙上看了水库简介，大概了解了一些情况。水库坝高五十多米，宽六米，是黏土心墙堆砌，总库容一千零三十七万立方，能防百年一遇的洪水，是个融防洪、发电、养鱼于一体的中型水库，1970年动工，1974年2月，大坝竣工。

在坝上转了一圈，我们又沿库西的丹（丹凤）景（洛南景村）公路北上，到水库上游的一个村子。这个村原来是黄冈村，现在也合并到鱼岭村。在去庵底桥岔路口，我们遇到一位老人，穿着橡胶黑靴子，打着伞，下雨没事闲转哩。老人叫陈三娃，见我们走过来，主动问话，让我们上他家。从路边一个小巷子进去，上个慢坡，就是他家院子。院里铺了水泥，有一棵桶粗的核桃树，一棵柿子树。他老伴在屋里干活，见我们来了，也笑着让座。问到下面库区改河工程，老妇人说，那湾湾子叫龙脖项，修的地有多少也搞不清，是村上另一组的。说到修水库，老妇人说，是属猪的那一年来，这样一推算应该是1971年。老人说的和刚才在水库坝上看到的简介基本不差啥。老妇人又说，那时全县人都来了，拉土拉石头。一天给记一个工（就是十分），要拉够回数才给记哩么。

陈三娃老人说，主要是拉土拉石头抬石头，苦得很很，干一天，把人累得浑身跟散了架一样。还要抢进度，夜里就住在牛毛毡棚里了。"工程量大，也难，又是人海战术，光放炮炸石头就死了一些人哩，都是本地精杠杠小伙子，可惜呀！"他很惋惜地说。

说到水库的名字，老人说，水库大坝就建在像鱼脊梁一样的石岭上，这就叫鱼岭水库。

老人是水库坝下东沟口人，上门到这里的。当时他们那里有三十多户，都搬到下面老君殿了。老人有两个儿子，四个女儿，女儿都出嫁了，儿子出去打工了。老两口种了七八分地，种的板蓝根、黄芩、丹参，地不好，也打个小工，挣俩零花钱。

出了陈三娃家，过西沟河桥，向东上坡，到山顶，东南边就是库区的水面。雾从水上生，正东边绿绿的山在雾中朦胧着，眼前是大山套小山，山山相连。庵底河在沟底下。老喻开玩笑说："小贾是诗人，看到这景色，灵感一来马上就能吟一首诗哩。"小贾也是张口就来，随便吟几句也诗意盎然。

下山，路边就是普陀村。听这名字，这地方一定跟佛有关系。见一妇女正在门口吃早饭，我们问她是否是这样，她说这要问老年人。她家正屋坐着一位老人，在小桌边吃饭，吃的是炒米饭，还有几个菜。一个谢顶的中年男子陪着一块吃。中年男子热情招呼我们，又是拿凳子，又是发烟倒水。老人却头也不抬，一直吃着，好半天才满脸严肃地问了一句："你是哪儿的？"小贾说是报社记者，老人这才抬起头，说："《商洛报》现在都不订了么，还来跑啥哩?"小贾给解释说是来了解水库的。中年男子说,人家教书来,修啥水库来。原来老人是另一个村的,在他村里教书,是中年男子的岳父。那女的从门外回来,说:"我大那时当民兵连长,去修水库,从来没回来过,我妈病了都没人管么。"女的一说,我咋听糊涂了呢?他爸不是坐在那儿吃饭哩么,是教师么。中年男子见我犯迷糊,告诉我们,他妻子说的是她的生父,后来她大把她送人了。这一下才弄清关系。老人边吃边说,修水库有放炮炸死的,着火烧死的,那些死了的人都在水库坝上那个碑上写着哩。

过了一会儿,来了一位老人串门子,叫孙孝仓,七十五岁。老人头发胡子眉毛全白了,精神好。他大致说清了普陀村的来历——因当地的地形像浙江普陀山,这才叫普陀的,早先山上还有普陀庙,后来也毁了。

孙孝仓老人说,修水库那几年,热闹得太太,工地上人多得跟蚂蚁搬家一样。打夯声、放炮声、叫喊声,十几里外都能听到。叫号子的人嘴能说,看见啥说啥,顺口就能编出一串串来。比如看见小贾,就顺口道,"小贾真不赖啊",碓一下夯,又说,"腰上拴锅盖啊",又碓一下夯。很随便,能押韵,和节奏就行,有利于碓夯就好,内容却无所谓。当时,国家一天给一个人补助半斤粮,自己拿一斤,多数吃的是苞谷糊汤,秋里了,红薯下来了,就是米汤煮红薯,吃面的回数很少。村里年年都要安排青壮劳力上水库,隔半个月轮换一次。

孙孝仓老人说,他当时在工地上用架子车拉土拉石头。到1971年冬里,指挥部叫庵底人回来上山砍柴烧炭。二三十人上山砍树,让人都要背一百二十多斤柴,送到窑上。当时一共搂了三个窑,烧了好几吨木炭,送到工地上供冬季取暖。

中年男子跟我们同龄,也属兔,五十四岁,叫孙存厚,他妻子见老人吃好了,边收拾桌子边说:"我妈病得恁厉害,我大在水库上回不来么,那时候咋恁可怜嘛。我大急着下水库干活,屋里没吃的了,揭不开锅,他借钱去买红薯片子,连着三回都叫贼给偷了。有一回买回来的红薯片子都是霉霉,把一家子吃得肚子疼得乱叫唤。"她说的亲生父亲叫赵学龙,八十多了,现在一个人住着。

又来了个高个子男人，他正从门口路过，让孙存厚叫到屋里了。他是一个组长，六十八岁了，他说他当年去修襄渝铁路来，没参加修水库，等他1973年回来，水库都快修起了。水库对全县有好处，能浇地，现在浇得少了。还可以搞旅游么，县里也重视保护，家家户户发了垃圾桶、垃圾袋，也有专人拉垃圾。

孙孝仓老人又说，烧完木炭，他第二回下去又拉车子，两个人一拉，一个小伙子带一个老汉子。上上坡得掀，下下坡子，要拽，老汉子跑不动，把小伙子一个人扛得能挣死。拉石头一趟要跑二三里，石头一倒，撒腿就跑，一天拉多少回有数哩。

从普陀村沿着庵底河一路向北，两边山上的绿树一片一片，河水也上涨了，哗哗哗的流水声不绝于耳。走了有二十来里，到两岔口村，过一座小石拱桥，从慢坡上去，到一个平台上，我们见门口有几个男女，一问赵学龙，说就是涧㟏上那一户。上面的小路是泥路，草也长得深。场边有一棵一搂粗的核桃树，我们在院子的泥地上还拾到几个熟透了的核桃焕焕子（脱了青皮的核桃）。

房子比一般房要高出一点，是土木结构，在半山坡上，有七道檩，"人"字屋架，椽都在丈七八长。房檐下堆满了柴火，截得有一尺长，码得很整齐。院子南边是一块菜地，地里的白菜长得老碗大，叶子上还有晶莹的露珠。

西北边是灶房，锅台上放了几个碗，乱乱的，正房门大开着，屋里也乱乱的。我们进屋连问了好几声，也没有人应。好一会儿，才听到北边小房里有咳嗽声。一位老人艰难地坐起来，局促地喘着粗气，嘴一张一张的。这让我突然想起外爷来，他老人家当年也是因为这毛病离开人世的。老人叫赵学龙，常年患有心脏病，又有哮喘。后来，老人走到门口坐下，还要给我们拿凳子，我们劝老人坐下别动，他又是半天长出气，说不出话来。

赵学龙老人稍稍平静些，浑蒙的眼睛里透出些许坚毅，慢慢地说："我是1969年就上水库的，那时人都很听话，也能吃苦，我们蔡川连队有一百二十多人，八成是三十岁以下的年轻人，男的多，女的少。一天拉石头运土，还有打夯，啥都得干。吃饭在连队灶上，几口牛头大环锅，早上是稀米汤，中午有馍。一天拿一斤粮，国家补助半斤，说是一顿下六两粮，实际上半斤不到。伙房抠得紧，怕超了，都留有余地。最难受的是一天吃不饱，还要出大力。我在水库上干了三年，后来老婆病得厉害，就回来了。1970年大会战时，县上的书记县长都来参加了，工地上几千号人，气势大得没样样呀。"

说到建水库人员伤亡情况，老人又喘了口粗气，歇了歇，这才说："那时我这个民兵连长管安全，带人一天到晚全在工地上跑哩，检查安全哩。平常一天上劳七八百，多的到千把人，安全也难管得很。1970年放炮时炸死了蔡川上坪呼郎塬一个小伙子；竹林关和峦庄民兵营的牛毛毡棚着火了，烧死两个人，一男一女，烧伤的很多；卢道一个人从高处摔下来，当场摔死了；打涵洞也死了几个人。出了这些事，群众的思想觉悟还是很高，干活的劲头也不减。"

老人年轻时很能干，先后给两个儿子盖了两处四间瓦房，娶了妻子，成了家。他现在住的这房是老二的，老二在外打工挣了钱，在县城买了房子住，也不常回来了。女儿嫁到普陀村，也就是我们刚才在屋里坐的那家，盖了楼房，办了商店，也走不开，没时间来看他。

提到修水库的好处，老人说："水库对川道人好处多，那时能浇上万亩地，旱涝保收，尤其是商镇和龙驹寨人，是直接受益的。之后，川道里再也没有外出要饭的了。"

说起这些，老人病恹恹的脸上也活泛了。看老人那份喘气说话的艰难，我们也不忍心再交谈了，又坐了一会儿，就告辞了。

从老人家出来，我们又原路返回，来到水库坝下的鱼岭村。这里住着二三十户人家。水库东干渠穿村而过，水满渠，也清得能看到底。一台挖掘机放在河道里，坝下正在搞旅游开发，天下雨，停工了。

我们从库坝东边慢坡路上去，遇见一男一女两个中年人朝东沟走。那男的说："那时西河湾公路改线，这里经常放炮，死伤的人也不少。我就在东沟住，小时候经常来这儿。有一次，半夜三更的，牛毛毡棚着火了，牛毛毡都飞到半空里了。坝上有碑子哩。"女的说:"从这儿过去上到山包上能看到。"男的说:"原来的县委书记周述武写了碑文,立了碑子。那上面记着死了的人的名字,都是些有影响的人,有救人的,有劳动立功的。商镇桃园村支书是修发电站打拱哩,拱倒了塌死的。从坝西边有个斜路能上到山包顶。"我们从东沟口靠坝的苞谷地下去,到坝上,经过放水闸,在黑石岩坝平台上见那一男一女在割草,说是人家叫清理坝上哩。我们又绕坝上小小山包转了大半圈,从坝上斜坡路上去。草深树密,岩畔的野枣熟了,有青白的,有深红的,老喻摘了一把让大家吃,枣有小拇指大小,香脆酸甜。

小贾折了一根树枝条打露水。走到平台上,这里有一排土房子,门窗也破了,看样子多年没人住了。从土房子边再朝上走,又是一个平台,中间有个亭子,亭子里就是纪念碑。亭子是1986年10月修建的,六角挑檐,仿古凉亭,石碑是竖立的四方体。南边刻着"鱼岭水库纪念碑";西边是原商洛行署专员、当年任过丹凤县委书记的周述武1976年7月11日的题诗:"山间壁垒众志成,几多沙石血染红。平浪宫里聚盛会,葡萄美酒祭英灵。"纪念碑的东边是水库简介,西边镌刻着修建鱼岭水库牺牲的三十二名烈士的名字:王国立、冯真宝、李军录、石中贤、李有娃、杨元述、余雪娥(女)、赵白娃、冯新华、彭道真、张金富、王家岭、张书珍、张兴文、程学顺、程木林、张德运、朱清芝(女)、程顺合等。

这些牺牲的男女,最小的才十七八,大的也不过二十九。他们的青春年华就这样永远凝固在这里了,年轻鲜活的生命变成了冰冷的碑文。看着一个个陌生的名字,我眼前恍然跳跃着一张张年轻的面孔,一副副肩挑背驮的劳动姿态。为了国家建设,不惜牺牲年轻的生命,他们用英灵、用名字默默守护着鱼岭水库,后人却没几个人知道。想想,要是他们还活着,也是儿孙绕膝,颐享天伦之乐。面对那一串串名字,我们深情地鞠躬。

那时年轻人那种"一不怕苦,二不怕死"的英雄主义精神,在劳动者血管里都涌动着,这从修水库时的《丹凤鱼岭水库战报》(1973年3月13日第185期)可见一斑。在《我是水库一民兵》中写道:"我是水库一民兵,车轮飞转放歌声。车车料石送上坝,泰山装上还嫌轻。我是水库一民兵,敢搬山岩削鱼岭。要问这坝谁筑起,就是我这活愚公。大凹岩上炮声隆,硝烟滚滚乘东风。鱼岭新图是谁绘,画笔握在我手中。采石好比上火线,悬岩陡壁破石山。炮炮轰得山石转,车车搬走万重山。我是水库一民兵,革命路上永不停。一日往返千万里,车车黏土寄豪情。我是渠道一民兵,昼夜战斗隧洞中。锤锤震得山打战,钎钎凿通万重山。"

从坝上下到坝下的村子,村民陈元恩和妻子正在拆老房子,手上沾满了泥。老陈搓了搓手上的泥,说:"现在我这儿搞旅游开发哩,又要占地了。当年修水库时,地里土挖去垫坝了,河里山上的石头砌坝用了。外面人说你这儿连石头都没有了,谁家女娃愿意嫁去呀。我们这一代找媳妇很难,大都到了三十好几才结婚。水库淹了我们的稻地,九亩埝全是好地,我队里的新老水磨也被淹了,反正把我村人害苦了。三队、四队,1973、1974年全搬走了。二队搬了五户,只剩下几十户。搬走的有搬到陈村的、贺村的、桃园的、老君殿的。现在这个水库没多大好处了,又说开发呀,真没法说。"女的边干活边戳了戳男人,说:"你就给记者实话实说么。"男的说:"开发是好事,但没人管群众的事儿么。修蓄水坝哩,水几米深,桥也不修,蹽石(河中供人涉渡之石)也不管,老人吓得不敢过河,小娃过又不放心,掉到水里就没命了。占了地,伤了树,也没人管,找镇上,说让找村上,找村上,说叫找工程队,工程队又说他们只管干活,其他事儿管不了,是踢皮球哩么。国家建设谁都不能阻止,但是总得给农民有个说法吧。如果国家红头文件说不给补偿,那我们就认了,老百姓是听政策话的。"小贾记下他们的电话,让他们给政府、给报社写信反映,我们想法帮忙。老陈一摇头说:"哎,没用的,镇里来的一个领导见人就骂,还说要抓人哩。"我气愤地说:"别怕,共产党的天下,谁敢无法无天呀,有啥我们给你县上领导说去。"这时,几个围过来的群众也七嘴八舌说开了。

《丹凤县志》里记载:"建库期间,1973年开展大会战,县级机关全体干部多次轮流到水库工地参加义务劳动。1974年春节未放假,县委书记周述武亲自带领县级机关干部到鱼岭水库劳动,过了'革命化春节'。"在采访赵学龙老人时,他也谈到,当年群众最大的动力在干部身上,干部群众都一样,大家都不肯落后。县委书记周述武以普通劳动者身份奋战在工地上,坚持和群众同吃同住同劳动,每天早上5点起床,打着马灯上工地。背石头,每一回都是一百多斤,一晌十回,最多一晌还有十八回的。也跟大家一块吃大灶,米汤煮红薯。光1975年12月,他就出勤十二天。

也是从志书里得知,水库没启用前,灌区平均亩产500多斤;水库发挥作用后,从1978年对10个村调查看,有6个村平均亩产超过了1000斤。像原来西河乡古城村,1973年平均亩产690斤,通水后的1978年平均都超过了1000斤,1979年达到1032斤,1980年达到1064斤,仅小麦一季就到960斤。西河乡赵沟村通水前全村粮食总产200 000斤,通水后,粮食总产达450 000斤,翻了一番。

按当地老百姓的话说,都是老子骑青牛过时留下的福分,也正是党把这福用水库的水送到千家万户的。

龙潭水库

商州古有八景十观,龙潭瀑布为十观之一,在丹凤县城东北三四里处,涌峪河上。过去丹凤跟商州在一块,龙潭瀑布自然属于商州了。涌峪河从界岭流出,经过落耳沟、楸树坪、燕子坎、圪塔庙、枣园子、杨家场,到赵公岭入龙潭沟。这里两峰对峙,水飞流直下,形成天然瀑布。清代李庚如曾经描述过:"山腰稍潴,复出为瀑布。百尺许落盘山青石上,浪花翻白,如结雪然。石下迂回澄澈,是为龙潭。潭中有巨石连岸,危步临之,水声震耳,潭影空心,真奇观也。土人传,嬴二世时,楚兵入秦,潭中出龙驹马,项羽得之,名'乌骓',故镇称龙驹寨。"他介绍了瀑布的美妙,说清楚了县城所在地龙驹寨的来历,把项羽的乌骓马也说得神乎其神,让人无限神往。贾平凹先生在20世纪80年代写过《夜游龙潭记》,月光下,"满世界只是一个乳白色的谜"和"嗡嗡轰轰"的声响,瀑布成了神奇的谜了,人人都向往在月光中畅游龙潭。

人们就在两个山峰努力靠近的峡口修建了龙潭水库，1970年2月14日动工，1973年7月22日，大坝竣工。水库控制流域面积40平方公里，总库容276万立方，有效库容180万立方。库坝有十四五层楼房那么高，坝顶长58.23米，大坝是定圆心、定半径浆砌石拱坝，使龙潭水库成为省内最早采用这种拱坝的两座水库之一以及我市最大的拱坝水库。1987年，该坝入选水利部编的《中国拱坝》图册。

2017年9月2日太阳快要落山时，我们来到水库坝下，瀑布已没有当年的风姿了，像人老珠黄的"交际花"，但韵味还多少感受得到。现在水库已经成为县城市民的生活水源了，不准外人进去。我们从坝下东边台阶外树林中的小土路爬上去，翻过栏杆，拾级而上。下面院子有两条狗在叫，只在房子边叫，也不敢到人跟前来，也没见人影。从坝下的东风渡槽走过去，跟在半空里走一样——它把东西干渠连接了起来。下来时，在靠近库区管理处一户三层楼房门口，我们见到六十六岁的张学智，面相瘦白，说话和蔼。他让我们进屋坐，又忙着倒茶。儿子女儿在深圳打工，也在那里买了房子，他和老伴去给招呼孙子，听说这里要开发搞旅游，他就赶回来看看，想利用自家的房子开办农家乐。

老张回忆说："这个村最早叫龙潭沟，现在也合并到鹿池村了。1970年修水库时，全凭人上哩，一个大队编一个连队。没有路，也没有机械，连拖拉机都没有，靠人拉架子车运石料，担沙子，苦得很很。远处人也办了灶，吃的全是糊汤红薯，馍很少。要说龙潭一事，我爷说过，这潭里出来过项羽的马，他小时候还见过拴马桩，还有马槽哩。"

9月9日也是个阴雨天。一早到县城，洛宁哥带我们见了中街的熊芬大姐，正好住他家斜对面。大姐六十六岁，看着像五十的样子，说话一口丹凤城里腔调，声音洪亮。提到修龙潭水库，她笑着说："修水库的全是年轻人，还有五六对都谈恋爱成家了，我和我老汉也是修水库时认识的。"

当时，熊芬人瘦体力差，在工地上负责过秤记账。当时在水库上那个电工却让她注意到了，这就是李三虎，二十岁，是丹凤街道人，最早在水库上清理基础，后来打石料，开卷扬机，最后拜马骧为师学电工，在工地上一干就是四五年。李三虎瘦高个儿，干活细心，人很诚实，也很会关心人，这就给熊芬留下了深刻的印象。

熊芬大姐给我们添了水，又笑着说："我街道里劳力不行，担石头担沙子，男的一次只能担八九十斤，女的也就六七十斤，乡里人一人就能担一百二三十斤哩。我劳力不行就给过秤记账。人人担的都要过秤，都要记哩。吃饭在大灶上，一天只管早上和中午两顿，吃的是红薯糊汤、苞谷面馍。晚上回到家里还得吃，不然耐不到晌。国家一天给补半斤粮，没菜，乡里人拿了咸菜、酸菜，给我们分些吃。秋里红薯挖了，工地上天天蒸红薯。有个人一顿吃了八斤蒸红薯，人给起了个外号叫'八斤'。那时又是担挑又是背驮，好多人老了都是背锅子了，腰都直不起来了。"

熊大姐和我们聊时，给老伴打了两次电话，她老伴在社区办公室值班。等了近一个小时，李三虎才回来。他笑笑，说："给我印象最深的是，那时没交通工具，每一家分配有运送水泥的任务，有架子车的家儿必须到商县金陵寺水泥厂拉水泥，通常是两人一组，拉一架子车，一车拉十多袋。家里没有架子车的，就用水库工地上的车子去拉。拉车最难走的是水泥厂跟前的土地岭，岭倒不高，两个人拉一车向上爬，慢得很。实在没办法了，就叫当地群众帮忙，把人家的牛套上，帮着拉到岭顶上。"

随后，我们到洛宁哥住的县财政局家属院找到退休干部宋艳丽老人。老人是武汉黄陂人，二十一岁从杨凌水校毕业。她和传茂在学校谈上恋爱了，就要求一块分到丹凤县水电局工作。老人在水电局干了十七年，之后又调到县财政局，最后在财政局退休的。1970年她在鱼岭水库当施工员，水库大坝修到十五米高后，她生娃了，就回家了。1971年，龙潭水库上一位大学生施工员出了点事儿，又叫她来，她又上了龙潭水库工地。她向组织提出让那个大学生留下来，自告奋勇帮助教育那位大学生。之后，那个大学生也打消了顾虑，全身心投入工作，也干出不少成绩。

宋艳丽当时是工地上的技术员，负责大坝浇灌浆砌大坝工作，她手把手给工人们教，将水、沙石、水泥按比例配制混凝土。

老人说:"大坝修到十四米高时出了事故,电缆绳断了,把三个人从水库大坝摔下去了,一个是鹿池人,四十多岁,一个是东河人,三十来岁,一个是只有十几岁的小娃,很可怜呀!"

老人在鱼岭水库当施工员时生的儿子,现在儿子也成家了,孙子很聪明。从老人那慈祥的脸上看不到半点生活的难怅。老人老家武汉那边也没有啥亲人了,她把青春全部献给了秦岭大山。要不是这次走丹江采访,谁也不会知道,武汉大城市的姑娘默默无闻地在商洛山中生活了一辈子。

灌　溉

丹江及主要支流沿岸的耕地，多是开渠引水灌溉，还有提水灌溉。有文字记载，唐代在商州城西四十里的石岩山下建有石岩寺渠，唐中宗时立有渠碑，清康熙时还有渠迹。宋时王禹偁《丹水》诗中有"灌园萦似带"句，说明当时引水灌溉在丹江两岸很普遍。

明时，丹江岸边有普济渠、山泉渠、老君河渠、郝家泉、石佛湾泉。普济渠为砖砌，引黄沙岭水，汇金凤山少峪、西平两泉入城区，后因水少而废。

清时，官吏重视修渠，州官许维权、王廷伊、罗文思曾亲自勘察，号召乡民捐钱捐物兴修水利。丹江、南秦河两岸都有渠道。清雍正四年（1726），商州知州王如玖提出"水泽之利，灌溉为大""平川皆可引渠灌田"，在任期间，开了不少河渠。清乾隆十二年（1747），知州许维权"教民引水灌田，民已获利"，"丹水经张村、龙驹寨灌田数百顷"（《西安府志》）。《续商州志》称，丹江水从"东南注龙驹寨。两岸开渠一百二十九道"。"棣花铺康熙年间凿岩引水，因上下居民争执未成"（《续修商县志稿》），乾隆十八年（1753），商州知州罗文思，查明原委，倡捐工本，谕令民众协力动工修棣花渠，灌田百余亩。清代，丹凤县城南百顷塆老虎岩修石渠，石匠每打一斗石渣，就给付一升麻钱。

过去，丹江支流大荆河岸大荆川有18条渠道，灌地100亩；丹江从源头到丹凤龙驹寨两岸开渠129条，灌田5200亩；南秦河从军岭川到刘湾丹江入口，沿岸开渠69条，浇地3600亩；石鸠河由漫岭到黄沙岭底两岸开渠10条，浇地

150亩；泉村河从秦岭西北到板桥，开渠40道，灌田660亩；泥峪川水渠10道，灌田480亩。到民国初，这些渠大多废弃，所剩无几。据民国十三年的统计，丹江沿岸只剩20多处渠。

民国二十八年，陕西省水利局派技佐杨纯来商洛勘查，规划出渠道四条，即龙惠渠（百顷塆灌地2000亩）、东惠渠（老君峪口开山垒石成渠，可灌王家涧、贺家村、陈家村、孙家村至古城旱地1000亩）、西惠渠（由老君河西唐渠口以石筑渠，可灌靳家村、老君殿、淡家寨、刘家塬、金盆地500多亩）、月日岩渠（灌竹林关、银花河边王家塬、宋家圪崂、张塬至洞底600多亩地），因时局动乱等原因，只有龙惠渠修成。

1952年，陕西省派专家设计丹惠渠，浇地229亩。同年12月，丹凤龙潭渠动工，第二年5月通水，灌溉2131亩；1953年4月12日，丹凤商君渠、东惠渠，同时动工。1955年5月1日，两条渠同时通水，商君渠浇地4100亩，东惠渠浇地1800亩。1957年，商州的军民渠、夜村渠、双惠渠相继动工。

提水灌溉最早使用的是吊桶、戽斗、汲筒等，20世纪50年代，丹江沿岸部分地区使用了龙骨水车、接力水车、双管抽水机等。1955年6月，丹江上建起了第一座机械抽水站，在商州的白杨店。20世纪70年代，当地开始使用机械动力，部分地区使用高扬程小水量的抽水机。从50年代到70年代，丹江及支流上建成水轮泵站两百多处，像棣花雷家坡抽水站、茶房巩家湾抽水站、商镇堡子抽水站等，后因管理不善、设施破坏严重而损坏。

水库蓄水灌溉功能也大大削减。丹江上规模在万亩以上的灌区有二龙山水库东干渠灌区，渠长99公里，灌溉面积1.05万亩；丹北灌区覆盖丹凤的棣花、商镇、龙驹寨，渠长100.2公里，灌溉3.5万亩；永富灌区，覆盖商南的清油河、试马、城关、富水等，渠长10公里，灌溉1.8万亩。

水利老专家高冠东先生在《商州文史资料》上撰文介绍了丹惠渠和军民渠。

丹惠渠 1952年3月，省上专家首次对商县城关水利进行踏勘调研，决定修建自流引水渠道，称丹惠渠，并成立了丹惠渠修建委员会，下设四个工作组，聘用农民技工、技术员二十多人。5月26日，县长亢思逊主持召开了破土动工大会，城关地区机关、学校、工商、农民有上万人参加。该渠历时五个月完成。在庆功大会上，政府给五十多名劳动模范发了奖状，还有铁锄、铁锹、洋镐等。

这条渠从二龙山石碥胭脂关、丹江左岸引水南行，经水沟到郭村龟头菩萨庙，转而东行，又经张坡村，以暗沟穿草庙沟河，沿窑头、军分区、专署后院、商洛剧团北侧而行，又架渡槽过柳家沟，入东店子北坡，至小赵峪河右岸，修建了12千瓦的小水电站。再引退水，经刘塬村，至吉家村，入童家河，汇入丹江。1962年春，因水量小，电站拆除。丹惠渠长7.5公里，其中石渠和暗洞6.2公里，土渠1.3公里。当时国家只拨给水泥、炸药等材料，经费只有4万元，各村按受益摊工，作为自筹，每个工按0.8元计，总投劳20多万个。灌区覆盖17个村，灌溉3208亩。1968年，省上投资10万元，对渠道进行整修配套，在郭村、张坡等处建6座抽水站，又扩大灌溉面积900多亩。

丹惠渠管委会从1953年到1976年，共收水费13万元，其中，生产队浇地水费8.5万元，基建和机关浇地水费4.6万元。1980年5月1日，二龙山水库东干渠上段（水库电站至柳家沟）建成后，取代了丹惠渠。

军民渠 该渠于1957年动工，1960年底通水。工程由军民渠施工指挥部负责，由一名县委副书记任总指挥，沙河子区区长兼副总指挥，灌区群众投劳。

渠首是隧洞，在东龙山塔南，丹江左岸红岩嘴处，人工开凿，洞长45米。渠道引丹江水，沿丹江左岸坡塬根东行，途经梁铺的陈涧、费那、冀村、梁铺村、罗村，沙河子的拉林子、白涧底、塬头子、庙后、水渠子、柴湾、杨嘴头，张村乡的张村、张村粮站、岭底、杜沟、柿园子村，从柿园子沟退水入丹江，总长19.5公里，其中，石渠2.5公里，土渠17公里，引水流量最小时0.8立方米/秒，最大时1.0立方米/秒。工程总投资7.14万元，国家投资5.1万元，总投劳60多万个，完成土石方16.6万立方米。设施灌溉面积8181亩，其中，有效灌溉面积5700亩，3个乡、13个村、95个村民小组受益。

在施工过程中，因开石渠和丫髻岩的悬岩高空凿渠，群众缺技术少经验，经省委书记张德生联系，1957年冬，兰州军区派某部工兵部队来支援。一位姓齐的营长率领一个营工兵，驻扎在张村郭、唐两家的街祠堂。

在丫鬟岩险段施工放炮中，一位年轻士兵牺牲；在杨嘴头炸药库后面，因炸药失火爆炸，伤两人，死两人。为了教育后人，牢记军民深厚的友谊，这条渠叫"军民渠"。

1958年10月，商县人民委员会在丫鬟岩下长坪公路南侧红砂岩的孤石上，勒石树碑云"军民紧握友谊手，大渠日夜水长流"。

1958年冬，工兵部队完成任务，又发现丫鬟岩以下40多米的石渠，渠底高程超过标准0.1米。指挥部要求把收尾工程留给民工，工兵们却不肯，全面完成后才离开。

1960年底，为了加强渠道的统一管理，沙河子区公所召开代表大会，制定了管理章程和管理制度，成立了首届军民渠管理委员会，属沙河子区领导，主任由区长兼任，委员由乡、村两级选举产生，共十七人。管委会负责渠道的维修、养护、清淤、灌溉管理、收水费等日常工作，设专管人员三名。管委会下设护渠队，受益乡按受益面积抽劳，有十三人，个人出勤，由管委会考勤，然后持介绍信到各自的生产队记工分红。

如今，军民渠几乎没有多大作用了。

河 堤

丹江河堤是丹江两岸城池、村庄、田地的"守护神"。志书记载，清代在丹江及主要支流上就修建有堤防，像商县护城堤、丹凤棣花堤、龙驹寨堤、百顷塆堤等。清光绪八年（1882），知州李素捐出俸银850两，又召集士绅王安吉等募捐，修建土堤78丈，石堤118丈，增高旧堤58丈，沿堤植柳树，修成稻田120多亩，又在水门口修建月堤1道，在商州护城堤外修建土堤1道，西边接牛斜，东边到护城堤石堤，新增水田80多亩。

清初，棣花有二三里河堤被冲毁，清咸丰初，又一次大水将官路冲断，官府向京城解送银饷的骡子连同数箱银子也被冲走，不知下落。光绪年间，民工集资修成河堤百丈左右。不到一年，又被暴雨冲垮。民国时多次修复该堤，抵御洪水能力仍然很差。一百多年间，棣花与河斜对面商县的刘塬村为修堤争地畔械斗，造成多起血案，当时人叫此堤为"冤孽堤"。

清宣统二年（1910），龙驹寨陈家村秀才陈兆绪卖掉祖业，在龙驹寨南门外沿河街修河堤1道，护水田600亩，堤未竣工，就被一场洪水冲毁。

丹江沙河子北河湾段，有水旱地1000多亩，水渠3条。清道光年间，丹江南岸蒲峪沟山洪暴发，冲毁河北河堤，冲了耕地。民国初，省水利局拨款新修河堤，民国九年（1920）开工，五年修成，河堤2.5公里，从拉林子到寺沟口，又修地800多亩。民国二十四年夏，洪水冲毁河堤100丈，两年补修成。民国二十六年，河堤又被洪水冲毁180多丈，民国二十七年，省赈务会拨款3000元，派技佐监修，7月修成，9月又被冲300多丈。民国二十八年，经商洛专员温良儒呈请陕西省政府得拨款10 000元，西荆公路警备司令谢辅三派兵工修成新堤。

民国二十八年，陕西省水利局派技佐对丹江沿岸做实际勘测，制定《商县丹江堤防协会暂行组织大纲》，明确会员职责权限等。省政府训令四区专署对丹江水利工程进行评测并编造预算，款项由"中央担任一半，省县赈济会各担四分之一"，最终"拟修河堤一百一十四处。按工程大小分甲乙丙丁四种"。甲种堤工程量大，由省政府拨款派员修筑，如龙驹寨堤。在发展鼎盛时，黄巷外河街被冲成沙滩，宣统二年（1910），堤未修成就又被冲。民国此次拟从平浪宫涧下石嘴到东河口，修石堤1200米，用渠引水放淤成稻田。乙种堤，由政府补助器具、材料、工匠等的费用，民工运土石。这种堤需要建设43处，在《续修商县志稿》里，按名称、位置、冲毁情形、修筑计划、利益、备考等项列表展示了出来。丁种堤工程大、费用高、收益低，暂缓修筑，在丹江上不多。但定了计划，编了预算，此次修堤却几乎未实施。

民国三十一年（1942），河涧村人刘德杰倡导并推举百顷垱保长主持河堤委员会，由商县政府委任保长周治林、刘学礼负责，在丹凤县城对面丹江右岸百顷垱修堤，按照入股集资、按股分地方式筹资。用了16 000多个工日，修成石堤，并修地200亩，后因周治林病故，工程停止。民国三十五年，刘德杰又动员仁义小学教导主任刘安良回村主持修堤，两年修成，又修地300亩。两次共修地500多亩。

1949年以后，丹江堤防工程被纳入规划治理之中，1951年到1968年，完成了民国时期曾三次未修成的棣花河堤。1974年，修成棣花雷家坡到贾塬的新堤4.8公里，护堤坝38座，护地1400多亩，保护居民1500人。

1958年，修成龙驹寨河堤2公里，造田护田400多亩；相继建成商镇、商山、王塬等地河堤。

1954年，在商县刘湾丹江右岸投工4000多个，投资1300万元（旧币），建成任塬村河堤600多米。随后，又在右岸投工4500个，投资1500万元（旧币），建成苏民堤700米，保护耕地450亩。这一年，在沙河子丹江左岸投工

10 000多个，投资1700万元（旧币），建成拉林子河堤1200米，保护耕地400亩。1955年春季，在商县城关丹江两岸，加高培厚河堤13公里，建成丁子坝46座，砌石、沉柳护岸10处、1000多米，保护耕地5000多亩。

1973年，二龙山水库、南秦水库相继建成。为了扩大改河造田，商县、丹凤两县对丹江河堤进行勘测规划，成立了机构，统一领导，全线开工。

从1973年冬季到1975年春季，国家投资了60万元，从商县二龙山水库到龙驹寨，共修河堤223公里，完成土石方389万立方米，新修河滩地6000多亩，河堤植树50万株，保护耕地26 076亩，保护人口10多万。这时的丹江河堤存在与河争地、质量不高、管理不善等问题，如商州城区设计的河道宽60米，水流速度快，河床下切2米多，致使河堤掉根坍塌。

1988年，再次对丹江河道进行勘测，按有关的法律条文要求，重新制定《丹江河道防洪规划》。

1994年，省水利厅批复了该《规划》，但一直未列入省上计划，到2000年才纳入省上盘子（后来又简称"丹治"）。2000年3月，省上编制完成《陕西省丹江干流防洪工程项目建议书》，12月编制完成《陕西省丹江干流防洪工程可行性研究报告》。2001年7月，长江水利委员会受水利部委托对《报告》进行审查，并上报国家计委，计委认为项目小，未曾批复。2005年7月13日，省计委批复了《商洛市丹江干流防洪工程初步设计》，工程范围涉及商洛主城区、丹凤县城、白杨店、夜村、棣花、商镇、竹林关、梁家湾等6个重点镇8个河段。防洪标准为商洛城区抗50年一遇洪水。丹凤县城抗30年一遇洪水。其余都是抗20年一遇洪水。南秦河口以上抗810立方米/秒洪水，南秦河口以下抗1841立方米/秒洪水。丹凤县城抗1987立方米/秒洪水，白杨店抗900立方米/秒洪水，夜村镇、商镇抗1300立方米/秒洪水，竹林关抗2770立方米/秒洪水，梁家湾抗2990立方米/秒洪水。商洛市城区右岸、丹凤县城右岸及集镇堤防达到4级。新修堤防2.25公里，重建堤防9公里，拆除旧堤9公里，加固加高堤防30.8公里，新修护岸1.7公里，新修护基坝145座，新修跌水11处，新修上堤引道690米，总投资1.5亿。

  1998年到2016年，在丹江干流上建成城区段重点集镇段堤防60.4公里，集镇和农防段堤防18.5公里。

  2018年10月26日，在和老水利专家座谈时，已经退休、曾任过市水务局副局长的张根录说，他是20世纪70年代末到地区水电设计队工作的，后来调到局机关，当时丹江两岸的河堤是歪歪扭扭、千疮百孔的，大都是土堤。1987年的一场洪水更是将这些堤冲得一塌糊涂。从20世纪80年代开始，逐渐修复河堤，土堤变成了石浆砌堤。商洛中心城区一段堤于2007年3月25日动工，从二龙山水库到东龙山丹江两岸20多公里，用三年时间修成。同时还建起了丹江湿地公园，河道有橡胶坝5座，水面31万立方米，回水4.64公里，野鸭、老鹳、白鹭经常游弋。这个公园已经成为城市的绿肺，是市民休憩、游乐、运动的好去处，也是外地游客的游览胜地。

  从提出搞丹江防洪工程，他一直都有参与，上北京争取资金，下武汉审核规划，一次又一次奔波。记得有一次陪领导跑水利部，好不容易见到了一位司长，人家好像很理解地说："看你这么大年龄了，跑了这么多次，先给400万，要多了，到国家计委要去。"他高兴得一夜没睡着。施工的三年里，他和设计人员几乎都是早上7点前就到工地现场，晚上很晚还回不了家。

  水务局局长盛卫也高兴地说："从商洛市中心城市到丹凤县城到丹江百里生态长廊，规划已制定好了，总投资6亿，现在已经开始实施了。沿丹江南北两岸500米绿化带，要达到水清岸绿。丹凤县投资的20亿的项目已经启动，沙河子段已经完成了'工可研'，三P项目（政府和社会资本合作项目）已经成功招商。商洛城区的水域面积要按生态建设规划，把橡胶坝换成钢坝，南秦河的东西干渠也要恢复。两河两渠五条沟，逐年治理。将来最长的生态公园就在商洛的丹江畔了。"

马鞍岭改道

丹江流过棣花，被横在茶房万湾村和巩家湾村之间的一道山岭挡住了，转了个簸箕弯。这山岭就像卧着的一匹马，山岭正好像马鞍子，人们就叫它马鞍岭。

这岭把丹江水逼得向东北拐去，从茶房村前的红石崖流出一个大大的弯，成了弓箭的半圆，到两岭子村西又向南流去。拐的弯，弯出一大片河滩，这对茶房来说是老天爷给赐的修地的好地方。在茶房等几个村的提议下，原茶房公社经研究，计划"斩断马鞍岭，向河滩要地"。这一口号在干部群众会上一公布，几个村群众都兴奋不已。有了地，就再也不会饿肚子了。

2017年8月12日上午，我们来到茶房社区孙占民家的院子。孙占民是我堂弟的同事，都在棣花镇上工作。堂弟也正好在这里包村扶贫，一早他就约了几个乡亲，来说说马鞍岭改河的事儿。六十六岁的米作奇老人，中等个子，胖胖的，说话也是一板一眼的。他在村上当了三十多年支书，对村上的啥都能说清。他高兴地说："第一次斩马鞍岭可能是在1965年春上来。当时设立了两个连，按民兵组织建立。公社一号召，群众也很积极。巩家湾、两岭子、水沟河为一个连，茶房、万湾为一个连，一个连也有一百七八十人。连里有食堂，有会计、保管、伙食员，粮由生产队拿，一人补助半斤苞谷糁子。我那时十二三岁，在工地上当保管，一天给记六分工。第一炮就在马鞍岭最低处西边山脚下放的，那红石板岩，咱这儿又叫'洋铁皮'，一炮只打了茅坑大一个坑坑子。那时一天上劳也在三四百人，进度太慢，到收麦时节，只挖了十来米宽一个口子，就停下了。这一停就是好几年，一来是两岭子人怕改河后，水端对着他们的杨湾嘴，发大水把他们冲了咋办，他们支书周克亮偷偷带人到省里上访，不让修；二来公社也没有钱，县里也不管，这就打不成了。后来，我当兵，到旬阳到青海修铁路去了，到七六年才复员回来。"

老米起身给大家的纸杯子添了点水，坐下，又说："第二次修在1973年来，当时公社里改了第一次的设计方案，没有从原来打的地方修，从马鞍岭最北边的红石岩嘴嘴子朝下削。茶房公社十一个大队，还有商镇一些村都来会战，断断续续挖了三年也没修好。1976年我复员了，继续参加改河工地劳动。前后几次工程上，干活年龄最大的七十多岁，最小的就是我了，十来岁。改河完工了，从马鞍岭上拉土担土垫地，也是人海战术，说的要垫一尺厚的土哩，大多数不到一手板子。新修了上千亩地是大好事，可这地怕旱，夏里一连干上几天，庄稼就成蔫蔫子了。地修好，我们米家塬村分了二十一亩地，巩家湾村二队分了八十亩地，那是因为修堤占人家二队的地最多，说是占一亩分两亩的。"

提起当支书，老米也有一肚子的苦水，他叹息着说："哎，没啥当头，出力吃苦，操心费神，也不落好。我从1980年当的，第一年只给七十个工分，一个工分图四毛钱，满打满算二十八块，到小队里，一拉平都不到二十八块了；第二年给一百二十个工分，给了七十多块。干到五十九岁，也就交出去了。回头想想，不管别人咋说，自己为村上多少也干了些事。"

我们一块从茶房新街到丹江河边看那改河工程。丹江河北312国道和G40高速公路并行，当年修的河滩地不多了。国道边有巩家湾、茶房村搬迁的群众，新楼房一座座，多是白色瓷砖砌面。改了的河道河床是红砂岩，被水冲得到处都是深槽槽子，还形成了不少小瀑布，真有点袖珍版的壶口瀑布的架势。河床上有钎子凿出的一条水渠，渠里水是满的，这是两岭子村让修的自流灌溉渠。河上的钢丝桥也拆了，修了水泥桥了。老米用手指着西南边说，就是从那个山嘴嘴子上削下来改的河，河道八九十米宽。老米小时候，河里有水鸟、老鹳，现在下河打浆水（游泳），抓一把沙子，里面有很多海巴子（海蚌）。桥南边正在修建月棣路，也就是从月日镇到棣花镇的丹南路，已经铺上了柏油，快通车了。这样一来，丹凤县境内丹江南北，就形成了循环公路了，河两岸的人出行，特别是搞旅游也更方便了。过月棣路，进巩家湾村口西边，就是巩德芳烈士的陵园。墓园不大，蓝砖空镂围墙，前面是空场，靠西是几座坟，苍柏也有老碗粗，纪念碑有两人高，很简陋，上面有李先念1983年写下的悼词，下面两边是对联："唯利丰功垂青史，犹存亮节启后人"，横额是"浩气长存"。巩德芳是陕南游击队的主要领导，为了革命，全家六口人被敌人杀害，只剩小女藏身邻居家竹筐下，幸免于难。看着荒草丛生的坟墓堆，我们敬仰的是英烈们的伟大品格和精神。想想为了革命，商洛就有好几千儿女献出了宝贵的生命，我们这些人有什么理由不好好珍惜生活，不努力工作？

　　堂弟说他包扶的一个老上访户，已经八十六岁，叫巩华，因修公路征地有点纠纷，一直在上访。他曾经当过村干部，对改河情况一定知道一些细节。我们便一块来到312国道东北侧，看到了一座新建的四层楼，刚做了外墙，楼下还有一堆黄土和建筑废料。堂弟喊了两声，老人应声从后面院子出来，笑着说："我可没上访呀，老李，咋又来维稳了。"堂弟笑笑，说明来意，老人让我们坐到里屋。屋里很乱，床上被子揉一疙瘩，桌上锅碗瓢盆乱放，电视机开着。他一边找杯子倒水，一边说："屋里脏得很，随便坐。要说修马鞍岭，对大家确实是好事，可把我巩家湾二队人害咋了。为啥这样说呢？四十多亩稻地，一等老安地，叫新改的河道占光了。当初说的是按常产补地，一亩补两亩，后来还是占一亩分一亩了，亏吃得使不得了。第一次修是1966年，先在马鞍岭西边的红石崖下打，难打，工程大，中间要挖个洞子，加上没钱就停了。第二次是1967、1968年来吧，由公社书记向本高指挥，从马鞍岭北头的洞家嘴向东挖。在测量靠两岭子那边的改河线路时，两岭子人怪人瞎，测量的人测呢，这儿搞几十个娃拿石头瓦块乱砸，到底没测成，河道就从那儿猛的拐南了。当时一天上劳都在成千人哩。我当时也就是个三十五六，一家五六口人都在工地上拉土抬石头。我当了几年大队会计，后来在小队当。那时，公社里不准青年小伙子外出，屋里没钱，我偷偷把自家的红薯拉到商县夜村卖，大喇叭里就说我是走资派了，后来给我分了二亩地，土薄得不长庄稼么。"

老巩站着抽着烟，兴致很大，又说："二队先头有两百多户，一千四五百口人。这个工程修得好，大方向是好的，可对我二队不公道。连给娃说媳子，人都会说二队里没地了，有的都是些瞎瞎河滩地，谁把女子给了，是把娃往崖里掀哩么。我大儿子一看到年龄了，要房没房，要地没地，就跑出去了，就因这才不让我当会计了么。老大六十四五就死了，这房是老三儿子的。女子也嫁到山外了。"老巩说，张军民当支书时，求爷爷告奶奶，要了些钱才修了这水泥桥。

问到老人咋一个人呢，老人笑着说："娃些个都出去打工了。孙子都二十五六了，还没说下媳子，户口在他姑那里，在西安北郊。现在生活嫽得太太，国家啥都给补钱哩，高龄一个月都补一百块哩。家里地种不了了，叫山里搬下来的人种，人家都种不过来么。"

巩家湾村八十二岁的老人巩兴正从棣花赶集回来，手里提了一小桶子油，走过来说："马鞍岭改河弄了七八年哩，两边河堤是后来修的，石头都是从北山韩河、鬼峪拉的。"他说的韩河就在我母亲的娘家那里。

从马鞍岭回来，我在贾平凹先生1977年6月写的中篇小说《姊妹本纪》中，看到了他写马鞍岭改河工程的故事。文章中写的女支书水儿是怎样带领群众斩马鞍岭、治河造田，跟现实中一模一样，时间也大体吻合。我又打听到向本高老人还健在，老喻几次打电话催促，让尽快去拜见老人，不能错过机会，我很理解。9月2日，刚下过雨的午后，天出奇地蓝，云也出奇地白，我们从丹凤县城过桥到百顷塆。这里原来是一湾稻地，现在也成了城区了。一路打听着，我们找到了罗家村，从一个小巷子往西走八九十米，又从另一个小巷子口的一棵核桃树下折向南三五十米，来到一个农家小院。院子没有楼门，里面种了些菜，四处都用铁链子拴着狗，有六只，见人来，大小的狗都站起来叫。在水池子上洗衣服的白发老太太，胖胖的，很慈祥，走过来问我们，我们跟老人搭腔，狗就不叫了。老人笑着说："没事干，跟老汉子也闲不住，娃各忙各的哩，有狗了也热闹么。"老人一听说是找老头子的，又笑着说："在小房子睡着哩，刚从娃屋里回来，喝酒了，你去看说得了么。"我们小心走进小屋里，老人靠在藤椅上睡着了，圆脸红润，胡子眉毛全白了。老太太叫醒老人家，他眨了眨眼睛，坐正，笑着说："喝酒了，醉了，我虚岁八十四，整岁也八十四了。"孙子考上大学了，老人到儿子家喝酒去。问孙子考到哪儿了，老人说不清。他摇摇头说："哎，过去的事儿还记得清，现在啥也记不得了，没用了么。"老人说他在茶房干了十二年，说到我舅家，他说他知道，对我几个舅还有印象。老人笑着说："茶房的沟沟岔岔我都跑遍了。"我说茶房人一说向书记都伸出大拇指哩，还都知道是百顷塬人。老人听了，会心地笑了，我们也笑了。

说到马鞍岭工程，老人身子往前挺了挺，郑重地说："马鞍岭本来是县上说修哩，后来上了个鱼岭水库，县上说你看你敢动了，你动去，不敢动了先撂到那儿去。随后，公社把各队大队长叫来开了个会，商量上么不上，要上光靠受益单位，就是川道几个村，各大队都得支持，上多少劳力，按劳力分土地，不要地了就折成钱。就这样定下了，这工程把人就害苦啦。"第一次修的时间向老记不清了，老人又说："第二次把嘴嘴子一刹，开一道槽，水从巩家湾塬底下村口子流出去。我走的时候工程没完成哩。实际上，这把巩家湾弄成两瓣了，把人家人分到河两边了，不方便么。没法走，说的是弄个铁丝桥，我说能弄就弄。桥好了，踏上去一闪一闪的，上下闪，左右摇，胆小的人都不敢过。那时机械不行，钢丝绳也没拉紧。"

老人喝了一口水，说："开工我在来，1969年冬么1970年来，我在茶房干了十二年。"老太太说："是1981么1982年回来的。"

说到巩家湾、两岭子人有意见，老人笑着说："那能没意见么，巩家湾给扯开两半了，水端端对着人家两岭子村么。那时我三十多，正是干事的年龄。公社有十一个村，两岭子以西、李家湾以东都是茶房的。两岭子支书周克亮上访也是为群众，那是个好人。"

老人的儿子在县上一个部门开车，老人笑着说："现在叫开车的，过去就是抬轿的么。"说得大家都哈哈笑了。

说到喝酒，老人一伸手从床头柜下拉出一瓶酒让我们喝。老人说：

"天天都要抿两口，喝不了多少，记性不好，把啥拿到手里，还一个劲到处寻。"老太太笑着说："过去的事情记得清清楚楚的，现在的却一点都记不得了。"

老人说："修马鞍岭主要靠的是茶房人。开工时，县上给了不到十万元，为这我就把路跑咋了。茶房开车的人多，去的时候叫人家捎上，到县水电局。地区水电局也给了很大支持。工程开了以后，才不是想的那样子，特别是截河时，水筒直抽不完，把地区水电局专家也难住了，要垒练哩呀。拿水泵黑来白儿地抽，地区给拨钱，一给就是几万，最多一回给了十几万哩。那时真可怜，有几万块就很了不起了。当时一个工才两三毛钱，现在一个工都上百块哩。一斤苞谷好的才七分钱。"老太太说："农业社给分的才算五分钱一斤。现在苞谷一块二一斤。"向老说："伙食以连队为单位，一天吃三顿饭。"说到晚年生活，老人说："我这一辈子人贱，没啥事干了就着急，急得不行，总得找事儿干嘛。"

向本高老人最后说："这工程上劳最多时在一千多人。当时大矛盾没有啥，小矛盾却不断。像李家湾要占村边一道子，有些人就不愿意，你把我这练子占了，要给我赔。巩家湾人更不高兴么，你把我这地方开了一道子河，人分成了两下哩。修桥修路慢慢来么，当下要修我没钱，也没那个本事。"说话间屋外的狗又叫起来了。老人又说："那时人听话，不是表扬自己，我在茶房还有威信哩，我这人一辈子实诚，不搞虚事。"

救 灾

救灾，从水灾和旱灾分别说起，先说说水灾。

过去，遇到水灾，州县官府发帑赈济，或豁免地粮。清康熙元年（1662），商县等地"八月大雨弥月，城颓屋倾……抚治钱受祺，州守王廷伊冒雨步祷。无始霁"。清乾隆五年（1740），商州豁免水冲各地810顷42亩8分7厘税，共免各徽银4021两4钱4分4厘。清光绪八年（1882），商州壬午洪灾后，州牧李素捐俸银85两，修南门外以西石堤128丈，费钱14291缗，是年水灾过烈，李州牧又禀呈省宪发给帑银4000两，依灾施赈。1935年7月3日，商县连续七天七夜下大雨，丹江水冲进城区小南门，西南街298间房屋被冲，省宪颁发急赈洋10 000元。

1949年后，党和政府高度重视防汛工作，坚持"以防为主，防重于抢"的方针，有机构，有人员，有设备，有手段。一旦有灾情，及时发放救灾粮款，妥善安排群众生活，积极组织生产自救。1953年到1989年，全商洛发放救灾款1035.3万元。

1954年8月3日，丹江洪水上涨，商洛地区、商县党政军领导与各单位负责人带领全体干部到城内外抢险，堵水、补堤、撤离群众。4日晨，洪水再涨，又组织1000多名干部，发动郊区群众2000多人，组成防洪抢险工作队，连续奋战三昼夜，堵住县城附近决口河堤12处，保住稻田1600亩，保证了县城和7个村庄以及4000多亩土地的安全。

1958年7月16日晚，商县刘湾乡团支书带领900多名团员青年，昼夜看守丹江河堤，发现险情，立即排除，保住了一湾耕地和村庄。1975年9月底，丹江河水暴涨，商洛地委在国庆节时紧急召开电话会议，安排部署防汛工作。商县、丹凤上千人在丹江沿岸抢险，分段包干，责任到人，并设立了专营商店，为防汛一线调运物资。

1987年6月4日晚至5日，丹凤、山阳突降暴雨，受灾严重。商洛地区、县上两级抽调干部766人，深入灾区救灾。6月9日，副省长徐山林赴一线指挥救灾工作。地区召开紧急会议，出台了"做好生产救灾工作10条规定"。

1988年8月13日晚至14日凌晨，暴雨引起山洪暴发。14日上午，地委、行署召开紧急会议，对防汛救灾提出了11条要求。地委书记周述武，副书记冯煦初、梁喜元，行署副专员陈再生、赵德全赴灾区指挥抢险，副专员杨永年在机关坐镇指挥。地区抽调15名干部组成3个工作组赶赴一线，紧急调运铁丝3吨，麻袋5000条，柴油汽油50多吨，送往灾区。商州黑龙口区区长郭留记冒雨骑上摩托车沿丹江岸边跑来跑去，逐村动员群众撤离，并和派出所民警一道，把洪水围困的4户7人转移到安全地带。麻街乡全体干部连夜冒雨发动群众撤离，等回到乡政府时，乡上的房子已经全部倒塌了。

2010年7月23日，特大暴雨，丹江边上的竹林关镇大柴沟泥石流涌入竹林关街道，给当地群众造成巨大损失。中央、省、市、县领导亲赴救灾现场，和群众一同开展生产救灾。8月3日，回良玉副总理察看灾情时，对地方工作给予了充分肯定。一年后，这里建起了美丽的桃花谷，成为治理地质灾害的典范，也成了省内外著名的旅游景点。

旧时每逢旱灾，地方官府多求神祈雨，实施赈济。北魏太和十七年（493），商州等地干旱，"以旱撤膳，免陕、洛等七州军粮"。清光绪三年（1877），"陕境大饥，商州尤甚。省宪委员赴楚豫采买麦米杂粮65 296包，散给商州6696包，赈济各乡饥民及贫民"。

《续修商志·祷雨碑记》云："元符己卯季春乙卯，知军州事韩孝产被命祷雨熊耳山，是夕阖境沾足。甲子，躬率倅车李知远致谢祠下。陪祀：警寇赵从道，幕李置令、周朋锡，前闉府祁和叔，宪掾刘实。""龙王庙，在商州西关。清抚治张公道浥重新。前有神泉,以祈雨灵应,竖碑曰《甘雨泉记》,勒《艺文志》,一在城东石佛湾,顺治间知州王思治重建。俱上戊祭,乡人社赛。"

明成化复设商州始,各县设置社仓,推行"积仓赈贫"救灾措施。社仓分常平仓和义仓两种,常平仓由官府出资,丰年收粮食存储,灾年加息一成或二成借出。义仓由当地好意者捐献粮米或向富户征,灾年散赈给灾民,也就是"放粮"。"积仓赈贫之法贯彻以来,不乏以实心行灾政者,然积久弊生,或胥吏侵蚀,或出纳不正,或管理不善,谷麦霉烂,徒托空文,民反受其害。"(《续修商县志稿》)

清乾隆十七年(1752),旱灾,动用常平仓2920石粮,十八年(1753)加赈2020石。因白莲教入境,嘉庆七年(1802),商州奉廷旨将嘉庆元年至七年"民欠各项银粮全行蠲免"。嘉庆十二年(1807)春,"商州及兴汉五州县山谷饥民,于二、三月间先行偿给一月口粮"。光绪三、四年(1877、1878)两年三料未收,陕西省自豫采买粮谷散给商州6696包,知州黄碧川捐俸银3000两。光绪二十六年(1900),大饥,商州开仓散京斗粮1996.8石,并令各地劝捐,广设粥场舍饭,查灾放赈人员临行时,知州书赠:"地力几何,丰年已蓄饥年势;天庥难恃,既雨无忘未雨时。"对救灾有功人员赠"办赈公廉""襄赈勤劳"匾。

民国八年(1919),大旱,龙驹寨发起"交农运动",迫使县佐免除当年田赋。民国十八年,陕西省政府主席邵力子三次拨急赈3500元银币以济商,并派委员监放,带动乡绅富户募粮500余石。

1986年,大旱,从1985年11月至1986年9月未下透墒雨,全商洛200万亩农作物受灾。省政府先后四次拨救灾款805万元,救灾粮1.8亿斤,地县农行向灾区发放贷款800万元,干部捐款6.3万元。

1997年,春夏秋三季连旱,商洛遭灾234万亩,绝收9万亩,损失粮食13.53万吨,42.9万人饮水困难。各级广泛发动群众,投入大量人力物力抗旱,最高日上劳达60万人,组建抗旱服务队69个,动用水利设施13 936处、提水浇灌设施12 300余台（套）、运水车888辆，投入资金890万元，挽回粮食2.45万吨。

2014年，严重伏旱，省水利厅、农业厅、民政厅下拨抗旱资金975万元。商洛市、商南县两级政府筹措资金7000多万元，抗旱救灾。省防总调拨20条抗旱应急储水袋，解决群众生活用水。商南县从6月12日起，每天组织30台车辆，从清油河、丹江向县城运水6000吨，缓解城区供水困难。

水土流失治理

丹江及其支流水土流失在明代以前，因植被好，表现不突出。清乾隆以后，因战乱、采伐、开荒等，水土流失严重。民国二十年（1931），商县政府引种速生德槐，保护丹江边的山坡。民国三十四年（1945）五月，商洛专区临时参议会提出"改造梯田，将30%以上的坡地改成梯田，以防土壤冲刷而增加生产"的方案，未能实施。1955年，兴修坡式梯田，修土埝，封沟打卡。1957年，贯彻国务院《水土保持暂行纲要》，有了机构、人员，专抓水土保持，掀起群众性治山治水热潮。

2018年冬季，在一次老水利专家座谈会上，张毓德老人说，他是1964年到商洛地区水电局工作的，主抓水土保持，当时局里有三个组，其中就有水保组。他们首先从涵养水源抓起，第一次工作在冬季，部署水土保持等事项，采取生物措施，修梯田，在商州的大赵峪抓点。当时有个工程师，人都称高老，是交大毕业的上海人，做现场指挥，老张分在测量组，给拉尺子。大赵峪北分水岭和龙王庙相连，搞的是小流域治理，山沟淤地坝。他们和群众同吃同住同劳动，就住在生产队的场房里。晚上起夜不方便，晚饭也没吃的，只好一人抱一碗苞谷豆（干炒的苞谷粒）在被窝里吃。高老牙不好，连连叫苦。后来在大赵峪卢河涧吃了一顿糊汤面，香得大家乱叫好。到了腊月天，又到麻街公社以西规划，一直走，边走边记录那条沟的长度、两边的住户。晚上在公社，文书给找了一个床板，两条凳子，一条被子，两个人把大衣铺着睡，被子都是借在乡下没赶回来的干部的。

水土流失治理的主要措施有坡面整治，以水平梯田为主；坡水系治理，采用修蓄水池、沉沙池、排水渠等方式；沟道防护，采取建谷坊、拦沙坝、疏溪固堤等措施；生物措施，主要是在荒山荒坡25度以上的陡坡耕地造生态林和稀疏幼林等。

又对丹江沿岸的小流域进行统一规划，相继实施工程措施、生物措施、耕作措施，达到山、水、林、田、路综合治理的效果。

1980年到1993年，有若干条小流域被列入长江水利委员会重点治理项目范围。国家每年拨付一定费用，实施综合治理。1998年以来，先后实施了"国债"项目、"长治"工程、"农发资金项目"、"丹江口库区及上游水土保持工程"（简称"丹治"工程）等水保重点工程。

"丹治一期"是2006年进行的，国家将商州、丹凤、商南、山阳、镇安、柞水六县区纳入"丹治"范围，划定33个项目区，涉及124个小流域，规划治理水土流失4675平方公里，总投资12.96亿元。从2007年到2010年，共治理小流域138个，治理面积3378.4平方公里，其中中央、陕西省投资4.4亿元。

"丹治二期"划分20个项目区，涉及60个小流域，规划治理面积1306平方公里，总投资5.25亿元。2010年到2015年，完成小流域54个，治理1285平方公里，投资4.2亿元。

石门河流域在丹江一级支流武关河上，位于县城以北40公里处，涉及一个村五个组，流域面积26.8平方公里，水土流失面积11.5平方公里。小树岭村坡耕地在石门河流域的中上游，在庾岭镇东7公里的公路两侧的半坡面，一道梁两道洼，土层30厘米，坡度5—15度，适合修建坡改梯工程。2005年9月下旬完成设计，10月24日开工，投资38万元。建成高标准坡改梯80亩，经济园15亩，干砌田坎60条、2900米，配套建成生产道路2条、130米，修建浆砌石排水渠1条、100米，蓄水池2座、50立方米。

特写

黄华忻

我们约好于2019年1月26日上午10时上他家，九点半老人就在小区门口等着，瘦削而精神的躯体，裹在羽绒袄里，头上也戴着袄上的帽子，只露出瘦小的脸。一见面，高兴地拉着我的手说话，那双手劲大，把我手都捏疼了。他浓郁的商洛湖南腔，说得快了还听不清。他带我们到家，又是倒水，又是拿水果，笑着说："我跟丹江很有缘的，上大学实习就在丹江口水库，沿着丹江逆流而上，搞过测量。现在就生活在丹江上游，工作一辈子也都跟丹江有关。"他剥了一个小橘子塞到我手里，又说："我这两年在写回忆录，就叫《我的水利人生》，二十万字了，你想要的那里面能找到。"说着他把U盘交给小贾，说："孙女把她的旧笔记本电脑给我，我还不会用哩。"小贾摆弄半天，U盘里的稿子是用Word（微软公司开发的文字处理应用程序）打的，这电脑装的是WPS（金山公司开发的文字处理系统），不兼容。老人说："那到大巷子我老屋里，台式电脑在那边，我就在那儿写东西。"他家老院子，三层楼房加上厨房把院子挤得只有那棵一搂粗核桃树的空间，老人笑着说："这树是我结婚时栽的，快五十年了。"电脑就在卧室，床上摆满了资料，老人说他的工作笔记都能堆三米多高了，有的写稿子时还能用上。老人打开电脑熟练地把他的初稿拷贝到小贾的U盘上，又笑着说："还要靠你俩给润色润色哩。"老人还有两大心愿：一是把龙王庙石鸠河水引到草庙沟水库，扩大容量，再建一个水上乐园让市民亲水；一是把夜村将军腿前的丹江改到北边土地岭处，这一湾河滩地能建一座小城，容纳十万人没问题，能成为商洛中心城市的一个副城市。他让我们给有关领导汇报。

一

五十多年前，十八岁的湖南青年黄华忻毅然决然选择了贫困山区，从湖南水利水电学院水文工程地质系毕业后自愿来到陕西商洛山区，历尽艰难坎坷，竭尽全力推进商洛农田水利建设。为了商洛水利事业，他一次又一次放弃了提拔的机会，从原商州市水利水保局局长位子退休之后，仍不遗余力地献身于商洛水利事业。

1960年7月，衡阳籍的黄华忻在湖南水利水电学院上学，四年学习结束了，面临工作分配的问题。他的班主任建议他留校工作，或是让学校推荐到北京水利电力部水利科学院工作。

可是，他的理想是到长江水利委员会工作，有机会参加三峡大坝工程建设。他热爱大自然，对西藏美丽的风光和神秘的文化充满向往，到西藏参加水利建设，也是他一大愿望。

他把自己的毕业意愿告诉了老师，老师也支持他。但到长江水利委员会去，没有指标，到西藏去，学校看他年龄太小，没有答应他的请求。他就缠住班主任，老师告诉他，组织部门说了，到西藏去的大学生最好有对象。

听老师这么一说，他急忙赶到长沙卫生学校，找到了初中的女同学，让那个胖胖的女同学假扮成他的对象，到学院办去西藏的手续。他没想到这个假象，还是被老师看穿了。

去长江水利委员会和西藏都无望了，他又缠着去西部偏远地区锻炼，老师联系上陕西省水利厅。就这样，他和湖南电力学院的十名大学生被分配到了陕西，其中五人分到省水利勘测设计院地质队，五人分别被分到汉中、安康、商洛、宝鸡、延安五个地区水利局。

1960年9月7日晚，在蒙蒙细雨中，他从老家带着他二姐七岁的女儿从长沙乘火车，在洛阳市下车停了一天，看望了在洛阳铜加工厂工作的二姐，将外甥女交给二姐后，乘车继续西行，9日到达西安。

他到陕西省水利厅拿到去商洛水利局的介绍信，在西安候车四天。

9月13日早上六点半，他从西安出发，经过长达九个多小时的颠簸，翻越秦岭，下午四点半才到商县汽车站。局人事干部张志平，拉着架子车到车站帮他拉行李，到局后，让他住在六个人住的平房内，但里面只有四张木板床。好在当时有三个同志下乡了，刚好空出一张床。安顿好后，副局长孙怀斌找到他，让他第二天就跟勘测队队长查得久下乡。

从那一年至今，他就再也没有离开商洛这块土地，一直为商洛水利事业辛苦着。

二

1969年大旱，他被安排到丹江沿线抗旱。从商县县城出发，一路步行，沿丹江干流而下，一直走到商南县过风楼，沿路看了许多水利工程，发现问题就尽力帮忙解决。通过一个多月的一线抗旱，他感受最大的是，丹江河水很少，不仅商县境内丹江干流多处断流，就连商南县境内的丹江也成了涓涓细流，抗旱没有水源，稻田渠无水可引，水轮泵站不能发电灌溉，给群众生产生活带来了巨大影响，很多村组临时在河滩上挖坑取地下水救急。

下乡回来后，黄华忻连夜写了一篇《论蓄水》的抗旱调查报告，直接交给革委会生产组副组长李钧。他认为，商洛山区河水丰、枯悬殊，只有大搞蓄水工程，蓄丰补枯，才能解决灌溉水源问题。李钧表扬他的调查报告写得好。

第二天，李钧就在革委会核心领导小组会议上做了汇报，核心小组采纳了他的建议，将大搞蓄水工程作为当时全地区水利建设的一项最重要措施。李钧亲自到各县规划水库，组织重点水库工程上马。就这样，从1969年底至1970年11月，商南县河、试马、丹凤龙潭、苗沟、鱼岭，商县庙湾等八座百万方以上水库，先后开工上马。黄华忻参与了庙湾水库的规划测量设计，并到各县重点水库做施工巡回检查，帮助工地技术干部修改完善工程设计及洪水复核设计等。

兴建二龙山水库是治理开发丹江上游的开始，也是他水利人生的重要起点。

当时，商洛专区水利局共有八十多人，除局机关有二十多人外，还下设了勘测队和机电队，各有二三十人。1961年精简后，工人全部回农村，技术干部下放各县，也有回家的，改行的。最后两队各剩十人左右。他作为局里为数不多的技术干部被留下来，先后参加了山阳磨沟水库、商县王山沟水库、洛南洛惠渠等重点工程的地质勘察、整修配套设计、隧洞塌方处理等工作。

1965年4月29日到1967年1月底，他参加了商洛专区自然资源调查及农业区划工作，徒步踏遍了全地区三百五十五个公社、五大河流及众多支流。他对商洛社情、水情有了全面认识。

商洛专区各县都有了重点工程，地区也应有自己的重点项目。从商县城区到丹凤城区的丹江河谷川道有六万多亩好地，是商洛的"白菜心"，可以建成旱涝保收基本农田。但这一区域人多地少，旱涝交错，上游山区开荒造成水土流失，导致丹江河床淤积抬升成为地上河，两岸河滩地沼泽化严重。如何治理好这一段丹江，是全区农业生产的重要课题。当时，商县革委会的意见是修南秦水库，并在1969年陕西省革委会农业会议上提出来了。

他经过大量调研，认为南秦河只是一条支流，光修南秦水库不足以影响全局，应在丹江干流上建二龙山水库。当时，对他的建议，大家都有顾虑。一是河流大、工程大，特别是大坝清基不易，如不能在一个冬春完成清基回填工作，就有可能被洪水冲毁基坑，使工程夭折；二是在丹江干流上建水库，要让长坪公路改线，商县通往西安的运输大通道会受到影响，因此很多人表示反对。

反对归反对。当面对商县缺粮、缺电这两大主要矛盾时，修建二龙山水库还是很有吸引力的，这事很快被提上了议事日程。

从1969年8月开始，他收集、整理、分析建库的水文资料，进行水文水利计算及洪水设计，还对库区淹没损失及建坝后的经济效益进行社会经济调查及分析评价。1970年1月4日，他完成了《兴建二龙山水库 开发利用丹江水利水电资源的建议》一文，以"商洛地区农业服务站"名义登报。建议登报后，他专门给高明月副主任送了一份。

1970年4月13日下午，高明月副主任专程到地区水利局座谈兴建二龙山水库问题。当时农口七个单位合并，办公室设在水利局院内。那天开会，黄华忻也参加了。会议室在宫字形平房内，当中放一张乒乓球案子就是会议桌，大家坐在乒乓球台两边。高副主任说："地区想修二龙山水库，这是一项大工程，战略上要藐视，战术上要重视。小黄提的建议我详细看了，有几个问题应做仔细研究，一是如果水库上游黑龙口、大荆、板桥三个区大量发展水田、水浇地，将使水库来水减少，会不会成干库？二是大坝下游改丹江入南秦河，要打南秦岭隧洞，是不是可行？构峪沟、马连峪如何治理？三是水库坝高你们提了高、低坝两个方案，到底修多高最合理？要科学研究。还有其他方案没有？"

4月23日下午，他与赵巨刚骑自行车到板桥河去踏勘替代坝址，看能否用板桥河水库替代二龙山丹江水库。他们发现板桥河坝址土壤多为石灰岩，岩石破碎且有溶洞，不宜筑坝，且板桥河水库的集水面积、库容都比二龙山水库少很多，防洪、发电、供水、灌溉效益更少一大半，无法替代二龙山水库。

4月30日，地区革委会召开地区机关全体干部大会，高明月做报告。他说，商县城区只有一座一千五百千瓦的小火电厂，发的电无法满足生产生活需要，计划修建较大的水力发电站，解决发展用电问题。水利上要安排一两名同志在商县下乡，专门研究二龙山水库电站方案。会后，黄华忻被安排在商县下乡。

1970年7月28日，丹江上游发生大洪水，程家坡水文站（现二龙山水库大坝处）测得洪峰流量为1520立方米/秒，从洪门河以下到二龙山的丹江两岸土地全部被洪水冲毁，长坪公路也被水毁。洪水过后，商洛地区革委会主任慕明君从西安开会回来，路过麻街水毁修复现场，对当地干部说，先修便道通车，正式公路不修了，准备改线。

1970年8月21日，高明月副主任再次到水利局来，座谈二龙山水库修建问题。他对黄华忻写的规划及补充调研报告中的工程量、造价、劳力、淹没损失、移民人口、工程效益、大坝安全、水库寿命、施工方案与难度等进行反复推敲核实，感到放心后，才离开。

1970年8月22日下午2点左右，黄华忻被时任地区农业服务站副主任的高秀书叫到地区革委会开会。革委会主任慕明君让黄华忻简要汇报二龙山水库工程概况，只说了不到十分钟，慕主任便让到会成员逐一表态，大家都同意。最后请专程到会的商洛军分区司令员王心禹表态，他也同意后，慕明君做总结发言，他说："兰州会议批评陕西工作四平八稳，为了打破这一局面，我决定让二龙山、南秦两个水库同时上马。具体安排是，技术方面由水利部门负责，立即开始设计，时间短可以边设计边施工；长坪公路改线要在9月份完成。建设物资、资金由地区负责，筹集3000吨水泥、300吨炸药、100吨钢材、1000辆架子车、600万元钱、600万斤粮。劳力由商县组织，日上劳10 000万人，由商县武装部按民兵战备制度组织施工，争取两年完工。"

慕明君拍板后，立即让办事组电话通知商县革委会领导小组全体成员到地区会议室来开会。只十多分钟，商县革委会领导小组成员就到场了。慕明君宣布了地区决定。就这样，"两库一路"工程决策完成。当晚9点，商县革委会在跃进室开会，县、区、公社三级人员参加。董孝先邀请黄华忻到会介绍两库工程概况、意义和作用。

1970年8月23日，地区水利局兵分两组，一组做公路改线测量，由高庭礼协助公路段完成，六七天就拿出了比较方案。高庭礼1949年前在省公路局工作，20世纪30年代参加过长（安）（西）坪公路测量放线，据说十八盘（商县境内张村至会峪段）就是他定的线。这次他负责公路改线，比较了三个改线方案，一是沿水库抬高，二是翻麻街岭，三是从泥峪川河口翻山接金陵寺至商县城公路。测量后，以翻麻街岭路线为最优，长度比原公路还短六百多米，开挖容易，可以大搞群众会战。高明月副主任采纳了翻麻街岭线路的方案。工程于9月1日开工，至10月底完成公路改线15.5公里。翻麻街岭少不了盘道上盘道下，是第二个"十八盘"。大家与高庭礼开玩笑说："你一生修了两个'十八盘'。"翻麻街岭上坡时车辆油耗增加，在一段时间内被人们认为是修二龙山水库的副作用，得不偿失。但也有人说，上坡多耗油，下坡可少用油，究竟增加了多少油耗，谁也没测算过。直到20世纪末，麻街岭公路隧洞建成通车，翻麻街岭公路才成了历史。

另一组是二龙山水库测量设计组，有毕绳武、李龙军、王玉珏和黄华忻等人参加。首先要绘制坝址千分之一地形图及库区五千分之一地形图。丹江及板桥河回水总长度二十多公里，外业工作量很大，当时正值盛夏酷暑，大家毫无怨言，满怀信心投入工作。为了加快进度，局里派一辆55马力铁牛拖拉机早送晚接，大家中午带干粮，一天工作十三个多小时，天黑才收工，半个多月就完成了任务。

在测量中，黄华忻负责绘图，白天现场绘图，晚上补点清图。地形测完后，他用求积仪量面积，绘制水位库容曲线，根据需要调节库容及尽可能减少淹没损失的原则，确定正常蓄水位为七百六十五米，河床面以上大坝高五十米。这一关键数据确定后，大家分头搞水文水利计算、洪水设计、大坝断面设计及稳定计算、溢洪道设计、电站设计等。初步设计在9月底基本完成。10月1日，水库导流工程正式开工，他留在局内整理设计资料，打印文字报告、设计计算书、描图、晒图、整理方案。

二龙山水库的起名也有波折。他最早建议，因为坝址处地名为程家坡，坝轴线就选在程家坡水文站的测流断面上，所以叫丹江程家坡水库。后来李龙军对他说，程家坡地名小，知道的人也少，水库里面有个二龙山，二龙山庙会名气大，不如叫二龙山水库，就改为丹江二龙山水库。

初步设计时，二龙山水库坝型为土石混合坝，因为坝址附近优质黏土及石料都很丰富，修土石坝很省钱。

1970年11月15日，大坝清基工作开始，陕西省水利局革委会领导小组组长胡棣从安康、镇安一路视察冬季农田水利建设，来到商县，高明月、高秀书等领导陪同他到二龙山水库工地视察。胡棣很有魄力,当听到大坝为土石坝时,问,为什么不修水泥坝?工地汇报说:"修水泥坝造价贵,也没有那么多水泥。"胡棣当即表态,"钱不够省上补,水泥不够省上调一半,你们的金陵寺水泥厂生产一半"。

胡棣视察水库后,住在商洛招待所。晚上,高秀书从招待所回来,找到黄华忻说:"二龙山水库坝型要变,你还有什么意见?"他说:"修土石坝我们有经验,水泥坝过去没搞过,能否请省上派人来指导一下。"第二天一早,高秀书向胡棣汇报黄华忻的要求,胡棣立马答应。

第二天,省水利勘测设计院工程师蒋政国(后任省水利厅总工程师)从西安坐班车来到商县,一下车吃过饭就赶到工地看了一圈。

到了下午四五点,蒋政国与毕绳武一块从工地回到局里,与其他三人就在设计队办公室的乒乓球案子上商讨大坝坝型。三人一致同意,采用浆砌石重力坝,大坝清基深13.5米,大坝总高度为63.5米(施工后按最深处测,为63.7米)。根据经验,选定坝顶宽为7米,底宽选用55米、56米、57米3个不同宽度,他们三人每人各做一个大坝断面的稳定计算,比较后决定采用底宽56米作为标准断面。有了这个断面,施工就不受影响了。结果算出来后,老毕当下就犯愁了,这一改,清基工作量增加两倍多,要开挖沙砾石10万多立方米,靠人力很是困难,他担心来年汛前完不成清基回填任务,遇到大洪水就惨了。

当天晚上,黄华忻三人一直坚持工作到夜里2点多。蒋政国起程回西安,老毕拿上设计图去工地放线,黄华忻留下整理初步设计书。最后因为领导重视,加上广大社员群众的努力,二龙山水库大坝清基回填任务在大汛前顺利完成了。南秦水库因施工力量不足就没有这么幸运,在回填没完成时,就于1971年5月2日被洪水冲毁基坑,淤积泥沙一万多立方米,只好停工,到冬天重新开挖。

坝型修改后,有一天,高明月副主任找到他说:"水泥坝变动后,对整个工程有什么影响?"他说:"水泥坝外表美观,也安全,就是清基工程量大，施工期可能会延长。另外，水泥坝可以坝顶溢流，不需要另开溢洪道，还可以在坝身开冲沙底孔，延长水库寿命。缺点是这样一来，丹江改道入南秦河就没有可能啦。"高明月说："不改也罢，大河改入小河，总是有难度的。"这是就二龙山水库建设问题，高明月与黄华忻的最后一次谈话，也为下游丹江治理定了总基调。

1970年12月，西农水利系及陕西工业大学水利系的十几名教师，因学校停课，到二龙山水库工地劳动锻炼，由郭嗣显老师（后任省水利厅总工程师）带队，成为水库设计施工的重要技术力量。他们在黄华忻等同志的初步设计基础上，编制完成了施工技术设计。在编制过程中，他们与黄华忻常有联系，特别是范荣生老师，与黄华忻联系最多。他们到底是教授高工，严格遵守设计规范，十分严谨。比如，大坝设计中摩擦系数是一个重要参数，初步设计时定了0.7，施工设计定为0.65。报省上后，省上认为两个设计应该统一。为此，1971年9月14日，郭老师带人到局里与黄华忻他们开协调会，统一数据。

提出兴建二龙山水库的大胆建议时，黄华忻才二十七岁，实践经验不多，修建二龙山水库的技术经济条件也不是很成熟，有一定风险。可是这个建议被采纳后，他得到了领导的信任和社会的认可，这些都鼓舞了他的信心，二龙山水库建设成为他水利生涯中的新起点。

他总是把群众的事当成自家的事去做，常把利用星期日给群众测量设计小水利工程当成他的义务。1976年冬天，他帮助沙河子中坪生产队设计修建麻尖沟山塘。清基到基岩，基坑出水，全村二十多个男人怕冷，都不敢下水，他第一个跳下去，用干水泥堵住了涌水。晚上，队长给他熬了生姜红糖水防感冒，还烧了土炕留他住下，但是他孩子还在住院，就骑自行车摸黑回去了。第二天，队长带人拿了五斤鸡蛋、二斤红糖，到医院看孩子。他给付钱，人家不要。到腊月二十三，他却买了两瓶酒、两条烟和点心，答谢全队村民。蓄水成功后，旱塬上种了三十多亩水稻，涝池也养了鱼，群众种菜洗衣都有水了。

三

黄华忻写了多年的入党申请书，到1979年才被组织接受，接着又破格晋升为工程师、高级工程师。通过民主测评，又任命他为局勘测设计队副队长，地委组织部也将他列入预备干部名单。

1982年冬，黄华忻为解决爱人及两个小孩户口的农转非问题，申请调到商南县水利局工作。去地区农业办公室办理有关手续时，农办主任王立志对他说："组织对你另有安排（意在提拔），你不要走了。"但黄华忻去意已决，于1982年12月调到商南县水电局。他再也没有回到地区水电局，因而失去了第二次提升机会。

1984年1月，当时任商县副县长的赵巨刚向县委书记推荐黄华忻，在体改中让他这位副局长主持工作，年底转正为局长。

在商县水利局局长任上，他总有干不完的事情。他越干越丢不下自己的小摊子，一干就是十五年，打破了局长五年轮换的干部任职惯例。

到任后，他真诚真心对待每一个同志，很快化解了过去积累的矛盾，还帮助大家解决住房、子女就业等问题，取得了大家的信任。他先后为局系统修建了三次住宅楼，他却没有要一套。1992年春节，入住新房的同志给他响炮，还送给他一块"劳苦功高"的匾牌。

他在十三年内，为商县水利争取工赈等多项投资共四千多万元，平均每年三百万元。他把这些钱精打细算，用到刀刃上，年年都修建大量的小型水利、人饮、农田、水保、水产等工程（平均每年都有浇灌百亩以上农田的工程二十多处，解决一万多人的饮水问题）。他千方百计抓重点项目，建成了装机一千五百千瓦的二龙山二级电站，装机五百千瓦的南秦水库坝后电站、丹江东龙山国有百亩河滩地工程等，新增县级水利固定资产一千五百多万元，还完成了二龙山水库加固及向城市供水等项目的前期工作。

水利部门被称为"水大头"，自身却很穷。为了改变这一状况，他大力发展水利综合经营，除兴修水电站、河滩地、绿色企业外，还办了水利建筑安装公司、铁合金厂、水泥制品厂、塑料制管厂、水产养殖场等，最高年产值达到一千五百多万元，上缴税金一百多万元，安排就业两百多人。

他大力支持各工程管理单位创业、创收。对水利科研项目也尽最大努力支持，网箱养鱼、木耳微喷等项目都取得了良好的经济效益，并获得了科技成果奖。

他对二龙山、南秦两水库的排沙极为重视，曾与省水科所陈景梁共同探索山区水库淤积规律，制定排沙增容方案。他与赵克玉写的《陕南山区中小水库排沙运用》一文发表在2000年第一期《泥沙研究》杂志上，被多家刊物转载。

他抓的中坪村、秦川村、小韩峪村等农田基建和水保治理典型，在外很有影响，先后有七国专家考察团、日本考察团及台湾水利代表王文江博士等前来考察交流。

他多次被评为市先进工作者、优秀党员。1988年受到商洛地委、行署的表彰奖励。1989年，地委组织部到商州市考察，欲提拔黄华忻，但他主动拒绝了。他当时满脑子想的都是如何把商州水利做大做强。

1998年5月28日，黄华忻已五十六岁，按规定要退居二线，商州市委领导两次打电话征求他意见，问他愿不愿到统战部当部长，然后到政协去，他说他就在水利局退休吧，这是他第四次也是最后一次失去晋升的机会。此后，商州市人民政府聘请他为市政府的技术顾问（无级别待遇）。

从20世纪90年代开始，随着人们生活水平提高，前来水库的游客越来越多，而黄华忻早在任水利局局长时，就多次想开发水库搞旅游。

2000年初，商洛行署和商州市人民政府决定，让他重返一线开发仙娥湖风景区。主管旅游的副专员对他说："仙娥湖极具开发前景，但难度大，我们决定由商州市人民政府成立景区保护开发办公室，你当了多年水利局局长，人脉广，人缘好，有威信，是开发办公室主任最佳人选。"当时，他已五十八岁，快到退休年龄，对能否再干下去，心有疑虑，后来想到各级领导的支持，且这又是自己多年的追求,就愉快地接受了。

景区开发办公室一无编制,二无经费,困难重重。商州市政府从政府办、水利局、文化局给黄华忻抽调五名干部,在水库管理处借了一间办公室兼会议室,景区开发办公室就挂牌开张了。市长给批了五万元开办费,黄华忻到财政局请款,局长见了条子说:"这钱还需经市人大会议批准,你们办公室没有拨款渠道,不好办,不如先借给你两万元,以后你们争取到投资后再归还。"这以后,市委、市政府领导对他说:"市财政很困难,以后主要靠你自己去想办法,自筹资金,负债开发,开发还债。"多么艰难的仙娥湖旅游开发之路,要是一般人的话,早都退却了,他却坚持走了下去。

为了尽快找到经济增长点,他在做整体开发规划的同时,一方面负债启动修路、造林、休闲设施建设,另一方面将湖中已有的个体游船组织起来,抓好水上安全和卫生。经过多次与村干部及船主协商,他把二十多条小船组织起来,统一售票,在保证个体游船收益情况下,提取适当管理费做旅游开发基金。2000年5月1日,统一组织的游船开始售票营运,当月提成10 779元,至年底共接待游客两万人次,总收入36 532元。钱不多,却让他看到了希望,还了债,给水库管理处分了部分收益,到年底还给办公室同志及船工发了少量野外补助和福利。

"商州市仙娥湖及丹江生态旅游总体建设规划"经商洛行署常务会议研究后原则性通过,于2000年5月12日在《商州报》上整版刊出。接着,黄华忻参加了在西安新城广场举行的"十一黄金周"旅游宣传活动,仙娥湖景区在全省有了知名度。他向省计委、省旅游局申报立项,省上又将仙娥湖风景区作为全省重点景区向国家申请基础设施建设投资。

在多半年时间内,他和开发办的同志奋力拼搏,硬化景区道路四公里,人工种树种花十万多株,成活率达70%,绿化、建设湖心岛,共负债投资一百八十多万元,景区面貌初现,国家建设立项完成,他也被陕西省旅游局评为2000年度先进个人。

后来,反对旅游开发之声响起,说水库是城市水源地,按有关法规不允许开发。虽然他们在开发之初对此早有思想准备,将此次开发定位为保护性开发,并在整体规划中明确界定库区以绿化、美化、净化为主,以观光为主,限制污染项目,但他们的思路没有得到各方面的理解和支持。

2001年初,商洛行署放弃仙娥湖景区项目,商州市主管领导对黄华忻说:"以后开发只能靠你自己了。"开发办工作人员都回了原单位,留下他一个人坚持。为了解决开发办债务及管好已成活的风景树,商州旅游局给了他成立"仙娥湖生态观光园"的批文,因为植树造林是生态环保工程,不会污染水源,不违法。

2001年3月,他将自己手中的游艇收费项目交给二龙山水库电站管理处。按道理,收益与债务应一并移交,但水库财力有限,只接收益不接债务。

2001年9月,水库库区白岭、高潮两村鼓励他把生态旅游开发坚持下去,两村支书徐民娃、王重珍与他到西安招商,有一家国有企业准备筹资一千两百万元搞旅游。但见到对方后,人家变卦了,他大失所望,一夜未眠。第二天一早,他们三人商量下一步咋办,徐、王两人坚持要他继续干,修路劳力、开发用地都由他们解决,资金由他筹措,尽量少花钱,办大事。

2001年秋收后,王重珍带了七八个劳力凿岩修路,徐民娃让村委会将白岭村四组蛤蟆梁半岛二荒地(轮歇地)全部承包后,流转给他用于生态观光园建设。

经过三年多的努力,他修通了通往园区的两公里乡村公路,也方便了群众出行,又引水拉电,在崖边荒坡造林,使园区成为树的海洋。现在,来到仙娥湖,站在山梁上,看到的是成片的油松、塔柏,迎风起舞的樱花、桃花和红枫,遍地的牡丹花散发着芳香。

但又有谁知道,在建园过程中,老人将自己的退休金、打工收入(帮人搞项目建议书及工程设计等的收入)及合资办厂收益、借的亲戚朋友的钱、拉的一些赞助和政策性补助资金,全部用于基础设施建设和造林绿化,共投入了一百多万元。2011年,商州区水务局资助完成四公里水泥路硬化。

2000年至2005年,黄华忻自愿当了五年造林工人。生态园初步建成后,在社会上有了广泛影响,也带来了生态效益和社会效益。进园公路两旁的村民开办了十二户农家乐,取得了较好的经济效益。他是公路最末端一家,为了缴纳土地承包费和给职工发工资,从2006年开始,他也只好办起小型农家乐,这是他一辈子都没想过要干的事。那年他已六十四岁,为了买粮买菜,他学会了骑摩托车采购,出了两次意外,家人为他提心吊胆,他却毫不在乎。

半个多世纪以来,为了热爱的水利事业,黄华忻没有节假日,始终都在第一线。

元科山里的朱伯勋

在仙娥湖上游，丹江河支流板桥河的一个小支流边，有个村子叫元科村，村子因栽桑养蚕出了名。发展蚕桑产业的是一位退休教师，他叫朱伯勋，1980年就退休了。

1994年，我和程云竹慕名去采访过老人，写了《朱伯勋出名记》，发表在《商洛日报》上。老人几十年如一日，带领乡亲们靠养蚕过上了好日子。后来，我因工作变动，再没关注过。这天，听小贾说老人现在的情况，我说恐怕老人都九十多了吧，小贾笑着说："老人九十六岁了，精神好着哩。"我一定要去拜访老人。

那天从野人沟出来，我们就赶到元科村。一进沟，满地的良桑，枝条灰黄。在路边见到一位老人，看样子也在七十多岁，问他朱老人，他笑着说，是他爸。他带我们进到院子，老人正在门口沙发上晒暖暖，像马克思一样的胡子雪白一片，两道眉毛灰白，眼睛微眯，透着淡淡笑意。老人左手扶着一根木拐棍，还是个小龙头样儿。他头戴黑呢子礼帽，身穿新式羽绒服棉袄，袖子上套着蓝布护袖，袄是黑的，裤子也是黑的。台阶上两个沙发扶手上放了一沓子报纸，靠近西山墙一边放了一堆烂纸箱子。屋檐下是高台阶，檐边有桶粗一个柱子，柱子上挂着一疙瘩红绳子，一个红塑料袋，还有挂历彩纸叠的一串纸牌儿。屋檐上积雪消融，"嘀嗒，嘀嗒"掉着檐水。老人背后是土墙，上面挂了几个白塑料袋，里面装着杂物。朱伯勋老人声音洪亮，见我们就起身让座，我赶紧扶住他让别动。他笑着说："我不吃烟，连烟都没有。"老人惋惜，现在养蚕的少了，都外出打工了。过去人出去没事儿干，就在家养蚕。老人的儿子说，父亲是1922年7月4日生人，去年春节跟几个孙子打了一夜麻将，感冒了，耳朵这才笨了。老人笑着说："我两口子都上九十了，老婆子比我小一岁。"这时一位穿红棉袄的老太太从外面朝屋里来，走路像个中年妇女，还一边给我们打招呼，原来是老人的儿媳。儿子说，他爸当年修的蚕房现在还用着，七八年前老人养不动了，他妻子才养来。"一带一路"，咱陕西是起点，丝绸的销路不会有问题。原来一年四茬茧，现在三茬，春茧、夏茧、早秋茧。一张蚕有两万多条，春茧收百十斤，卖2000多块；夏季一张蚕吃的桑叶比春季蚕要少百十斤，但茧价也便宜，产量有70多斤。家里现在有四五张蚕。

老人有四个娃，一个儿子，三个女儿。儿子朱立研也七十一岁了，在村上干了八年队请民办教师，一月只拿四块钱的工资，后来改成了民办教师。1977年参加高考，是全县第十六名，因家庭成分，没有录取。1978年考入商洛师专，2008年从板桥中学退休。

朱伯勋老人退休后回到老家，见乡亲们还是那么穷，先后带领大家养过貂、土鳖，效益都不好。土地承包到户以后，老人到外地考察，发现同处陕南的安康都能栽桑养蚕，元科村有啥不行呢？他就在自家麦地里起垄栽桑苗，一看能行，头一年就嫁接了500多株，就试着养了条蚕、中式蚕，蚕有绿的白的。他自己买了书来学，还让老伴像经管孙子一样把蚕宝宝放在被窝里养。那一年就收了50斤茧，老人高兴地大喊："成功了，成功了，我成功了。"

1983年，他从省上引进良桑，嫁接5万多株，又用竹筐养蚕。他先动员张金华、黎宏章等三户养蚕。1984年，他想着咋样才能多带动些户，这就成立了养蚕合作社，有了章程，一户只交5块钱就入社了。社里给提供蚕种、桑苗和技术服务，还负责蚕茧销售。中国社科院专家来调研时，肯定了元科村这一做法。1986年，养蚕户发展到50多户，一户光养蚕就挣三四百元。像过去得病没钱看的恒荣家，就收入800块。嫁到这里二十多年的韩群，激动得双手发颤，半天数不清2500元的一沓票子。蚕农刘淑杏，每年养10张蚕，年收入7000多元，能供两个儿子上大学。这一下子在周围引起轰动，连买桑苗都得找熟人，走后门，蒲峪乡供销社一个春季卖出桑苗好几万株。

老人肯动脑子，一直琢磨咋样才能提高养蚕的张产量。一次他去村上水磨磨面时，瞅着水轮发呆，回来就根据水轮的原理和蚕做茧喜欢爬高的习性，反反复复实验，终于设计出一种"自动旋转方格"。这一技术使张产量一下子由50多斤提高到96斤，茧的质量也好，外贸公司的人说："从来没见过这么好的茧。"到1989年，元科村养蚕户有100多户，养蚕150张，群众手里有钱了，脸上也有笑容了，老人心里也踏实了。省科协对老人的发明给予了奖励，奖给他100个方格蔟，他却分给了所有养蚕户。

1991年，蚕桑合作社入社的养蚕户有213户，售桑苗650万株，养蚕153张，户均收入过千元，元科村被商州市授予"栽桑养蚕状元村"的称号。1993年，在老人的指导下，村上养蚕最高张产105斤，蚕的上茧率由70%提高到99%。农业部一位司长来元科村考察时，看到这情况，高兴地拉着老人的手，赞叹道："你们养蚕科技含量这么高，在全国都很少见呀。"他当场表态，给商州支持300万元，用于发展蚕桑产业。全商洛地区还在这里召开了现场会，用老人的话说，光小车就停了一河滩。洛南的马河、永丰、四皓、胡河和眉底等乡镇120多户群众到元科村现场学习培训，合作社给大家提供吃住，元科村成为全商洛第一个养蚕专业中心。合作社主任朱运良，每年养蚕12张，收入3500元，制种收入5000元，育桑苗收入3万元，到洛南等地讲课收入3000元，一年下来少也在5万元。朱运良是老人手把手带出来的。老人也获得了"陕西省农村致富带头人"的光荣称号，以及全国六部委评选的"老人老有所为"金奖。老人高兴地让儿子拿出相册给我们看。

朱立研说，他妈也很能干，年轻时到城里邀娘家，一天打个来回，走一百二十多里路——他外爷家就在商州城里。他爸退休时，家里也没有电视，就买了个收音机，老人爱听小说连播，还给订了报纸，老人现在看的是《环球时报》《参考消息》，九十好几的人了，却操心国内国际的事情。

几只公鸡在院子里伸长脖子打鸣，太阳快落山了，我们要走了，老人轻松地站起来送行，笑笑的，白胡子哆嗦着，说："有空了可来游噢！"我握着老人的手，深情地鞠了一躬，说："一定的，一定的，一定要来看望老寿星！"

退休教授成了"山大王"

张甲教授从商洛师范学校退休后,二十多年如一日,身居大山,造林不止。他的事迹,我在文章里写过,第一手素材是小贾提供的,他采访过老人。我一直没见过老人,这次一定得去拜访。

2017年7月15日下午,我们从南秦水库西山上下来,艳阳天突然布上了乌云,车子到了杨峪河金鸡村,已是暴雨如注了。这里土路泥泞,滑得车开不上去,我们只好下车步行。好在车上还有几件淡蓝色的塑料雨衣,我们穿着艰难地行走在山间。老喻开玩笑说,我们就像几个蓝精灵在雨海里游荡。

路是沙土路,四米来宽。小贾说这段路是教授和儿子一块修的,路靠山处还有牙子镢挖过留下的印迹。走了十几分钟,过了一个山垭,还没看到老人的房子。又朝下走,从沟畔几户人家门前经过,又从一棵大核桃树下上山,走一段,拐一个大弯,再爬山,到一个山垭口,这才看见下面坡上全是核桃树,沟底有一座小土房跟一座新楼房。

我们从坡里核桃园中抄近道下去,到门口时,雨还下着。小贾大声喊叫,老人响亮地回应,说他刚准备上炕呀。老人问:"哪一位?"小贾报上姓名,老人说:"是老朋友来了,稍等片刻,马上出来迎驾!"

老人从小土房出来了,个头不高,背驼得几乎两头扎地了。老人说儿子给他打过电话了,没想到来得这么快。老人住的土房是小两间,土房门口柴火码得整整齐齐。对面不到三四米就是三间新楼房,老人说是儿子去年给盖的,他住不惯。他拉我们到新屋里坐,给倒水喝。一落座,老人的话匣子就打开了，我们几乎插不上嘴。

老人退休后，放着城里的舒服日子不过，一个人跑到这个叫作木瓜寨的荒山野洼里住，自己料理生活不算，还用自己的双手，日复一日，坚持挖山造林，把四条山洼八面山坡的不毛之地，变成了真真正正的花果山。

1995年，张教授的老伴与大儿子承包了村上一个荒芜了的林场，老人是全力支持，并表示自己退休后要上山当"山大王"。

1998年，老人退休了，他告诉老伴和子女，要一个人回家乡植树造林。一家人都拗不过他，只好答应了。

他带上被褥、碗筷、书籍，开始了一个人的生活。

刚住到山洼时，四周没一户人家，也听不到鸡鸣犬吠，晚上除了偶尔有几声猫头鹰叫，就是一片寂静，静得几乎只能听见自己的心跳。有的晚上偶尔还有一些怪叫声，吓得他头发都竖起来了，整夜不敢睡觉，他就把门关得死死的，有时还将被子抱到土屋的木楼上睡去。好几次，村里的亲戚知道他一个人在山上住，就主动跑来陪他。慢慢的，他也就习惯了一个人独守的日子。

做饭没地方，他就将锅支在土屋的房檐下，有时刮风下雨，饭都做不成，要不就是做好了，风把土块刮到锅里，只能连泥沙一块吃了。后来，他让儿子给弄来一个废弃的大油桶，自己动手改造成锅灶，这才能吃上安然饭了。

就这样，老人白天除了做两顿饭，几乎全都在挖山造林。他一个人一面坡一面坡地挖着坑，栽着树，用塑料桶提水浇树苗，像愚公那样干。晚上了，他点上煤油灯，看书，抄书，写东西到深夜。到周末，老伴和儿子也来帮他干。开始几年，老人看到栽下的树苗还小，就开出十多亩地林粮间作，种玉米、洋芋，随后又改种丹参、桔梗、丹皮等中药材。

每天清晨，只要在山垭上，就能看见一位瘦小的老人，弯着腰栽核桃树，像照看孩子一样细心。镢头一起一落，山洼的静穆被一阵阵"嚓嚓嚓"的挖地声打破，那清脆有力的声音，久久在山谷里回荡。

老人就这样寒来暑往，天天干着，一个人和山做伴，与树为友，鸟儿松鼠都是他的邻居。每当歇息下来，他会跟这些伙伴们说话，有时还真把它们当成自己的学生，给它们讲课。他笑着说："你看我这些树长得好，都是我用心教的结果。这些都是我可爱的学生呀！"

二十多年了，他把几百亩荒山变成了一个世外桃源。核桃、板栗、桃、杏、李梅、樱桃都已经挂果了；松树、榆树、桦树、栎树也长成材了。老人把它们当成宝贝孩子一样，亲手剪枝、松土、防虫，精心呵护，让荒凉的山坡变成了"绿色银行"。

二十年里，老人光镢头就用坏了几十把，双手茧子也结成厚厚的痂了，手上的骨节也弯曲变形了，两只手的手指扭曲得都伸不直了，他心里却乐滋滋的。

老人已经八十多岁了，耳不聋，眼不花，记忆力惊人地好。他依然是日出而作，日落而息，天天不停地干活，收工时还要把风刮下来的树枝拉回来，劈成一尺长的柴火。老人走路比我们还快，要不是驼背，谁也看不出他已八十多岁了。说到得意处，老人还能大段大段背诵出给学生教的语文课文。老人说话风趣幽默，逗得我们也忍俊不禁，看着我们哈哈笑，他却还是一本正经地说他的。

他说，一回生二回熟，三回四回老朋友，小贾就是他的老朋友了。老人原叫张甲酉，1938年生于商县黑山区一个农民家庭。上学时同学一见他面就喊他"加油，加油"，他一气之下，就改成张甲了。1960年，他从陕西师范大学中文系毕业，先后在山阳县、商州市教书。老人个性要强，小时候上树掏鸟窝，下河逮鱼，啥也不怕，啥也敢干。上商县中学时，肚子疼了三天三夜，还是一位朋友用架子车拉着送到医院的，做手术一点都没怕过。因失血过多，大夫告诉他，以后不敢拿重东西，他却是啥活都照样干。他爱跟孙子们说玩笑话，孙子们也爱和他一块拉话，这也应了那句"八十的老儿爱交三岁的小"的话。他半开玩笑地跟外孙女说："你、你舅还有我，三代都是商中的学生，我们也算是校友了。"

老人和贾平凹先生的父亲一块在山阳教过书，他说平凹书中写他爸带着堂兄弟军庆、军善几个一块上学的事儿是真的。说起过去的事情，老人对哪年哪月哪一天哪一时刻发生的事情都记得很清楚，也能绘声绘色地说出来。

老人热爱生命，崇尚自然。在山里边劳动，边研究咋样才能健康长寿，咋样才能快乐每一天，他大量阅读有关资料，自己总结出经验来：勤劳，热心，都能长寿。在山洼里生活很清苦，他却满心喜欢。一天到晚，吃的是自己种的萝卜、白菜、洋芋，住的是自己盖的土房，干的是自己喜欢的事情。老人笑着爽朗地说："只要心情好，肯定能长寿，在这山里，多栽一棵树就多一份幸福，看着自己栽的树一天天长大，就像看着自己的娃一样，很有成就感。想着付出了，树长大了，北京人还能喝上干净的水了，更是自豪，觉得老了，也没白混饭么。"

说话间，老人到园子里给我们摘了青苹果、桃子，还有自己种的西红柿，用衬衣襟擦了一堆，又用袖子一擦叫我们吃。老人笑着说："吃吧，甭嫌脏，这水果没上化肥，没用农药，真真的，是有机东西。"

老人又带我们到土房子看照片。土房子小小的，中间用小界墙子隔开。外间做饭，里间睡觉。老人翻出他抄的书，是竖写的字，字小，秀气，有劲。还拿出1985年第一个教师节发的纪念册，让我也写一句话。他笑着说："只有好朋友才让留言哩。"老人炕里面全是书。老人说："我是山中无老虎，猴子称霸王。"老人又说，字里乾坤大，白笔写春秋，红笔批日月。我们和老人冒雨合影留念，老人说："雨中情，是永恒，千载难逢。"

天快黑了，我们与老人依依惜别。老人要送我们，我们坚决不让送，老人却坚决要送，没办法。老人走在前面，用树枝扫露水，一边走一边还提醒我们，这儿有个坑，那儿有个石头。他还说在报纸上看到，孤独也能养老。他自己认为，动静结合才是最好的。老人还用他1955年学的知识，给我们出了一道题考我们，说是甲乙两个人下棋，丙丁两个人观看，丙问丁，下棋人和你啥关系？丁说一个是我儿子的父亲，一个是我父亲的儿子。问他们到底是啥关系？要用数学思维，限五分钟回答，答案是唯一的。我们几个说了好几个答案，老人都摇头，幽默地说："你这是戴帽子亲嘴——差得远了。"老人看我们为难的样子，给我们说了正确答案。

过了二道岭，我们劝老人回去，老人还要送，说："送君要送到大路口，到人家门上了,你们就走。"说到脚下的路,他说这是儿子周末来陪他修的,抬了上万担石头,砌了二十几道石练。

　　分手时,老人拉着我们说,明年春上来,这里是一片花的海洋,白的梨花,红的桃花,粉的杏花,紫的桔梗花,好看极了,蝴蝶蜜蜂也是成群结队,还有成百上千的喜鹊在房前屋后、果树上飞来飞去,高兴地"喳喳"唱个不停,小松鼠从这个枝头蹦到那个枝头,自由自在,惬意得很,真是陶渊明笔下的神仙福地。

　　雨小了,我们朝回走着,谈着老人品格是咋样的伟大,对老人的崇敬在心里升腾成了一块永恒的丰碑。这时,身后传来老人浑厚的歌声:"大王叫我来巡山,我把人间转一转,打起我的鼓……大王叫我来巡山,抓个和尚做晚餐,这山涧的水,无比的甜……"老人这位"山大王"已经活成了"神仙",让人仰慕的"神仙"。

老包的坚守

2017年12月2日早,我们一行去丹江边上的名镇——荆紫关。从商州出发,沿沪陕高速东行,八点四十左右,出了商南到河南的西坪,车堵了一路,一打听,是因为雾大,交通管制了。我们下车,顺着高速路应急车道步行,靠左手路边小山包是个茶园,绿绿的,给初冬平添了几分春意。走了有几里路,过了一座大桥,又走了一会儿,到公安检查站,不远处就是河南的收费站了。路边站了几个人在说话,也是从车上下来等路通的。这时,走过来一位红脸白胡子的老人,很悠闲的样子,手里拿着一个有半托长的竹竿旱烟。老人向我们走来,我们便拉起话,他是满口的河南腔。老人叫包贤鑫,八十七岁了,人很精神。他就在路边上住,那边的河,就是淇河,它是峡河跟黑漆河汇到一块流成的,流到丹江里。老人说:"现在这个水呢,都调到北京了,北京人吃哩,我们这哈人讲卫生,河边啥都不准倒。"说到他的旱烟,老人说原来那个烟嘴是玛瑙的,让孙娃子拿着玩,给打碎了,换成了玉石的了,竹子是水竹,长在河边沟畔。他这个村子叫操场村。为啥叫这个名儿?说是当年李自成在这里练兵,也带着家眷住这儿,还给生过一个小男娃,叫成子。老人笑笑地邀我们到他家去坐。我们无聊地等通车,也对老人有了兴趣,便翻过高速路边的护栏,沿着检查站围墙大路进村。路边有一堆树,有柏树,有柿子树。地中间有条斜小路下去,有一棵两搂粗的古树,是皂角树。树边一座三间小土房,就是老人的家。

老人说,他性格不好,大家都搬走了,孩子们搬走都盖了楼房了,他不搬。人经几代都在这儿,不想丢这地方。他们是从安徽迁来的,是包文正的第二十代后人,在这里也住了二十几代了。他没有上过学,只在共产党办的夜校里识过几个字。他把农活看得重,十三岁就能掌犁犁地了。农忙之余,还跟着村里的挑夫,担担子走九十里,到荆紫关赶集。

说到这棵皂角树,老人像说自己的孙子一样高兴:文化站人来测量过,这树有四百多年了。他一直住在这儿,守着这棵树。他老婆死了也二十多年了,就埋在树下,跟他一块看着这树。来买树的人有五六十个了,想买了拉到城里栽。他就是不卖,开始人给两千块,二回来人涨到八千块,第三回都给到一万二了,前年来一口给到四十万。老人气愤地说:"你就是给一百四十万我都不卖。"他在,树在,老伴的坟在,他一天日子过得很踏实。

老人的房檐上有几桶土蜂。这里人的蜂箱是圆筒形的,我们那儿的却是四四方方的。蜂桶出口有许多蜜蜂飞出飞进,他养了六十多年了,蜂从来没断过。养蜂人心情好,心善了,蜂就随他。屋里乱乱的,像个杂货铺,烂轮胎、烂铁丝,都是在公路边捡的。正堂上挂着毛主席像,界墙柱子上五角星舌簧喇叭还在,老人笑着说:"这是洋喇叭,过去全靠它学习毛主席语录哩。"墙上还挂着许多农具,老人小时候先挑挑子,后学木匠、泥水匠,这房就是他自己盖的,还当过八年兽医,劁猪、骟牛样样都能干。

年轻时,他参加过上面一次会,他识字不多,记性却好,开会回来村上干部不会说,他站那儿一口气说了一个钟头,把啥都说清了。第二天,来人叫他参加武工队。他父亲死活不让去,这就没去成。

老人有四个娃,三男一女,都在一个村子住。大儿子都六十多岁了,重孙都好几个了。他以前喂过三十多个鸡子,不给吃饲料,现在孩子叫去吃饭,就把小鸡送给娃们了。

说到淇河,老人介绍,这河长有上百里,从操场村阳坡流进丹江,发大水,水头最高有一丈五。现在水流小了,也没发过大水。

说话间,老喻突然肚子疼,老人说让他给揉揉,年轻时,村里人肚子疼他一揉就好了。这时,正好高速路放行了,我们和老人告别,他笑笑说:"你们都是善人,一路顺风,长命百岁!"

迷迭香

小贾说，野人沟有个叫闵钢娃的人，种了不少迷迭香，小贾曾经采访过他。听着古怪的名字，我便来了兴趣。迷迭香原产于地中海沿岸的岩石上，《魏略》记载："魏文帝时，自西域移植庭中，同曹植等各有赋。"由此可见，迷迭香引种到我国也早了。但它多长在南方，在秦岭中还能生长也是稀奇。它的花和叶子能提取抗氧化剂和香精，能防氧化、抗衰老，用在药品、食品、保健品上；可当茶饮，长期饮用可排毒益寿；也能做肉制品、食用油、饮品的天然添加剂和防腐剂。

2017年12月23日，我们从商州麻街东行，再东北行，沿二龙山水库库区北边丹江的一条小支流进沟，到过去的肖塬乡——现在成了麻街镇一个村了。沟里一段是水泥路，一段是沙土路，还有一段在河道里走，凹凸不平。

来到一块田地边，我们看到地后面山腰有一片绿，绿中有淡淡的白雾。从小路踏着栎树叶子爬上山，这里就是一块迷迭香地，迷迭香一丛一丛的，叶子细长，正面黄绿，背面有白绒，也没有啥香味。小贾说，它开的花有点像丹参花，花期长，有十一个月。只是咱这儿冷，花期能短点。这东西成活率高，种植它，投资少，见效快，一次投资，十年收益。一年收割两次，两年里不用除草，三年后一亩地收入三千块以上。2013年，在外地做生意的闵钢娃，见到迷迭香，很好奇，又听说了它的好处，非常高兴，放着生意都不做了，回家种起迷迭香来，一年就见效了，还向群众宣传种迷迭香的好处。

我们来没见到闵钢娃，听本家说他到外地打工去了。

走了半条沟,也没见几个人,几乎家家门上锁。在西沟,我们见一处院子有人,屋顶上有一股青烟。走进那土木结构的房子,客厅除了农具和几个旧柜,也没有啥,屋里光线很暗,老妇人在灶上烧火,屋里这才亮堂些了。在小房门口角上盘着一个大环锅,锅盖揭着,下面熬着糊汤,上面蒸笼上热着馒头,锅台上一盘萝卜缨儿酸菜。老妇人声音很大地说,钢娃是她侄娃子,人不在屋里,迷迭香在沟垴还有几坨坨子,长得很好。她有三个儿子,老大、老二带着老婆、娃都在外地,都是两口子打工,娃上学,也不常回来。老三从南方引了个媳妇,爱吃米饭和鱼肉,一看咱野人沟穷,在大连打工时跟人跑了,留下两个娃,现在都上中学了。

这时,老汉从小房子出来了,瘦高个儿,七十岁了,叫闵记山。提到钢娃,他叹息,说在西安哩,都不知道干啥哩,也不知道咋弄的,在外面欠人一尻子烂账,有国家的,有私人的。源河里我二哥娃给担保贷的款,没法还,让娃给还利息。也不知道迷啥子香,香到钱没有了。野人沟的西沟现在都是肖塬村的了,是三组,七十多户,两百多人。西沟口到沟垴有四里,多少年了,一直顺河走,没有路。老妇人说,夏天一响雷,把人能吓死,生怕一股子水来,上学的娃碰着了咋办呀么。现在路修到高处了,心放下了。野猪多得没样,坡地没人种了,地也不多,一个人图七八分。老闵说:"我钢娃人勤快,就是命不好,想弄大哩,越弄越烂包了。"

在西沟东面的小沟高岭,我们见到六十七岁的闵玉河,他说,这沟叫正沟,闵姓人有两百多,祖上是从腰市镇搬过来的。这里过去偏僻,听说有过野人,才叫野人沟。这东西两条沟有两千来口人。他家门前有一棵檀树,几丈高,碗口粗。家里四间土房,是1984年盖的,花了七百块,多数是老婆卖血的钱。20世纪80年代初,老婆靠卖血养活一家人,一针血四十块,后来女儿摔了一跤,人没了,没过两年,老婆也得癌症死了,死的时候才四十六七,都死了十三四年了。那时候,几乎家家都有卖血的。他是1994年得的障碍性贫血,年年要输血,靠大儿子哩,大儿子在西安医院工作,把钱都给他看病了,也没钱买房,四十好几的人了,也没成家。

从野人沟出来，我们在仙娥湖畔见到湖新村三组组长张智军，他家房子比湖水面高出两米，北边三间老土房，南面四间楼房，临水边砌了石练。这里还有一个渡口，他家里有一条船，平时除了种地，就在水上摆渡。原来送一次人到湖对面五分钱，后来涨到一毛，现在是五块钱。他家里有三亩地，秋里背了一百五十斤苞谷，摔了一跤，骨折了。

祝一政是湖新村水库西边人，原先也搞摆渡，从手摇船到动力船，干了二十多年。现在七十八岁了，再没干了。他们三组里有两百多人，吃水成问题，老管子生锈了，水泥路也把一部分压烂了，需要管子一千八百米，只埋了七百米。库边人原来靠在水库里捞鱼虾挣点零花钱，现在不让捞了，年轻人只有出去打工。老祝抽了一口烟，说："要是有一座桥，两边人来去就方便多了。"

向往

看渠首的水

一

12月9日,天气晴朗。我们从沪陕高速东去,到河南淅川寺湾镇出口下高速,寻找淇河进丹江的入口。在寺湾的高湾村路口,我们遇到六十一岁的杨静福老人,老人面黄肌瘦,正在整理烂砖头,见到我们,他放下手里的活,跟我们聊起来。他家里有四口人,儿子在部队当兵,女儿出嫁了,老伴有病,卧床不起。他姓杨,在村里是大户,村里姓杨的有五六百人。他家里有五亩地。淇河发大水那年,水都漫到他家门口了。淇河生态好,有十多斤的野鱼,他就在家门口的大坑里抓到一条鱼,十三斤重。

在淇河边的高改朝,六十七岁,是高湾村三组人。他一个人住在两间老土屋里,为了防雨,在屋顶上搭上了红色的彩钢瓦。他种了一亩地,种苞谷、芝麻,栽红薯,一年收入几百元,好在有国家的补贴。

淇河边有一片子杨树,树干泛着青光。一男一女二位老人在套牛犁地,男的掌着腰,一手扶犁,一手挥动着鞭子,吆喊着牛犁地。老妇人在一边地里捡杂草。见我们走过来,他们让牛歇下来,主动向我们问话。男的叫黄光林,六十三岁,家里养了一头牛,农忙时给村里人犁地,一天挣一百块。他有三个孩子,一个在西安搞装修,两个在武汉工作。老妇人六十七岁,她娘家姓张,男人家姓杨,已经死了,孩子也外出打工了。她雇老黄犁地,准备种黄姜,现在黄姜一斤卖一块二。这地上面是一层细泥沙,有两铁锨厚,也就是三四尺深，下面才是土，是那年发水淤的沙泥，大水当时还泡了她三间土房。当时国家给一个人发一瓶矿泉水，一包方便面，修房时给了补助。男的又开始犁地了，铁犁是单片的，泥土朝一边翻。

告别二位老人，我们来到淇河流进丹江的入口处。这里河口很宽，足有三四百米，河水也大了。淇河河床石头是深黑色，丹江河水淡绿，河边满是石头，多是小石头。还有成片成片的杂草、野芦苇，芦苇花像一堆雪。还有一片麦子，绿绿的。丹江河南岸是湖北，北边是河南，河上有高速路通过。

下午5点左右，我们赶到南水北调中线的输水口——渠首，就在河南淅川县九重镇丹阳村的陶岔。进水闸1969年1月动工，当时，南阳地区提出"远景南水北调，近期引丹灌溉"思路，动用7县10多万人，开展陶岔大会战，用六年时间建成了引丹工程，移动的土石方若要砌成宽一米、高一米的墙，能沿赤道绕地球一圈。当时的渠首有五孔涵洞式大型水闸，每个孔宽6米，高6.7米，底板高程140米，坝顶高162米，有"天下第一闸"美称。陶岔渠首工程2010年动工，2013年建成。渠首闸下移80米，闸顶加高到176.6米，水位170米。渠首段干渠底宽50米，水深47米，流量350立方米/秒，加大流量420立方米/秒，年均调水量95亿立方米，2014年12月12日正式开闸放水。渠里大半渠水蓝蓝的。丹江到这里没有了自己的名分，汹涌着朝东北流去。时近傍晚，游人还很多，在停车场边上的护栏上有南水北调的宣传图片和文字，记录着淅川人民为支援国家的重点工程所做出的巨大贡献。在一面石壁上，写着"把政绩铸在青山上，把真情融入碧水中"，这就是淅川人民内心对这一工程的真实想法。

二

我们本想直接去丹江口水库大坝，可渠首离那儿还远得很，只好在去渠首那天天擦黑时分，赶到淅川县马蹬镇石桥村梁丰朝的农家乐——正好在水库岸边。

驱车在丘陵的大路上，朝右手走就是新建的水上乐园——大观苑，有水,有岛,有景点,是依水库造的。小陈说,还有水上乐园,很好玩。我们没兴趣,就直接从左手岔路口下到水边。这里是低矮的小山包,水泥路也就在其间一上一下弯曲穿行,不大一会儿就到水边了。水面上弥漫着淡淡的雾气,一眼望不到边。近处许多碗口粗的杨树也被水漫到半腰上了。树上的喜鹊窝里还有喜鹊"喳喳"叫着,飞进飞出。湖边有半新不旧的电动游船。远处有较大的船,就是打鱼船。还有不少水鸟贴着水面飞着。

一个小伙子提着半桶鱼走过来,见我们就问,吃啥呀?我们说是来看水库的,小贾还给他看了记者证。他甩甩手上的水,叫我们进屋喝水,我们没去,就站在那儿聊聊。一条狗跑来在小伙子脚下转来转去。小伙子叫梁丰朝,1972年生人,也不算小了。他从小就在水库边长大,对水库就像对老家那条淹没了的淅水河一样熟悉、亲切。

这房子不大,也低矮,原来是他放羊住的,他当时养了几十只羊。南水北调中线调水,水库蓄水升高了几米,政府就不让在水库边放羊了,就势建起了怀源农家庄,投资了七八万,修建了遮阳大棚,建了三个蒙古包,一个小木屋。遇到周末、节日,游客很多。农家乐是今年刚开的,吃的就是从水库里钓上来的鱼,最大的也有二十来斤,丹江口水库深水鱼是他的一道拿手菜。但农家乐总体收入一般。他说,丹江河、淅河交汇处也因水库水位升高淹没了。过去水在这些树最下面,现在水都上到山上了,这儿水少说也在上百米深哩。以前住在山顶上,路不好走,现在路通了。娃们外出打工了,他两口子主要靠开农家乐生活。淡季了,到周边打打零工。垃圾呀污水呀全部不能进入水库,住在库边就有责任保护水干净。

这儿到渠首,坐船也得走一两个小时,要到丹江口水库大坝,坐船怕得七八个到十来个小时,难怪人们把这个水库叫"内陆的太平洋"哩,也叫亚洲第一大人工淡水湖哩。

梁丰朝说到搬走的人们,也替他们遗憾:"我们这儿搬走的不多,听说要搬几十万人哩。没搬走真好,住在水边,天天看着渔船在水上来来去去,还有这水跟天一样,心里美么。只是半点都不能马虎把水弄脏了。听说那个大观苑可能要拆了哩，这样好么，这水要多少人吃哩，再说北京人吃咱的水，咱自豪么，就不能糟蹋这水，糟蹋了，就是打自家的脸么。"

有两只喜鹊落飞到蒙古包顶上"喳喳"叫，天也黑了，我们要回去了，还有两三百公里路哩。

回来时，我在车上用手机百度到淅川马镫镇就在丹江口水库北岸，光河岸线就有五十二公里。这里过去是"七山一水二分田"，中线调水后，水面由八万亩增到十二万亩，已经占到总面积的33%还多，也算三分天下有其一。这里的人们要保护好水，还要利用好水以造福百姓。

大观苑里有个思源亭，"丹江湖畔观丹水，思源亭上思源头"，这个源头就在商洛。可有几人能想到商洛？套用一句古诗，"我住丹江头，君住丹江尾，日日思君不见君，共饮一江水"，我的君啊，你在哪里？你可曾想着源头的哪一位？

忽然想起沈从文先生。他是湘西人，却与丹江有着半年的缘分。1969年11月30日，他和夫人张兆和以及三百多名文化学者下放到湖北咸宁五七干校劳动。按照毛主席"老弱病残除外"的要求，1971年8月21日，他们又一同调到五七干校丹江办事处，劳动半天，休息半天，这从现在留存在沈从文侄女婿刘焕章那里的一块木板上的毛笔字可以证明。木板是当年他们从咸宁搬到丹江口时装东西的木箱上拆下来的，那上面隽秀的行楷，就是沈从文先生的墨宝："丹江　文化部丹江办事处　沈从文"。在那里，沈从文先生多次请求不要官，不要权，只想回去整理《中国古代服饰》一书，把手抄本上交国家，不至于在这里"如此一废物，近于坐以待毙"。1972年2月7日，他因心脏病回京。在丹江口住了近半年，沈先生干了些什么，想了些什么？他没有留下半个字，但至少那段时间沈先生一直喝着丹江水。那时的我才八九岁，这一生唯一有幸的是与先生在一百六十六天里共饮一江水。也许是天意，也许是造化，先生的文章我烂熟于心，无缘与先生谋面，能同饮一江水也让我激动。此刻，我明白我日日思念的君是谁了。

三

参观完丹江口水库大坝那天上午,我们又去渠首,也是让画家陈明玉找第一感觉。我们走湖北的省道,还得绕到老河口,心里不由想起小脚的奶奶在涧塄上喊,不叫我们玩水的样子。时间紧,只从老河口城边绕过。这里一马平川,地里的麦苗返青,黄绿中透出生机。路过的村庄里的房子大都是两三层楼,一排一排的,路两边也是楼房林立。小贾惊奇地说:"这里人咋给娃过十二岁哩呢?快看,楼房的横幅。"小陈放慢车速,大家都趴到车窗往外看,还真是,好几家楼腰上横幅写着"祝贺×××十二岁生日快乐,学习进步,健康成长"。大家都夸记者的眼尖。这里人为啥把娃的十二岁那么当回事儿?我立马在手机上百度,原来旧时把十二岁孩子头发分两半,在两边各扎一个结,像羊角,叫总角。女孩称金钗。十二年为一个轮回,人从童年进入少年,这时要摘掉出生时佩戴的长命锁,因此过十二岁也叫"圆锁",这一习俗主要在山西、内蒙古、陕西等地有。我们那儿现在没见人给娃过过十二岁,在这里看到,看来传统文化气息在这儿还很浓。

用了两个多小时到渠首,这里游人三三两两,渠里多半渠蓝绿色的水,静静地流淌着。大坝有民警看守,不让上去,我们只好从坝右侧村庄边一条路往里走,在一片慢坡地下,就是绿色铁网隔着的渠堰,水也只有一半,扑到网边也看不出来啥,又坐车朝水域走。在一片退水后的干泥滩慢坡,有人撑着架了在卖晾干了的鱼,多在三四斤重。水中间有一道土路,有小车来往。这是枯水季节,旺季,这里一定在水下。水边的大小石头上,都有指甲盖大小成排成排的海巴子,左边水里有人撑船捞鱼,有鸬鹚在船上飞上飞下,还是看不到像太平洋的水面。问当地人,说得到宋庄那个地方,离这儿还有几十公里,没时间了,只好留到下次了。

江水北流

丹江从源头一路欢歌笑语，奔去向往着的大海，到丹江口水库，融入汉江那个大家庭，又被南水北调去了北京城，这是丹江千万年来从来没有想到的，它可能也曾激动、兴奋过。现在她在丹江口那边生活得怎样？是否依然默默无闻做着该做的事情？不少人讴歌汉江，为丹江口水库立传，谁曾想过丹江呢？丹江，我的母亲河，滋养了无数的人，她在异乡还好吗？我一直操心着。这次想写丹江，必须要去那里看看。原打算春暖花开时去，因工作变动，怕影响工作，只好改到初春去看了。也想了结小时候的心愿，那时听奶奶说，"小心把你一伙伙子冲到老河口去了"，总想着这一辈子一定要去看看老河口。

一

2019年2月22日上午10时左右，处理完手头的公务，我们一同出发去丹江口。同学老喻从教书的大荆中学坐班车朝城里走。从前年走丹江，这一路都有他，这次不能少了他。小陈开车接了老何，他是我的老朋友，好文友。再接小贾，他也是我们"走丹江"的主要成员。然后再接画家陈明玉，他是"70后"人，为人谦和、友善，山水画淡雅自然，笔触能入到画的骨子里，我很喜欢。说到给我写的丹江一书画插图，他欣然答应，到现场更少不了他。联系老喻，说已经在班车上，得四十多分钟，我们驱车沿312国道截他。车子钻过麻街岭隧道，两边山上的松树、柏树还有荒草都结上了冰凌，地上也是一层薄薄的冰雪。昨夜一场薄雪，将周围变得像童话世界一般，小贾一看诗兴大发，顺口吟道："山上雪花飞舞，山下树木竞翠。谁能挡住春天的脚步？"他是记者，也是个诗人。我们在麻街镇街口接到老喻，人到齐了。

我们的车子从沪陕高速到河南改道呼堰高速，最后改道福银高速。这一路，我们说说笑笑，说文学，谈绘画，欣赏着两边山上初春的景致。每走一段，老喻都催促我用手机查一查海拔，到一处测到海拔才八十米，他感慨地说："看来咱秦岭是站着的牛，这里是卧着的牛，难怪叫伏牛山区呢。"小贾也说："差别太大了么，丹江源头海拔一千六百零九米，这里才是个零头，应该是前蹄子腾空，用后蹄子站着的牛与躺着的牛的区别了么。"老何说："这里梯田都是仄溜溜么。咱车这儿海拔八十米，山顶也就在上百米吧。"画家小陈说："这山上多是柏树，裸露的石头是灰黑的，土是红的。"小贾补充道："全是侧柏。"又走了好一会儿，山上有橡树，有松树了，画家小陈说："这儿的松树咋是红皮的呢？"我们都伸着头看车窗外，还真是的呢。我说："松树有灰皮、白皮的，没见过红皮的么。"

下午4点左右，我们赶到丹江口市委大院。院子不大，楼有两座，靠大门右侧一栋，三层，大门正对的那栋被树遮挡得看不清楚。楼房有点陈旧。院里香樟树不少，多是一搂粗的，车子都挤在草坪边上。香樟树叶子坚强地绿着，仿佛给料峭的初春显摆它不老的青春。院子有人出出进进，不多。树上的鸟儿叽叽喳喳地叫着。这阵子，这里是蓝天白云，我猜想哪朵白云里一定有丹江的魂儿哩吧，说不定哪一朵就是从源头张沟流到这儿的一滴水，这会儿化身为云在俯视我们几位家乡的亲人哩吧。小贾进院子找人，等了有一炷香工夫，还不见出来，司机小陈给打了电话，又过了一会儿，小贾和一个胖小伙来了，手里拿了两本书，介绍那个小伙说是王科长。科长上前跟我们一一握手，笑着抱歉道："这几天第三方评估验收脱贫攻坚，大家忙得团团转。"我们也表示给他添麻烦了，便和他一同去丹江口水库。

二

　　王科长说，他们全市四十六万人，贫困人口有九万多。丹江口水库大坝离渠首就二三十公里，路修好了就是半个小时，现在路没修好，还得绕到老河口。说到老河口和丹江口的关系，他说，在水库建坝期间，两处曾经合成一个地方，叫光华县，有一两年，后来又分开了。丹江和汉江在坝前八百多米处交汇。丹江口市区面积三十多平方公里，城区人口二十多万，规划面积八十多平方公里，为了移民，新建都没顾上搞。农夫山泉在水库坝下建了几个水厂，在坝下扎一个洞子，水哗哗流出来就卖钱，都是冲着水质好，一年产值在二十多个亿。以前这儿有武当山，现在武当山成特区上划到十堰市去了。水库水面七百一十五平方公里，相当于鄱阳湖。从坝上到渠首坐船要一小时四十多分钟。车子沿水库边的山顶公路行驶，到一个观景点，他带我们下来看。脚下的沟沟岔岔都是水，山头都变成了水中的岛了，临水缓坡地多是天然码头，边上停有一两个蓝铁皮船。水库最高蓄水到一百七十一米，现在的水面在水淹过的灰线以下十多米处。这地方是亚洲最大的人造湖，5到10月时碧水连天，很是壮观。库区在丹江口市地界的环行公路有上百公里。公路桥大都在岛与岛之间。水库周边以前有网箱养鱼十二万多箱，现在都清理了。水库淹没了许多平地，一期移民十六万人，二期十二万人，古老的均州城就在水库里淹着。车子路过一片移民区，他说，这就是不愿搬走，靠到山上的人，有四五万，吃水靠抽，那些小船都是他们养鱼用的，以后还有人放天养，人家的生计就是养鱼和种柑橘，"山上柑橘，水里鱼"就是这里人生活的来源。一年忙上三个多月，就能收入一二十万。他又带我们到千岛画廊那里，是水库半山腰的一个场子，建有一座三层楼，有不少书画作品，老板是个文化人，喜欢接待文化人。不巧，主人不在，几条狗狂叫着。返回时我们想看大坝，他说大坝工作人员下午5点就下班了，就带我们在坝边看，那下面有一排排大小不一的游船，说是浙江人投资搞的。他指了指前面，说，右手前方就是丹江，左手边是汉江，在那儿交汇的。他风趣地对我说："丹江入汉江的口叫丹江口，汉江入长江的口叫汉口，老鹳河入汉江的口叫老河口。你们那里就是因丹江而得名的，说明咱们有缘啊。"我也套了一首诗，说："我住江之头，君住江之尾，日日思君不见君，共饮一江水。"他连忙点点头，说："正是，正是。"我急急喊来画家小陈，让他用手机拍下此处景色，好去画。远远眺着丹江，我心里翻腾，那不是从一千六百米处飞奔而来的老乡么，和汉江拥抱时是一种怎样的心情啊！面前的那泓水，哪"位"是丹江？我无从分辨，只是像久别的母子，见面却成了"一对沉默寡言"的人。他介绍说，丹江水占10%—15%，也就是说从水库舀十碗水，一碗半是丹江水。从水库到市里，又去沧浪艺术馆，已经关门了，我随手拍下草坪里的孔子塑像和刻有"沧浪之水清兮，可以濯我缨，沧浪之水浊兮，可以濯我足"的汉白玉石碑。孔子所言"沧浪之水"就是丹江与汉江交汇后的水了。

黄昏时分，我们几个下到汉江边的湿地溜达。坝下的江水很绿，水面很宽，水中有小船泊着，还有一个小岛。湿地有水有树，一大片一大片杨树，都在老碗粗，有的超过一搂粗。还有几棵松树，也是红皮的。林间小路是鹅卵石铺的，弯弯曲曲，水上的野鸭子一串一串自由畅游。江堤上是两车宽的柏油路，走路锻炼的人不少。汉江大桥很长，桥下有篮球场、羽毛球场，还有一大堆垃圾箱。从江边看大坝，感觉不到有多宏伟，高度好像都没有二龙山水库库坝高。

饭后，我们沿沧浪洲生态湿地步行桥过江。彩虹桥上面是红色的管架，呈放倒的圆柱形，在彩灯的照射下，面前的路成了深邃透亮的隧道。桥上有不少市民，有的在拍照，有的在运动，有的在陪孩子玩。我们也禁不住掏出手机拍起来。这个桥很长，我们足足走了十几分钟。到酒店，站在十五楼房间，从窗户放眼丹江口城市，有点香港维多利亚港湾的感觉。水库坝体是一片瓦蓝。我们几个说着丹江，说着丹江口，明玉一人在房间忙着画速写。他说把当下的感觉先用草图记下，害怕过后感觉不强烈了。我还特意问了一下当年沈从文先生在丹江口住过的五七干校在哪儿，王科长却不知道，我说，沈先生在信中说你们这儿"土地好,环境美",你能不知道?他又摇摇头。我本想触摸老人留下的足印,真是无缘了。这里的天,这里的地,还有这里的水,还有我们的丹江水,应该深深记着那位灵魂伟大的人。

这一夜,我做了个梦,梦见了奶奶。她老人家又站在老家涧塄上喊:"快回来哟,小心把你几个鬼娃子冲到老河口了,没人管。"奶奶离开已经三十多年了,她老人家是不是在那边还操心我们,怕我们冲到老河口去了。

三

第二天早上7点,我走出酒店,从大桥中间步行梯下到汉江边上,晨练的人熙熙攘攘。雾很浓,想必那雾里一定有我的丹江水弟兄们,他们默默地沐浴着这个新家,这座城,他们也是"移民",只是已经亿万年了。水里一群群野鸭呈人字形游弋,水面发出"唰唰唰"的响声。离坝不远处,坝右侧发电的水汹涌出一道道绿色的白浪。我静静地看着坝下的水,又一次想起了丹江,想起了跟丹江有关的人和事。这条母亲河倾其一切呵护两岸人民,在她发脾气时,又有多少生灵把灵魂刻在她的记忆中。

八点半左右,我们赶到坝下,江水滔滔,江边有一个男子一边手舞足蹈晨练,一边放开嗓子吼着花鼓,他咋样吼,也盖不住江水的涛声。我们先参观电厂,一个水轮机转轮做成的雕塑矗立在小广场上。这是1995年二号机组增容时换下的,是苏联乌拉尔生产的,运行了二十五年。站在坝下看,坝还真够宏伟,发电厂出来的水在绿莹莹中泛起一片白沫。厂房就在坝里面。门口小亭子走出来一位苗条的姑娘,头上戴白色安全帽,她是讲解员。她说,参观不让拍照。走到厂区,里面很高,有六七层楼高,靠左手有一排发电机组。她指着边上一台说,第一台机组是1968年10月投产的,现在有6台,总装机90万千瓦,最大年发电量54.12亿千瓦时。到2014年底,总发电量为1563亿千瓦时。为了保证给北京调水,现在只开了两台。每次检修要用两台航车才能吊起300多吨重的水轮机。现在乌拉尔生产的水轮机核心部件都是国产的了。出了电厂,我们坐依维柯车上坝。这时来了三个中年男子，他们是河北邢台人，说是喝到了这里的水，一定要来看看，以示对这里水的敬仰。我们每人戴一顶上有蓝字"旅游"的白色安全帽。车子从左边土坝开上大坝，土坝草坪上镶着"绿水青山就是金山银山"几个大字。坝上能并排行两辆大卡车，坝长3公里多。车在坝顶行驶，到坝中间停下来，一位女讲解员带我们到临江面的栏杆前，告诉我们中间装铁格子的上面不能踏上去，那是加高坝的检查井。从网格里能看到原来的坝顶。站在栏杆旁，她指着水库里的岛，说："现在你们看到的是丹江口水利枢纽工程最著名的景观——一棒锁两江，正前方的岛叫九龙岛，以这个岛为分界线，左手边那条江叫汉江，右手边那条江叫丹江。两江交汇处下800米处就是我们的丹江口水库大坝。丹江口水库是由汉江和丹江之水形成的。丹江发源于陕西秦岭南麓商洛的凤凰山，流经河南的伏牛山，全长390公里，流域面积1.6万平方公里。这个水库就是南水北调中线的源头了。这边的水是怎样调到北京去的呢？在丹江流域上方，直线距离30公里处，在河南淅川九重乡有一个称为'第一渠首'的地方有个陶岔渠首闸，从那里开闸引水，沿线开挖明渠。水呢，就是顺着这条明渠，经过长江与淮河的分水岭凤城垭口，在郑州以西30公里处里村附近穿过黄河。之所以能顺流而上，是利用了我们这里得天独厚的地理优势。我们将水位蓄起来之后，水库水面的海拔比北京高出98.8米，正是因为这将近100米的海拔落差实现了水的自流。首次调水的时间是2014年12月12日下午14点32分，15天到达目的地，截至目前已调水200亿立方米。这个水库有三大优势：第一是地理优势。第二是水质优良，达到国家地表水二类标准，饮水量达到一类标准，所以农夫山泉在这边就有三个厂子。2018年11月15日，国家副主席王岐山来到大坝。他坐工作船，在丹江上的'小太平洋'那里直接饮用了水库的水。第三大优势是水资源丰富。大坝加高扩容以后，丹江口水库水域面积达到1067平方公里，库容量319.5亿立方米，相当于两个多千岛湖的面积，它是我国仅次于三峡水库的第二大水库。我们现在看到的只是冰山一角，很小的一部分，它最大的面积还在刚刚说的丹江方向，在靠近河南的地方，那里有一片横向10公里、纵向20公里的水域，宛如大海一样宽广，我们称它为'小太平洋'。大坝分两个时期完成，初期工程主要为了根除洪涝灾害，因为在没有建这个大坝之前，汉江水患严重。后来为了南水北调，2005年9月26日对坝体进行了加高，2013年年底完工。初期坝高162米，刚站的网格下面就是原坝高，后来加高了14.6米，现在是176.6米，正常蓄水位就是157米到170米，今天的水位是153米。冬季是枯水期。最高水位是2017年10月30日的166.97米。只要不低于143米，水就能自流到北京。水位指的是海拔的高度，实际水深是70多米，最深就在丹江那边'小太平洋'那里，有100多米。"随后，她介绍了泄洪、发电和航运的情况。她说："左发电，右通航，中泄洪，三大功能可以同时发挥，互不影响。通航是把船吊起来翻坝，跟三峡不一样。"她讲得很详细，很清楚，流露出自豪和自信。我们在坝上合影，又到丹江口水库的沙红加灰色石碑边照相。

站在坝上的那一刻，太阳已经升起，湖面的雾渐渐淡开，安详静谧，让人敬佩。望着遥远的丹江，我感到庄严肃穆。涌动的湖水安详又充满活力，它将会沿着北去的路，流淌着，冲动着，新生着。我面对着丹江方向深深鞠了一躬，如儿子对母亲致敬一般。

下坝后，我们又参观了丹江口水利枢纽工程展览馆，了解它的历史、现在和未来，建库的艰难和移民的辛苦一直深深地撞击着我的灵魂。

2018年12月22日草稿完

2019年2月9日第二稿完

2019年3月10日第三稿完

2019年5月24日第四稿完

后 记

这本书是写丹江的，写丹江与岸边人们命运的。是我第一次写长篇纪实，写得很艰难，也深深认识到自己能力还欠些。你只能搭个茅庵子，非要去建高楼大厦，自己受巴作，盖起来的楼也可能是七歪八扭的。但丑媳妇迟早要见公婆。

想写丹江也是起源于南水北调中线调水后，北京的朋友们都说喝的是湖北的水，丹江口水库的水，从汉江流来的水，跟丹江没啥关系。丹江口就是丹江入汉江的口，别人一点都不知道。2014年，在韩小蕙老师的鼓励下，我写了八千多字发在《光明日报》，算是告诉人们丹江水在调往北方的水中，也有份额。那只是丹江一个断面，咋样才能把一个全面的、厚重的丹江展示给人们？我决定"走丹江"。2017年6月3日开始，我走丹江，走丹江的主要支流，收集第一手资料。走了一段时间，我把这个设想告诉了贾平凹先生，先生很高兴地鼓励我：好事儿，相信能写得很好。

2018年1月18日，在北京举办我的散文集《惊蛰之后》研讨会时，先生在讲话中无意说到了我准备写丹江的事儿，他说：

> 据我所知，他正在准备写丹江，就是写故乡一条河，也是特别重要的一条河。我知道他每到星期六、星期天，就从源头到进入汉江这一段，一个一个往下走，了解一些情况，写得非常有价值，很有意思。记得当年我采访的时候也是这样走，但是当年走，没有他走得这么细，他走得特别认真。他写那些东西，不停地走下去，我特别感兴趣，也特别

受感动。现在像他这样来写东西的也是特别少了，我期待这本书。

当着这么多国家级评论家、批评家的面，先生这么一说，我很窘迫，也把我逼到南墙了，不写都不行了。这一逼，也算给了我一种走下去、写出来的勇气。

我是公务人员，工作是第一要务，负责着全商洛老百姓饮食用药安全，不能有半点马虎。加之市里正在创建国家卫生城市，我又是食品安全组牵头的总负责人，要带着我的同事定方案，勤检查，一个门店一个门店找问题，抓整改，常常是没黑没白的，不得休息。只有不加班的周末才能给自己来安排。

2017年6月3日，是个星期六，一早，我和喻永军（他是我大学同学，文学功底比我厚实），同事陈伟开他一位堂弟的商务车，赴秦岭老312国道的西峡，找丹江的源头。6月10日，贾书章兄弟加入"走丹江"，他是报社记者，有记者证，采访时群众就愿意把心里话说出来，他就认真如实记录下来。这一路下来，我们四人几乎是风雨无阻、雷打不动，除非因公务脱不开身。到星期天，我用半天时间整理录音，小贾也在一两天内把采访笔记整理好发到我的邮箱。

从2017年6月3日到2018年2月3日，我们用中间的三十多个周末三十多天时间，从源头跑到淅川南水北调中线的渠首，对丹江的重点支流也都是从源头跑到入丹江的口。粗略计算，整个行程在两千多公里以上，走过的村庄也有三四百个，采访人数超过五百。采访的大都是随缘而遇的人，不是这次"走丹江"，有些人怕一辈子都见不上一面，有的也许一辈子就这一面缘了，可给我留下的印象却是一辈子也忘不了的。光整理的采访笔记就有五大本，上百万字。2017年9月底，我们已经走到丹江的月日滩了。在国庆七天假里，我用三天时间翻阅《商洛地区志》《商州市志》《丹凤县志》以及商洛市、商州区、丹凤县政协保存的史料，做笔记四万多字，用了半天时间列出写作提纲，书名暂定为《我的丹江，我的河》，几个文友对这个书名连连称好。又用三天半时间写了两万多字，分章，分小节，实实在在地写，想原汁原味写出一个真实的、有生命的丹江。

过了两个礼拜，我兴兴地拿着手稿去让穆涛兄指导，他也是我省"百优人才"的导师。他一看提纲就扔下一沓稿纸，说："不行，不行，一看题目和小节就是小儿科，什么我的丹江，我的河，什么一棵红豆杉，什么双惠渠上的全国人大代表。要从大的方面思考，写丹江的历史，写历史考究，写现实之苦、现实之痛。写这条江的命运，丹江的喜和忧。水运就是国运。对一条河的思考，调子要定沉。你全哼的是小调，而且不是咏叹调。提纲得要重定，这本书一定要有厚重感。"他说了不少，我心一下子冰凉了，也只记下这些。他又翻出一本历史书，说："先叫《从历史中醒来》吧，丹江航运曾经辉煌过，后来因自然条件、人文因素，因公路、铁路，丹江才沉寂了，又因给北京调水，它又一次苏醒了。"他这一点拨，我心里一下子亮堂了。回来后，我重新定了提纲，用邮箱发给穆涛兄，他在电话里说："这才牛么，有分量么，大手笔么，按这个朝下写去。"我又从头再来，书名先定为《从历史中醒来》，分九章、若干小节来写。

走完丹江，我基本上是每个周六翻阅史料做笔记，熟悉采访内容，周日用一天时间写作。写着写着，写不下去了，又得翻资料，要不就让小贾把他过去采访的相关资料发到我邮箱让我参考。写非虚构长篇散文，比写长篇小说可能麻烦更多：要讲文学性，更要真实记录。哪些历史资料可用，用到什么份儿上？叫人常常纠结。就这样，在工作之余挤时间，文章写得断断续续。

2018年4月，上高中一年级的女儿身体突然出现毛病，每周六得去省城看医生，搞得人心不宁，我时间更不够用。原计划2018年10月完稿，一直拖，直拖过一个年头。2019年春节，我告诉单位同志我一个人值班，让大家好好回家过年。一则这是我们这个局最后一次值班了，节后改革了就没食药局了；再则，我想利用春节假期把除了丹江口一节的内容重新捋一遍。按苏醒、沧桑、阵痛、记忆、治理、特写、向往等七个部分安排。搞好后，还让永军兄、高峰兄看了，都说好着哩，这个春节才觉着过得安心。

2018年中秋节前，我到西安见了陕西师范大学出版总社郭永新老师，他是我散文集《惊蛰之后》的选题策划者之一。出了那本书，我们成了可以交心的朋友。他说这本写丹江的书，他们领导说了也要在他们社出版，这让我觉得是莫大的荣耀。他问我书稿写得咋样,我说了进度,还说想在书中插入一些照片,他在桌上一沓书中翻出一本他们社出版的艾平的《呼伦贝尔之殇》,说:"你看看艾平这书,让画家画几幅画插入效果更好。"我接过艾平的书,认真翻阅,书中有画,很好,书也灵动。我决定在我的书里也插几幅画。

原计划等4月份春暖花开时去丹江口,市上机构改革把我调整到新单位,在交接过程中,我有空闲时间了。一个周六,我约上原来"走丹江"的几位,加上文友何高峰、画家陈明玉一行去看丹江口水库,返回时又看了渠首、荆紫关。之后又用一个周六看了竹林关、月日滩、龙驹寨、棣花、二龙山水库湿地、丹江源头,给明玉现实的感觉。他兴奋地说:"现在要画这些东西,心里就有底了。"

散文写成二十多万字,我也没想到,还是非虚构,是纪实。我一直尊崇贾平凹先生提出的"大散文"——有生活真实,有大境界,有时代性。我以为是先生给散文写作开辟了一条"高速路"。我写工作、写故乡、写山城、写亲情,写一切能入文的,尽管写得离先生的要求还很远,但我定会按先生对我的要求真诚地生活和写作,用写作还原生命的本原。

最后一次修改完这本书那天晚上,我带着拷贝好的U盘,沿着丹江公园江边的健身道漫步,从东龙山走到二龙山。我心情很复杂,有一种完成任务的释然,也有一种对书的命运未卜的恐慌。面对丹江,我默默行着注目礼,算是对这位母亲河的感恩。江边正在上演灯光秀,围观的市民不少,我却悄悄离开人群,从一处台阶下到水边,面对母亲河,掬起一捧冰冷的水,用嘴轻轻地吻,想真诚地告诉她:我是个想给你立传的儿子,没写好,你能谅解吗?

这本书还有好多东西没写进去,比如丹江边第一座城——商州城,西汉就有了;比如避秦焚书坑儒隐居商山的四位博士,商山四皓的故事;还有六百里的商於古道等。这些都有专家们的专著,我在书里只略略提了。

值得欣慰的是,我们一路走来,发现的一些问题,通过我们的努力,特别是小贾协调有关部门,也得到了不同程度的解决。比如,封地沟修碑的钱,鱼岭水库下群众过河的桥,还有二龙山水库库区群众出行的问题列入议事日程等等。

3月初,我又把初稿发到程华老师、马修亚兄、贾书章弟的邮箱,让他们再给把把脉。程华老师提了很好的意见,我努力去修改,但她提的有些高度,我水平有限真达不到;修亚兄读得慢,就一些句式做了调整;书章弟不愧是记者、编辑,更正的错别字,下面都画了红线,还有一些史料不确切的,让我回避。最后,又烦劳李继高老师、在洋兄批评。这样一来,我心里也更踏实了。

4月25日,在2019年中国秦岭文化旅游节上,商洛获得国家颁发的"中国气候康养之都"称号,这和"秦岭最美是商洛"已经成为商洛两张靓丽的名片了。这与丹江,与丹江生态保护有着直接关系。赏秦岭美景,品丹江甘甜,是最美的享受。

5月10日,市委宣传部、市电视台启动拍摄纪录片《丹江》,我作为撰稿人之一,也参加了讨论,谈了自己的看法。

5月26日中午11时39分,平凹先生打来电话,说:书稿看完了,题目写成历史中的沉思、反思了,这方面成分不是很多,大家可能会产生误解,还不知道你在写啥。他觉得按目前状况还是叫《走过丹江》好些,"咱固定在一条河上,因为前头从源头到丹江口,这一路写得好。尤其这前头有意思,我读起来恐怕有感情哩,我觉得写得很细腻,很通透。你再想想,可以听听别人意见"。我激动得在书房走来走去,也电话告诉了穆涛兄,他说先生这名字取得好。书名就叫《走过丹江》。

从写这本书到出版这本书,要真诚感谢的人很多,贾平凹先生、穆涛兄不用说,还有提供过各类资料的前辈、老师,水利部门的有关领导和同志,采访过的所有的人。更要感谢一路陪我"走丹江"的那几位,他们把珍贵的休息时间都交给我了,我会把这份情义永存心间。出版社从社长到策划到编辑等所有人,都是这本书的"娘家人",你们辛苦了!

李育善

2019年5月26日于商州